見てすぐできる！

「結び方・しばり方」の早引き便利帳

ホームライフ取材班〔編〕

JN284443

青春新書
PLAYBOOKS

はじめに

本書では日常生活の中で役立つ、結び方・しばり方を100通り以上ご紹介しています。

たとえば、「絡まないイヤホンコードの結び方」、「マラソン向きの靴ひもの結び方」、「子どもが喜ぶヘアリボンの結び方」、「かわいいマフラーの結び方」、「煮崩れしないかたまり肉のしばり方」というように、便利なものだけでなく、毎日の生活にちょっと変化を与えてくれるもの、いざというとき頼りになるものまで幅広くラインアップしました。

「こんなしばり方があったんだ」と目からウロコが落ちる結び方や、「なぜ今までこうやって結ばなかったのだろう」とその便利さを実感できる結び方、「そうそう、これが知りたかった！」と満足できる結び方が、本書できっと見つかります。ぜひ、暮らしの中に取り入れてみてください。あなたの毎日を、便利に、素敵に変えてくれるはずです。

見てすぐできる！「結び方・しばり方」の早引き便利帳

目次

第一章 普段の暮らしがもっと便利になる

第二章

身だしなみを整える

第三章 種類と目的で使い分ける靴ひも

第四章 ガーデニングに役立つ

第五章
料理で役立つ

第六章

イベント・行楽のときに役立つ

第七章

子育てで役立つ

第八章 ラッピングに役立つ

第九章 ふろしきを結ぶ

第十章 ものを持ち運ぶときの結び方いろいろ

第十一章 ゴミ出しで役立つ

第十二章 緊急時に役立つ

基本の結び方

まずは、さまざまな結び方の中で
使われることの多い
基本の結び方をきちんと解説します。

基本の結び方 1

本結び

しっかり結んで留められて、しかも簡単にほどくことが可能。ひも結びの基本中の基本です。ぜひマスターしておきましょう。

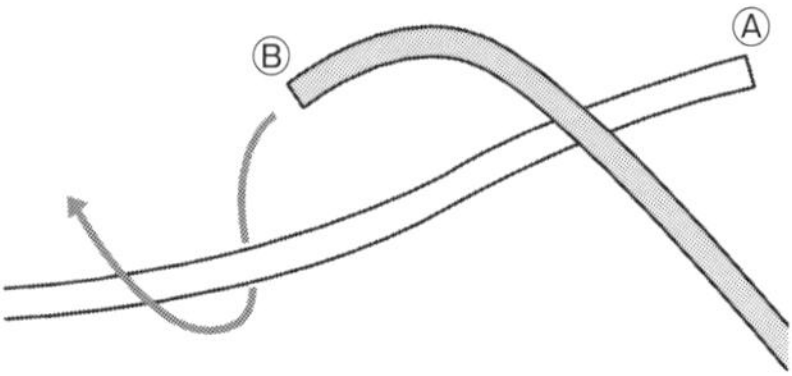

1

ひもⒶの上にひもⒷを重ね、ひもⒶの下から矢印の方向に通します。

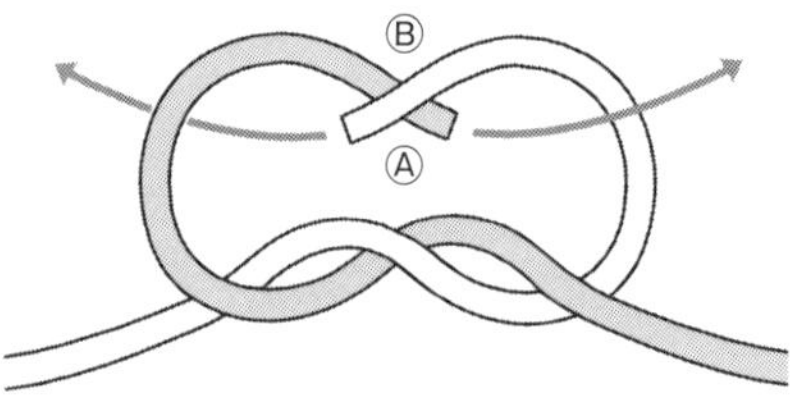

2

ⒷとⒶを矢印のように交差させます。ⒶとⒷのひもの重なりに注意します。

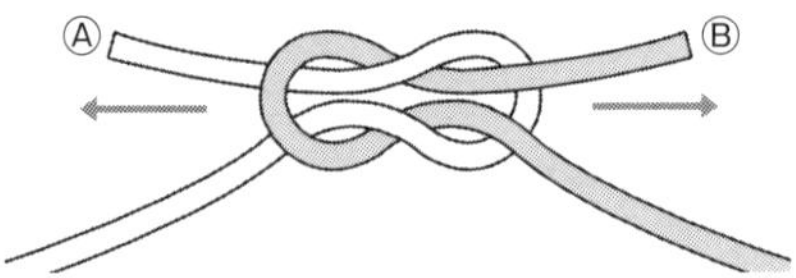

3

そのまま、両端を引っ張ります。

4

本結びの完成です。

本結びのほどき方

あっけなく簡単にほどける本結び。ただし、引っ張る方向を間違えるとするりとほどけませんので注意しましょう。

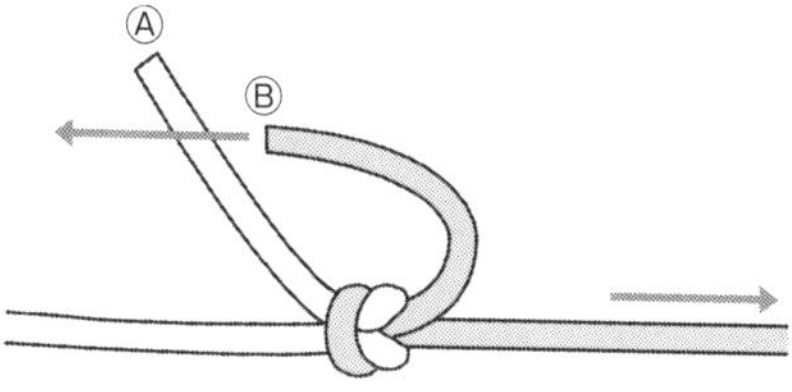

1

矢印のように、Ⓑのひもの両端を引っ張ります。

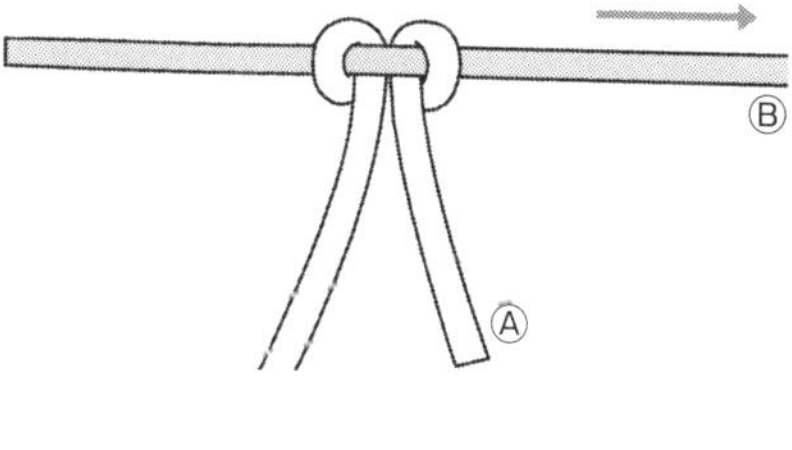

2

すると、このような形になります。結び目を押さえてⒷのひもを引っ張るとするりと抜けます。

基本の結び方 2

蝶々結び

ほどきやすいのが特長の蝶々結び。靴ひもなど、何度も結んだりほどいたりするときに向いている結び方です。

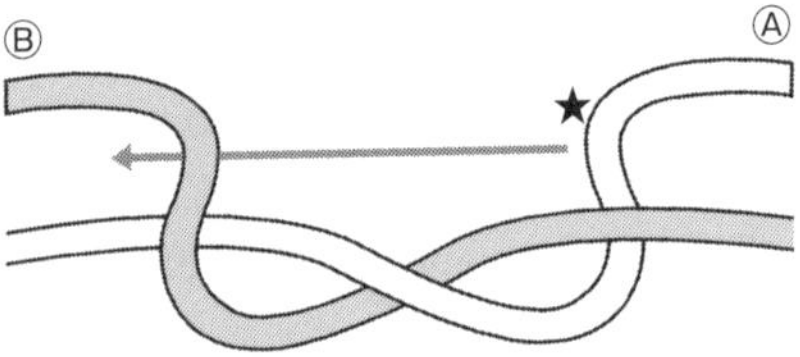

1

ひもの両端を1回交差させ、★印のところでⒶを二つ折りにして矢印の方向に通します。

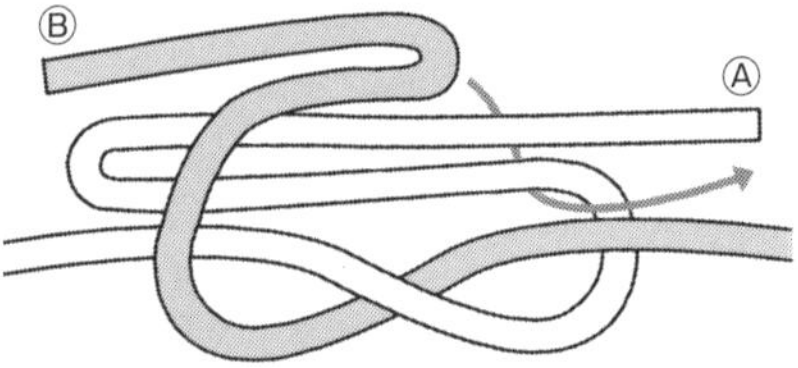

2

次にⒷのひもを二つ折りにして、矢印の方向に通します。

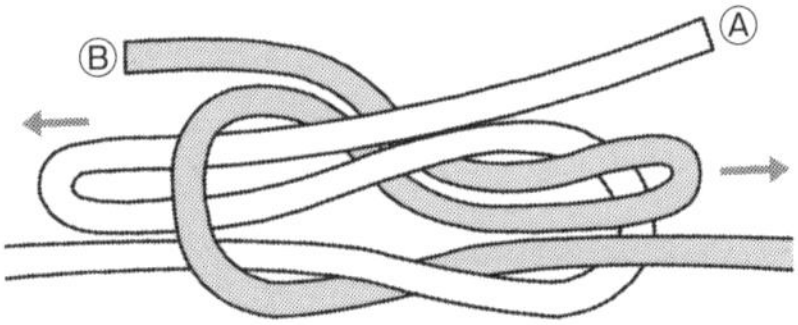

3

輪の部分を引っ張って、結び目を小さく締めます。

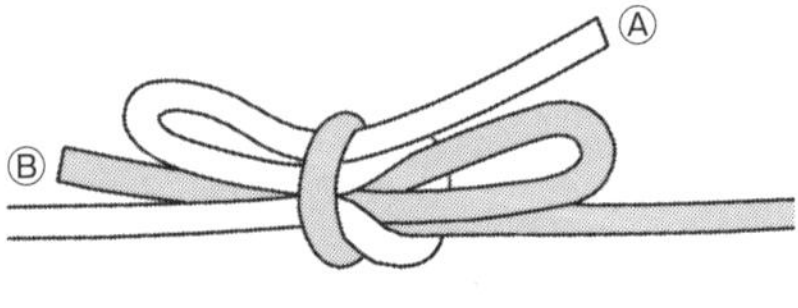

4

完成です。ほどくときは、ⒶとⒷの先端を引っ張ると、するりとほどけます。

基本の結び方 3

片蝶結び

蝶々結びを作りたいけれど長さが少し足りないときは、この片蝶結びを覚えておくと役に立ちますよ。

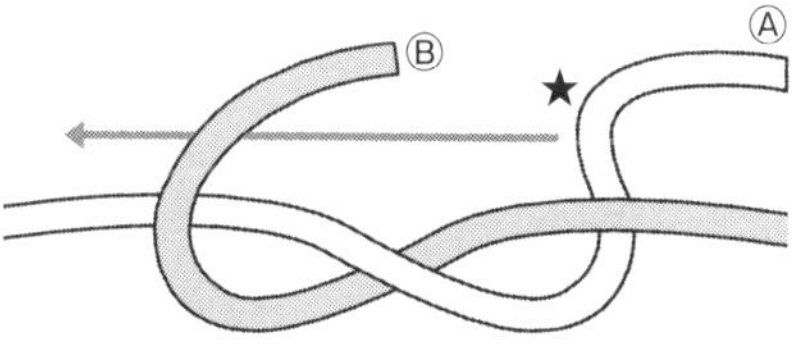

1

ひもの両端を1回交差させ、★印のところでⒶを二つ折りにして矢印の方向に通します。

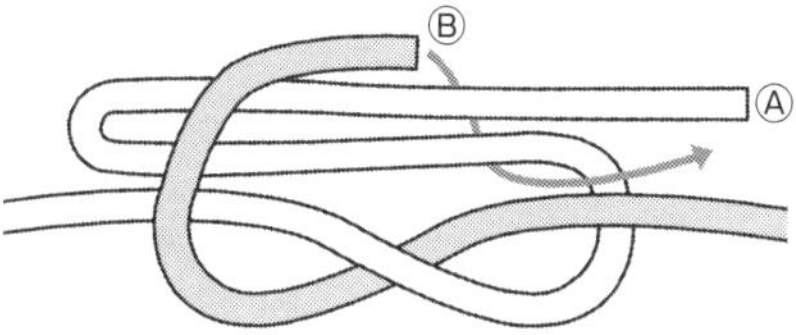

2

次にⒷのひもを、矢印の方向に通します。ここで二つ折りにしないのが、蝶々結び（P14参照）との違いです。

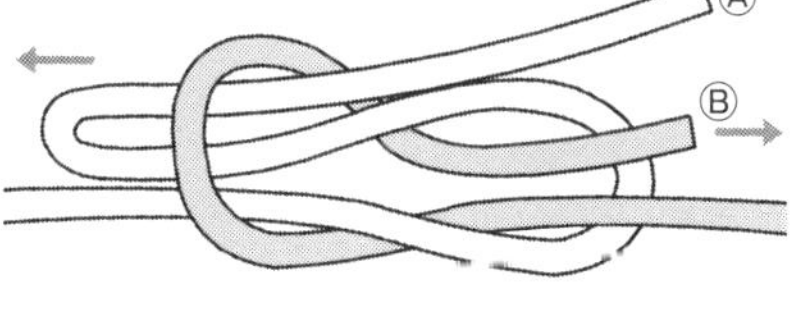

3

Ⓐのひもの輪の部分と、Ⓑのひもの先端を引っ張って、結び目を小さく締めます。

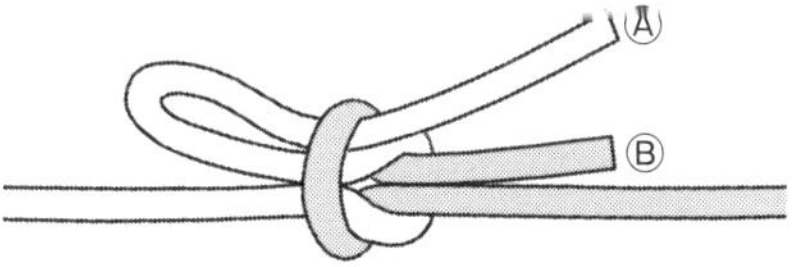

4

完成です。ほどくときは、Ⓐの先端を引っ張るとするりとほどけます。

この本の使い方

使いたいシーン・目次から探す

●結び方・しばり方は、使われるシーンを想定して、章ごとにわかれています。
●目次の各章のタイトルから、自分が知りたい結び方・しばり方のカテゴリを探すことができます。
●紹介している結び方・しばり方は、すべて目次で紹介しています。
●目次から必要な項目を探すことができます。

キーワード検索から探す

●キーワードで早引きができるように、巻末にキーワード索引のページがあります。
●探したいキーワードが載っているページをすぐに探すことができます。

結び方名称索引から探す

●「本結び」「プレーンノット」といった結び方の名称から探したいときは、巻末の結び方名称索引が便利です。
●探したい結び方の名称から、載っているページを探すことができます。

第一章

普段の暮らしがもっと便利になる

絡まりがちなコードを素早く結べる便利ワザから、カーテンのおしゃれな結び方まで、普段の暮らしを便利に彩る結び方をご紹介します。

イヤホンのコードをプレーヤーに固定する結び方

プレーヤーにぐるぐる巻くだけだと、絡みやすくなります。絡みにくく、スマートにほどける結び方をマスターしましょう。

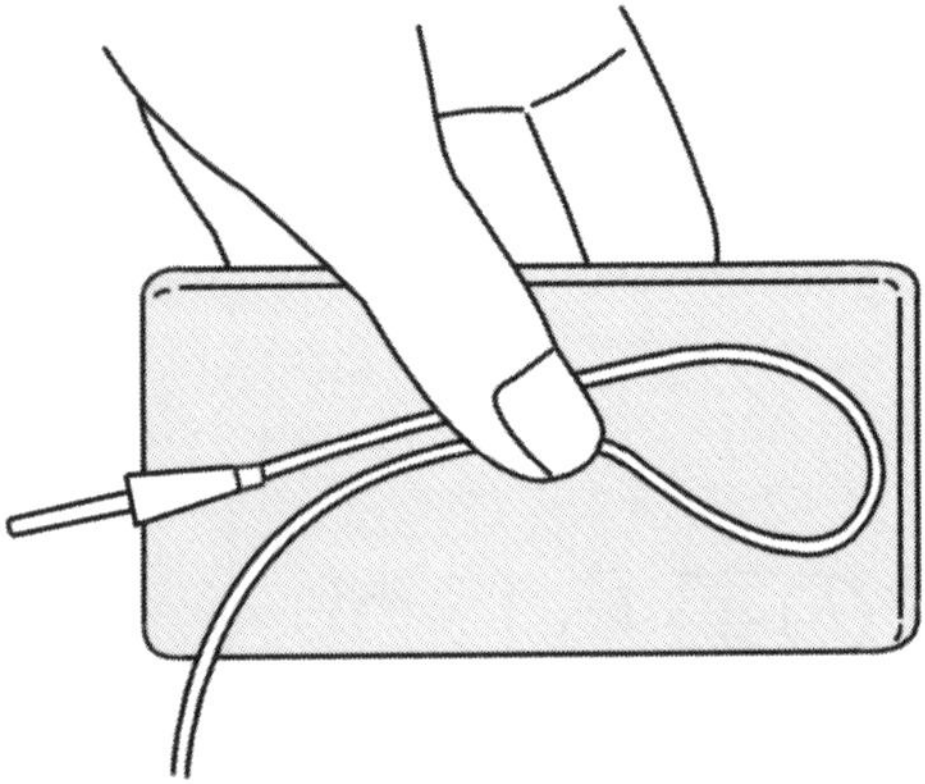

1 コードの差し込みプラグ側をポータブルプレーヤーの裏側に置き、輪を作ります。

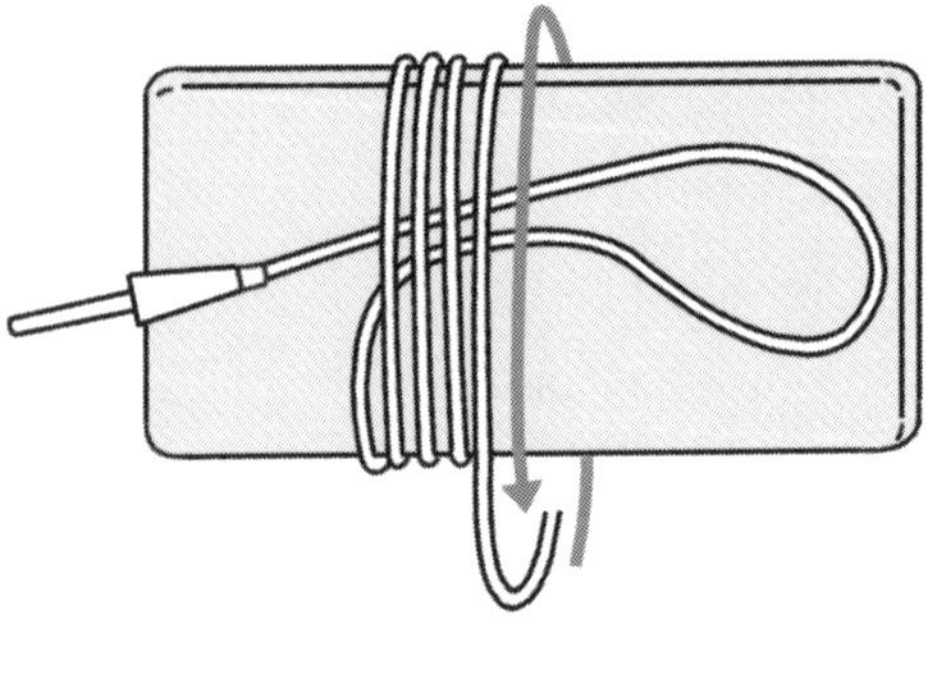

2 輪の形をキープしたまま、プレーヤーに巻きつけます。

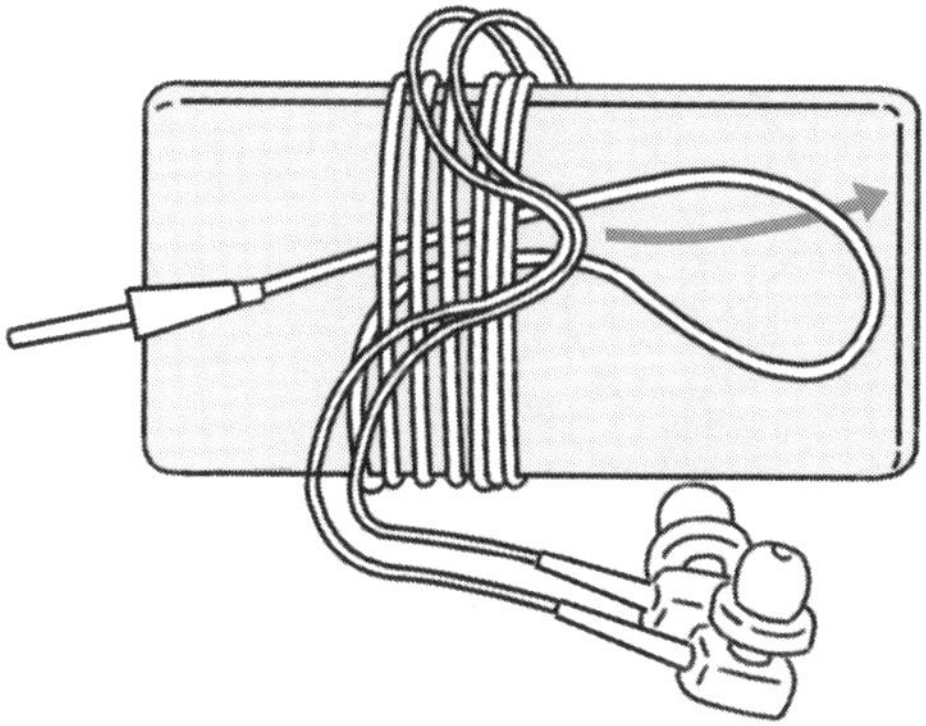

3 巻き終わりが近くなったら、コードを山なりにして、作っておいた輪に通します。

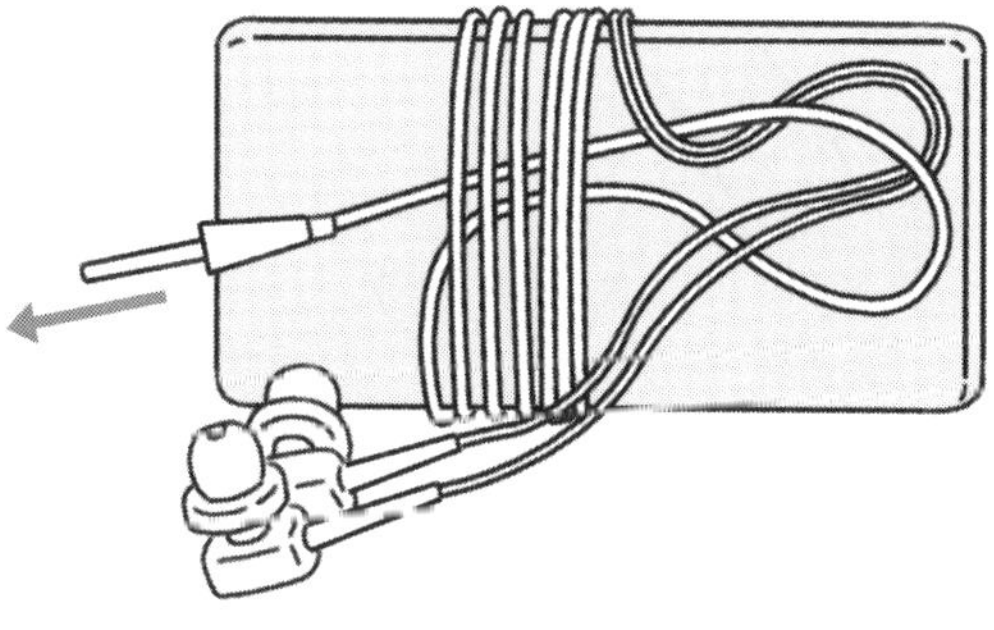

4 コードの差し込みプラグ側を引いて、輪を小さくして固定します。ほどくときは、イヤホン側を引くと、するりとほどけます。

イヤホンのコードが絡まない結び方

イヤホン単体で収納するときは、この結び方がおすすめ。8の字に巻くと絡みにくく、まとまりやすいのが特長です。

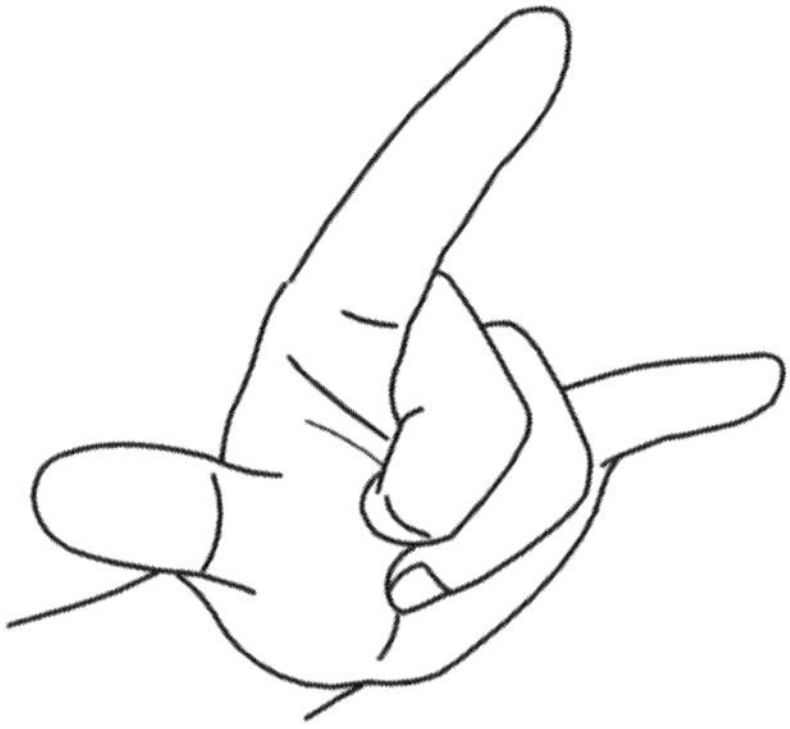

1 イラストのように、片方の手の中指と薬指を曲げます。

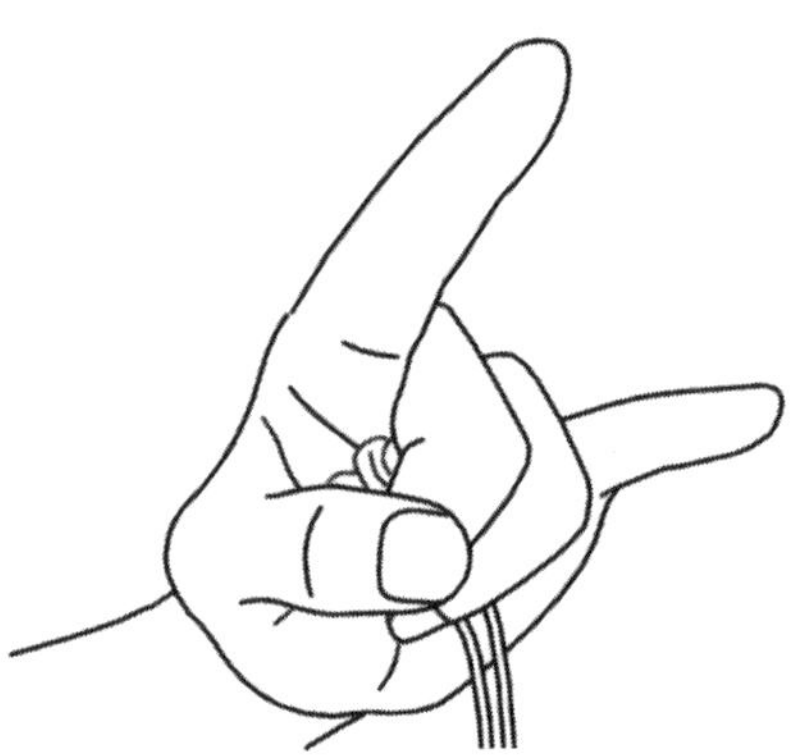

2 イヤホンを薬指と中指で挟み、親指で押さえます。

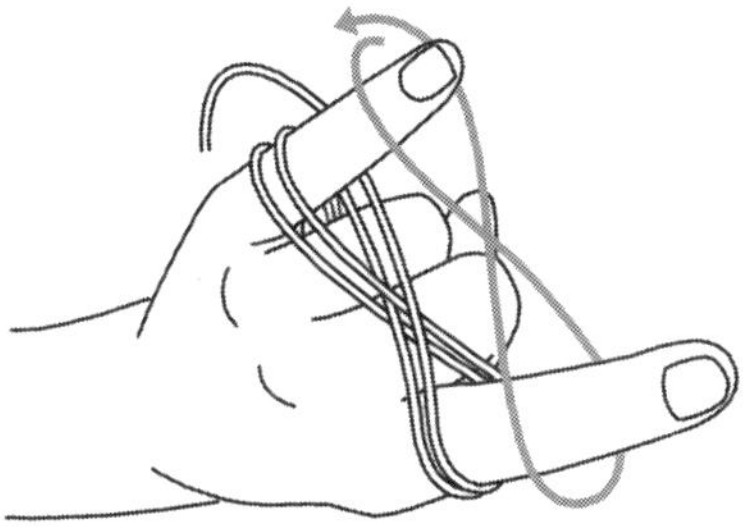

3 イヤホンのコードを、人差し指と小指に
８の字を描くように巻きつけていきます。

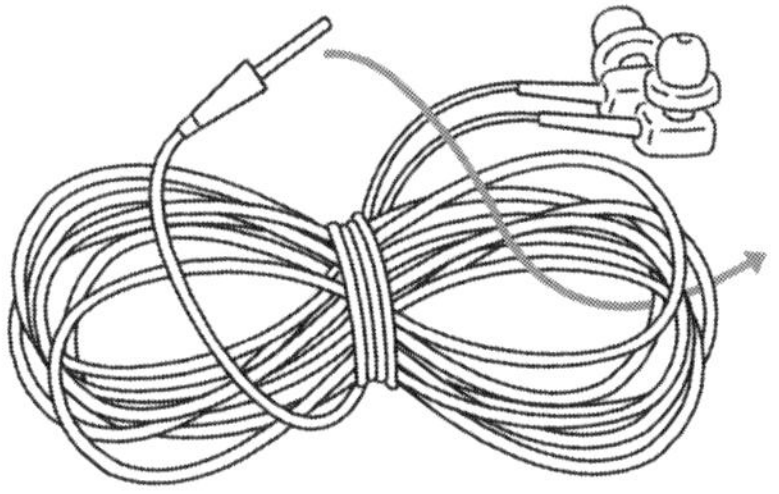

4 巻き終わりが近くなったら手から外し、
８の字の中央に数回巻き、矢印のように
コードの差し込みプラグ側を８の字の片方に通して、
外れないように巻き終えます。

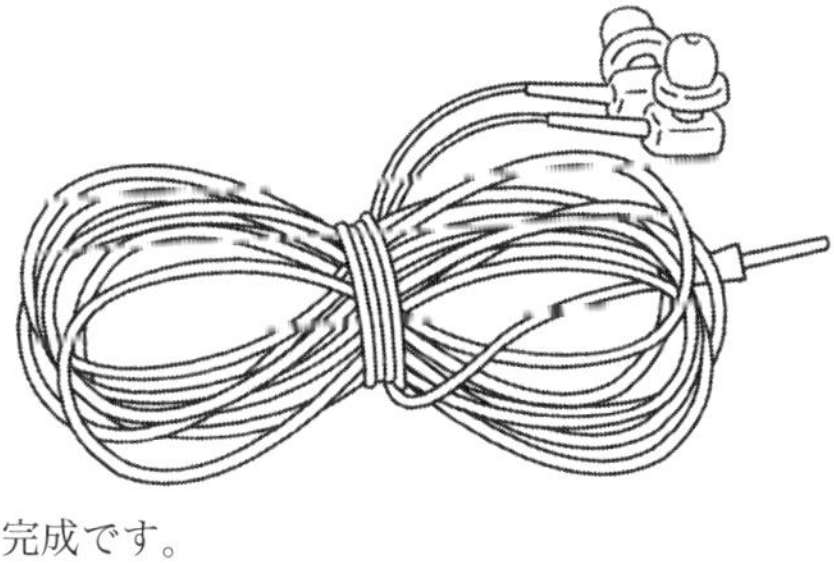

5 完成です。

癖がつきにくい電源コードの結び方

くるくる巻くと、癖がついて次に使いにくくなる電源コード。巻く方向を1回ごとに変えるとほどいても癖がつきません。

1

左手で端を持ち、
右手でコードに
輪を作ります。

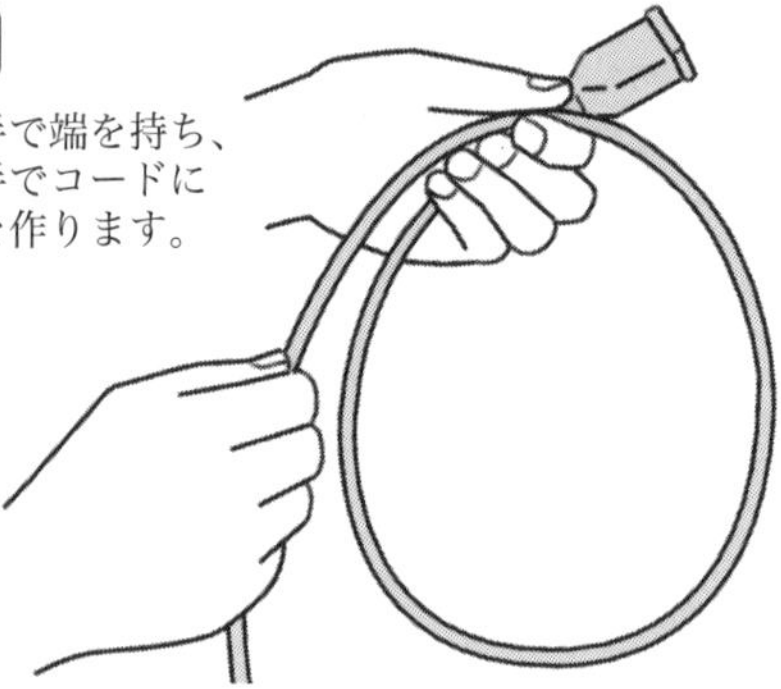

2

輪になった部分を、
左手でつかみます。

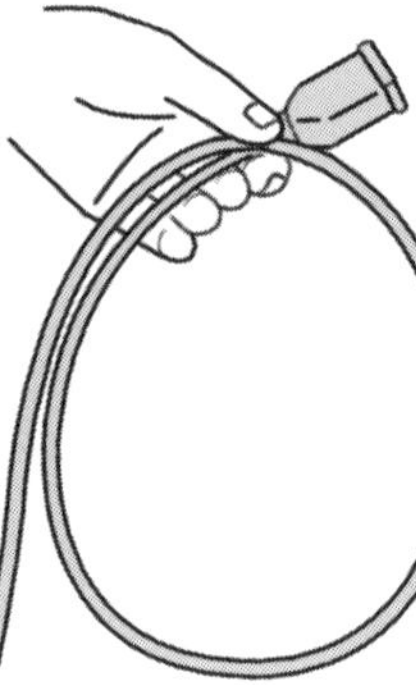

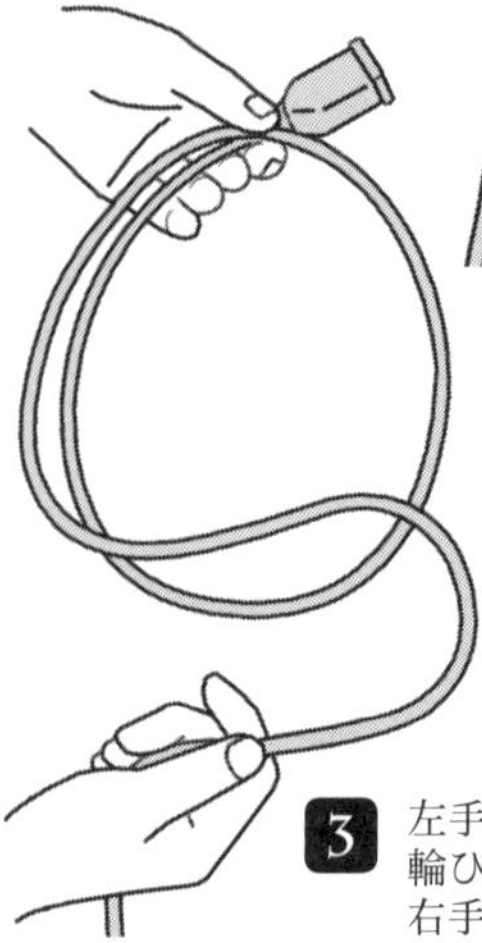

3 左手でつかんだところから、
輪ひと巻き分下を
右手で図のようにつかみます。

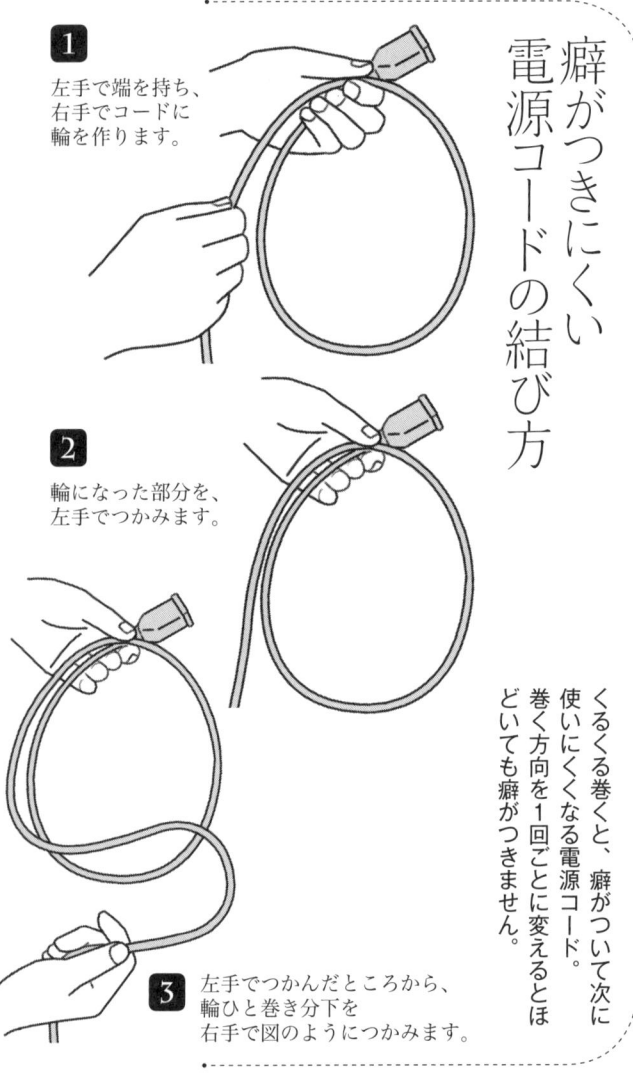

4 右手でつかんだ部分を
左手に渡します。
このとき、
右手を2でできた輪と、
新しくできる輪の間に
入れるようにします。

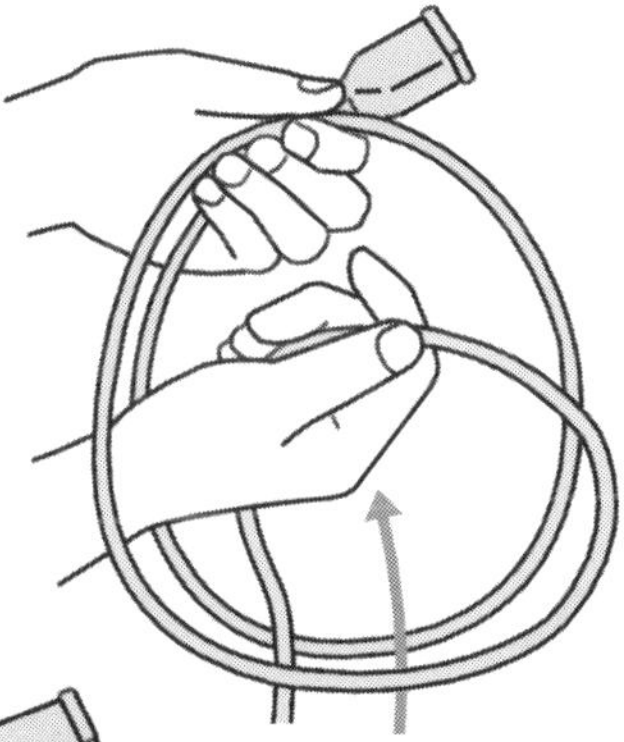

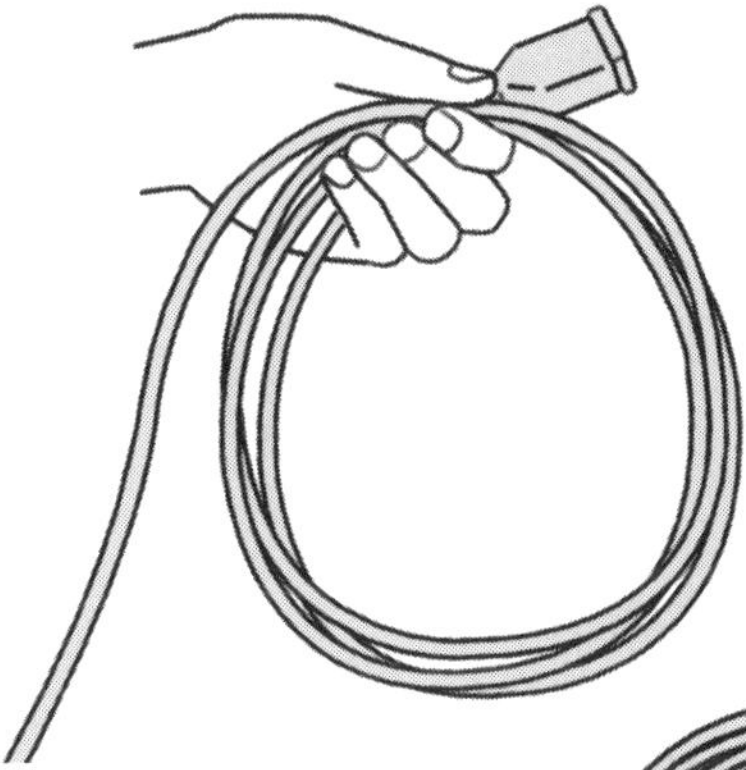

5

1〜4を
繰り返します。

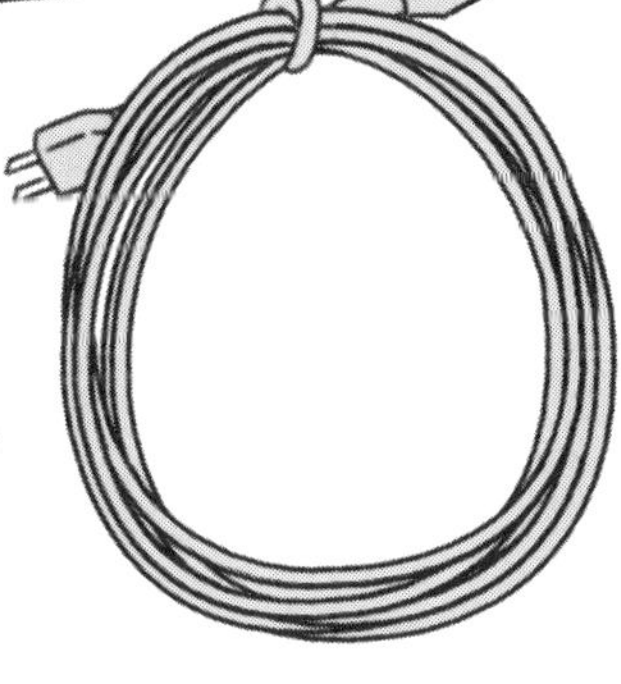

6 プラグ部分を
端の近くに1回結んで
完成です。

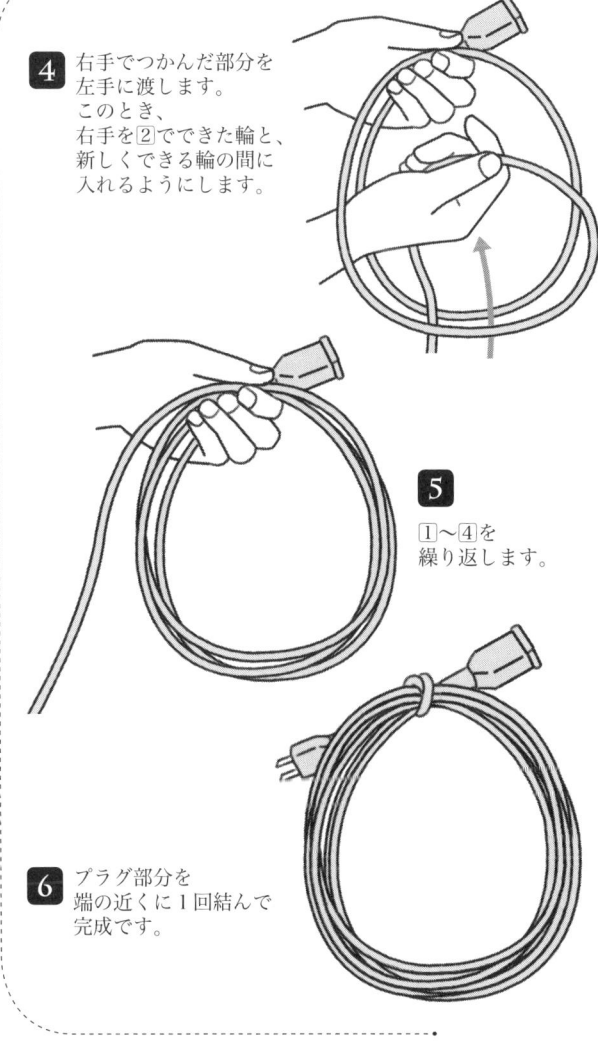

カーテンタッセルのおしゃれな結び方

「あげ巻き結び」と呼ばれる方法でひもを結んでみましょう。色の異なる2本のひもを合わせて結ぶと一層華やかになりますよ。

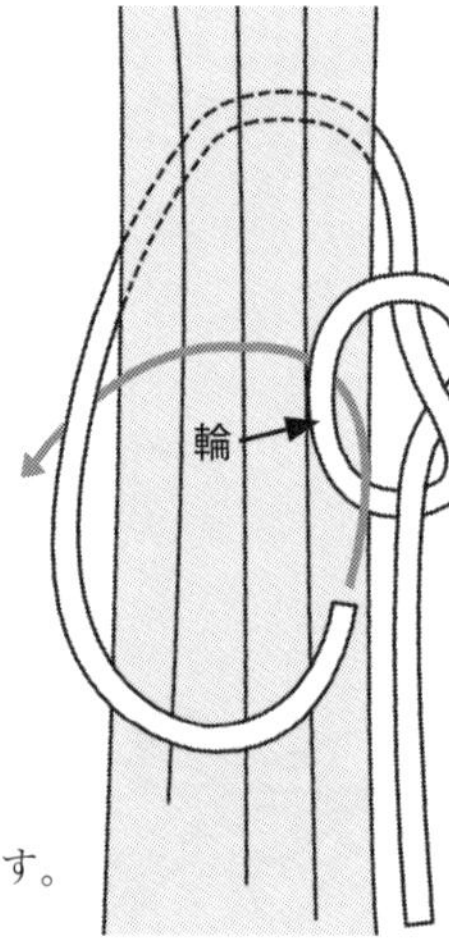

1

緩い結び目を作り、カーテンの後ろに回してから、輪のところに通します。

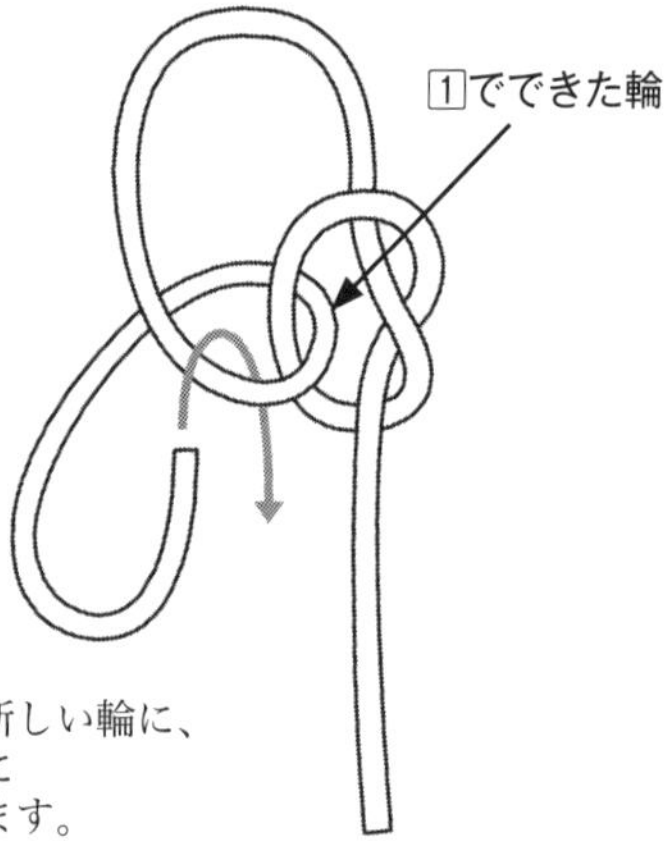

2

1でできた新しい輪に、矢印のようにひもを通します。

3

2つの輪の★印の部分を、
それぞれ図の矢印の方向に
通して引っ張り出します。

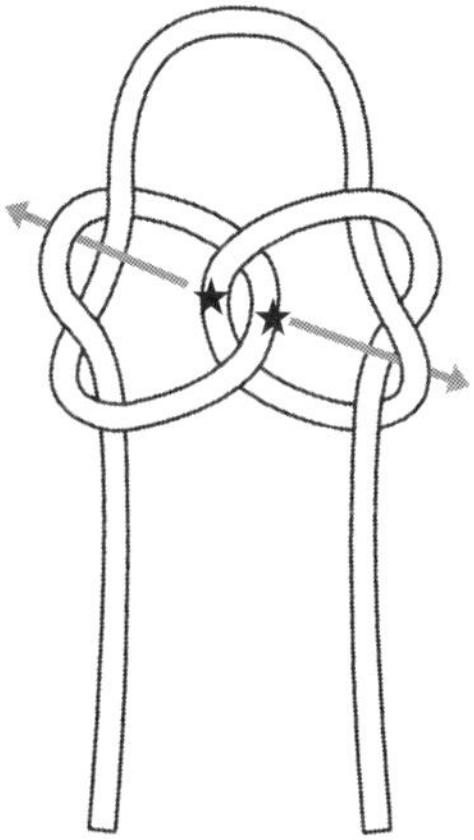

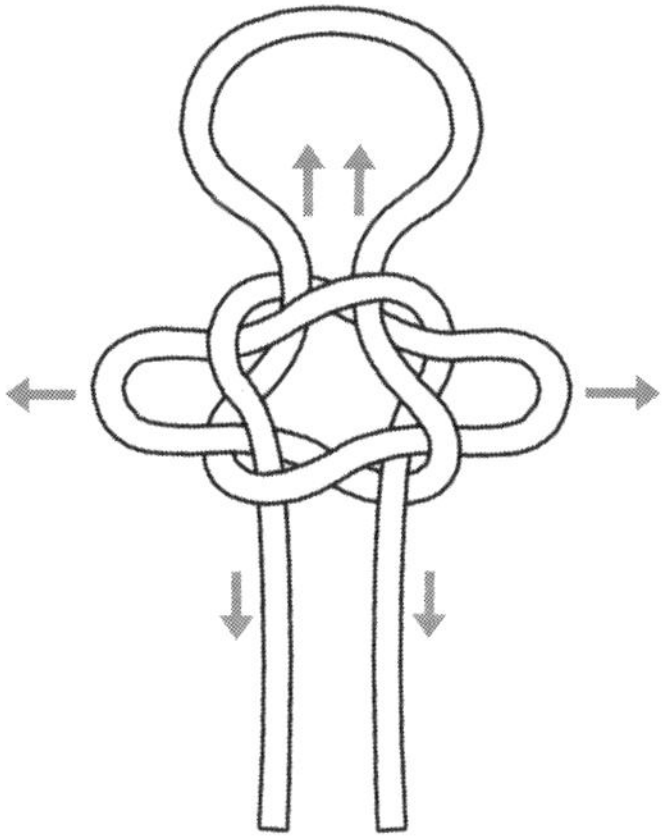

4

全体的に少しずつ
引っ張ってバランス良く
結び目を締めます。

5

完成です。
完成図はひもを
2本合わせて
使ったときのものです。

※カーテンタッセル用のひもを購入する前に、あらかじめお手持ちのひもで必要な長さを測っておきましょう。

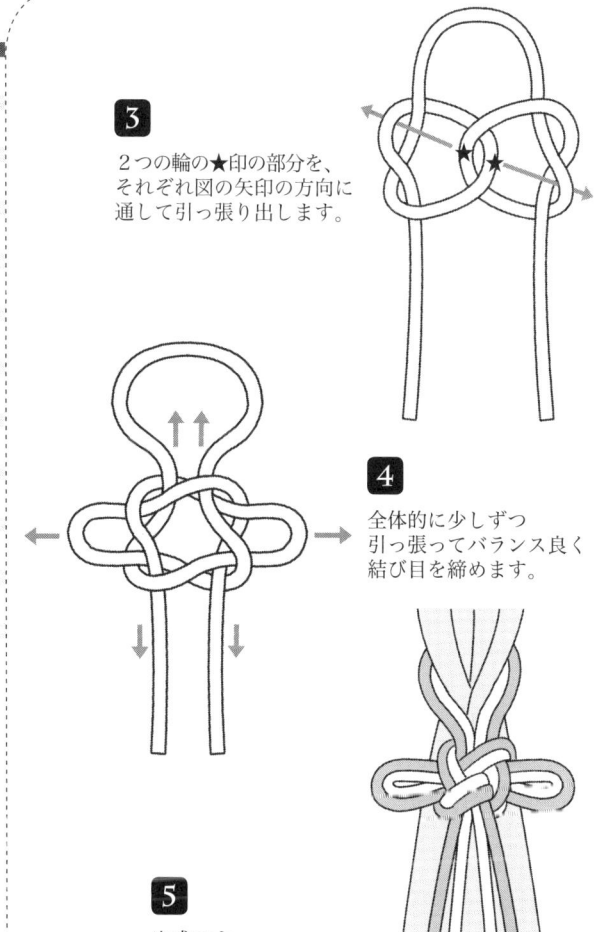

額縁をスマートに吊るすひもの結び方

額縁を壁に飾るときに吊るすひもが見えないよう、スマートに飾ることができる結び方です。

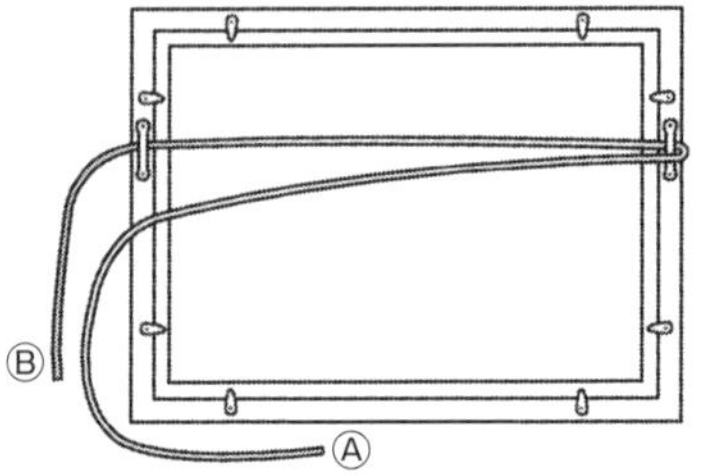

1 ひもを金具に通します。
金具がないときは、上から⅓ぐらいのところに金具を取り付けましょう。
左のひもⒷを短く、右のひもⒶを長くとっておきます。

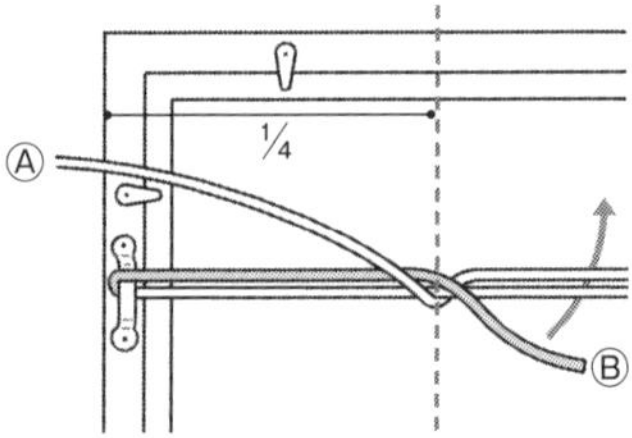

2 額縁の左から¼あたりの位置で右からきた長いひもⒶを左からきたひもⒷの下に通し、ⒶとⒷのひもを交差させ、Ⓑの先端を矢印の方向に通します。

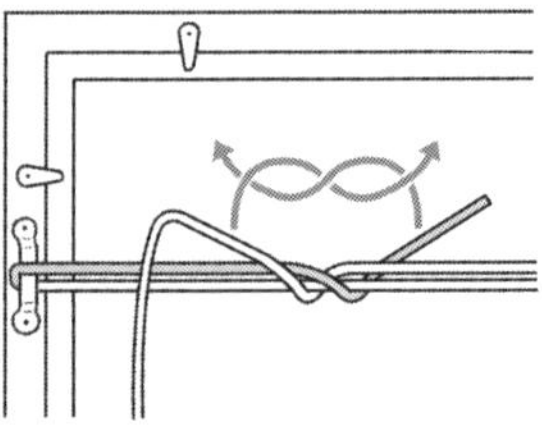

3 矢印のようにⒶとⒷを1回結びます。

4

3で作った結び目を
矢印の方向に
引っ張って締めます。

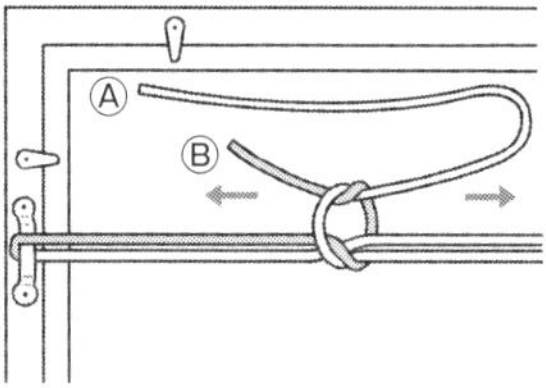

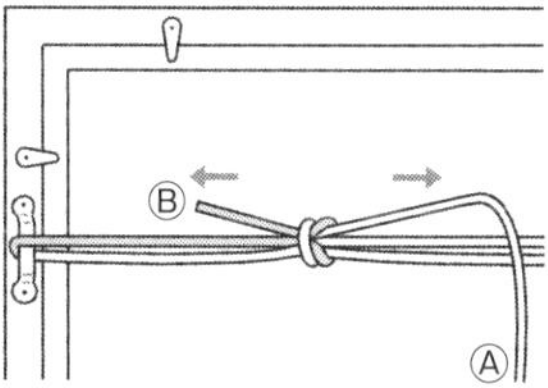

5

さらに引っ張って
結び目を固く締めます。

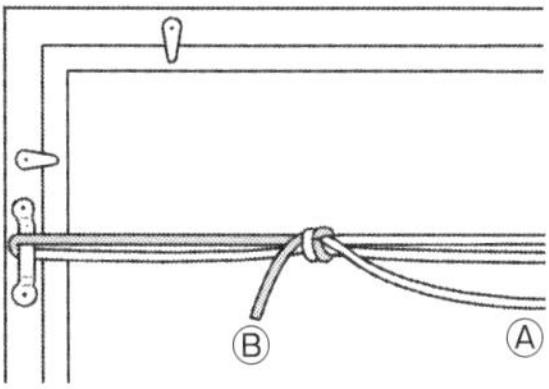

6

ひとつめの結び目の
完成です。

7

次に、額縁の右から
¼あたりの位置で、
図のようにもうひとつの
結び目を作ります。
ピンと張るよう
引っ張りながら
結んでください。

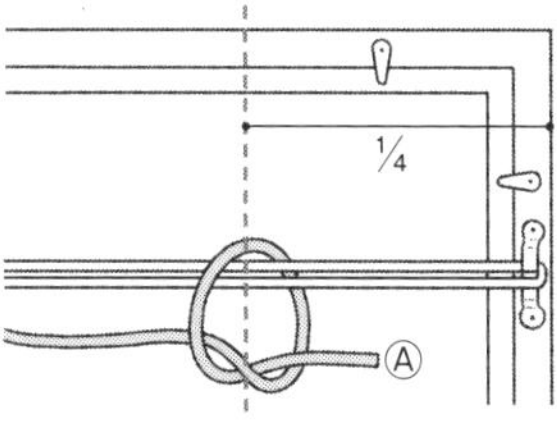

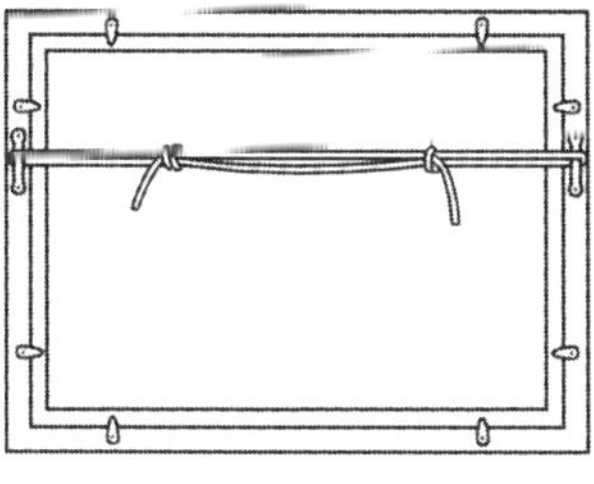

8

余ったひもを
切り落とし、
完成です。

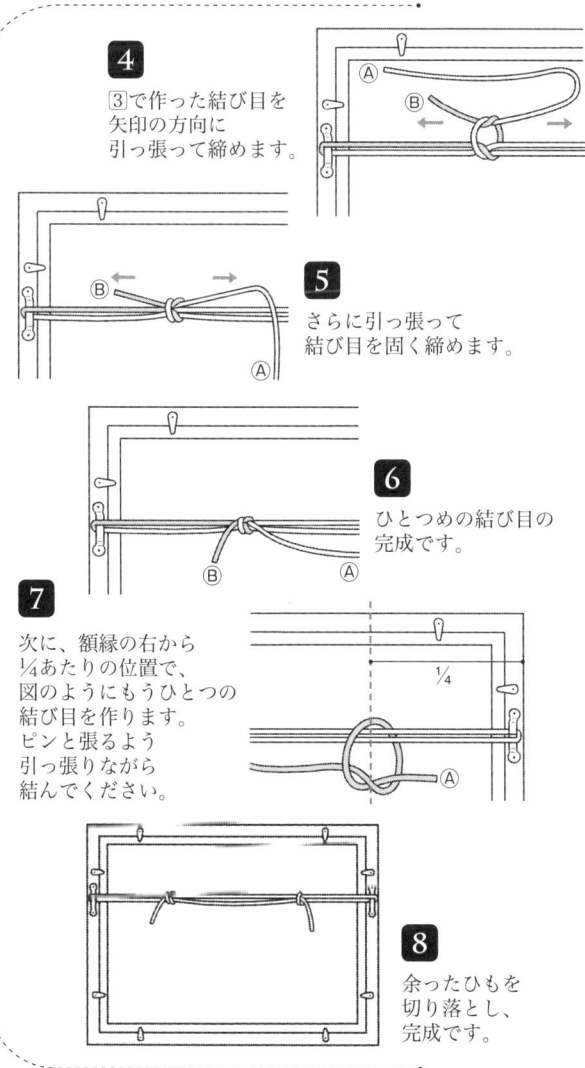

自転車の荷台にしっかり荷物を固定するときの結び方

荷物が多少大きくても、しっかり固定できる結び方です。
自転車専用の荷ひもがないときはとくに重宝します。

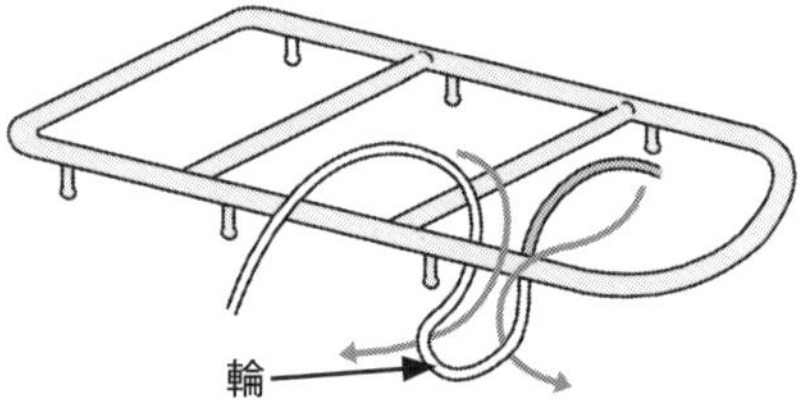

1 ひもで輪を作り、荷台の後方寄りに
矢印のようにひもの両端を輪に通します。

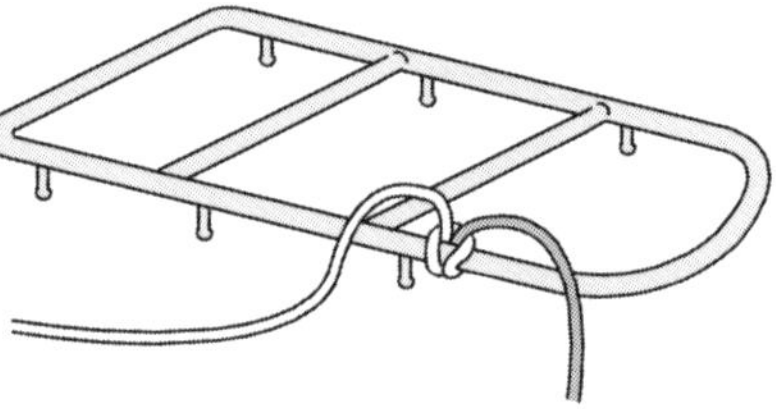

2 ひもの両端を引っ張って固定します。
右側は短めに残し、
左側を長くしておきます。

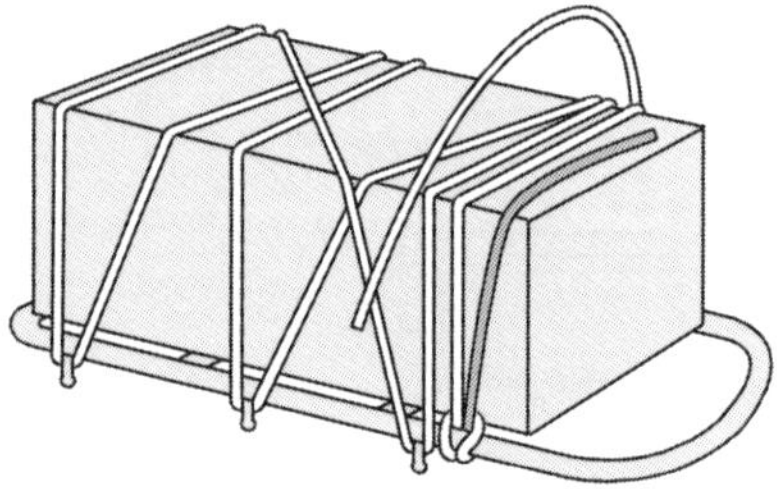

3 長くとったほうでイラストのように
荷台のひも掛けに順にひもを掛けていき、
均等に力がかかるようにします。

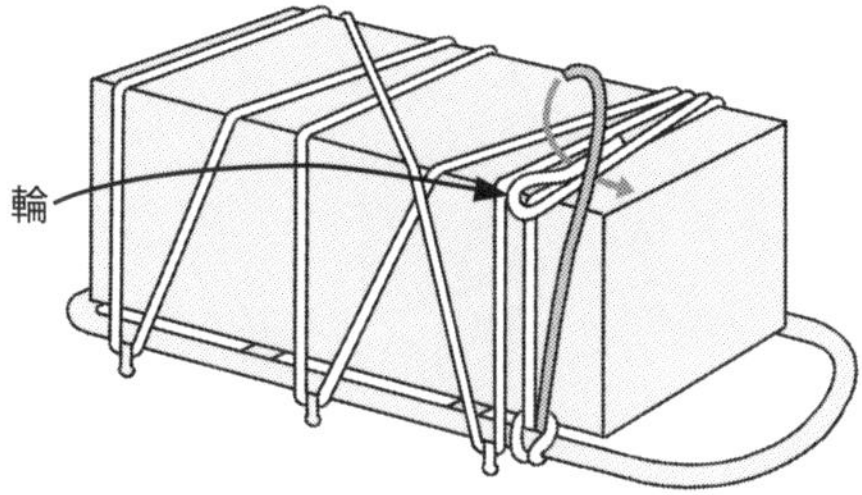

4 かけていったひもの端を荷物の角のところで
二つ折りにして輪を作り、短めに残しておいたほうを
上から矢印のように巻きつけます。

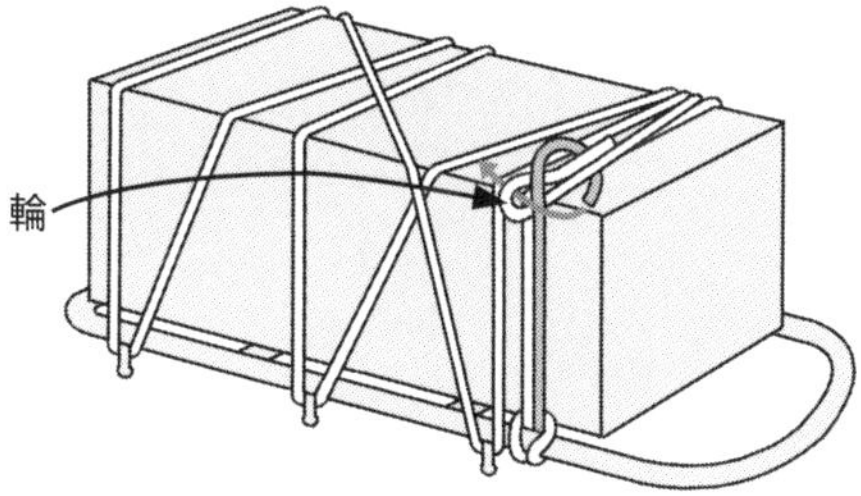

5 巻きつけたひもの先端を、
矢印のように4で作った輪に通します。

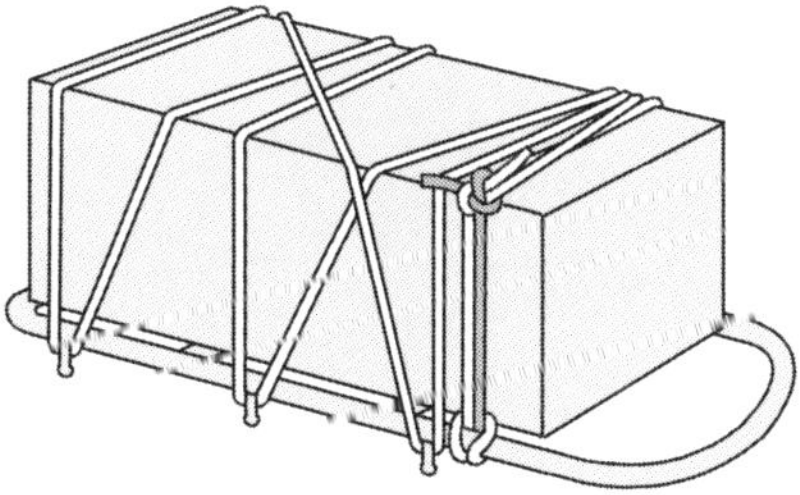

6 両端をぎゅっと引っ張って固定します。

しっかり固定できてほどきやすい犬のリード（引き綱）の結び方

犬をポールなどにリードでつなぐときに、しっかり固定できて、ほどくときは簡単な結び方です。

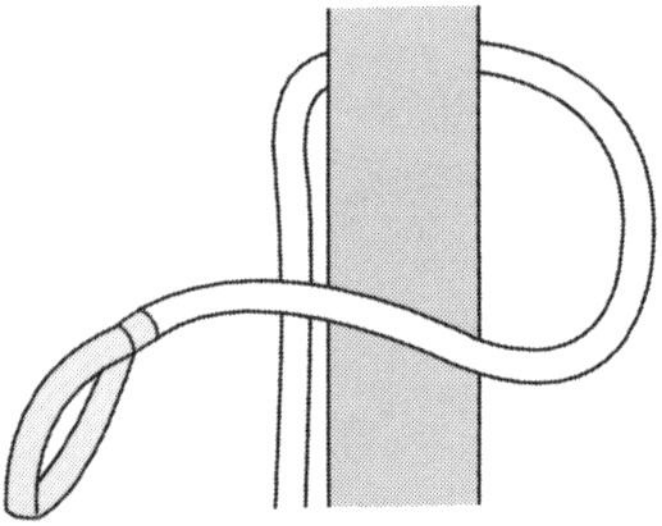

1 ポールにひもを掛けます。

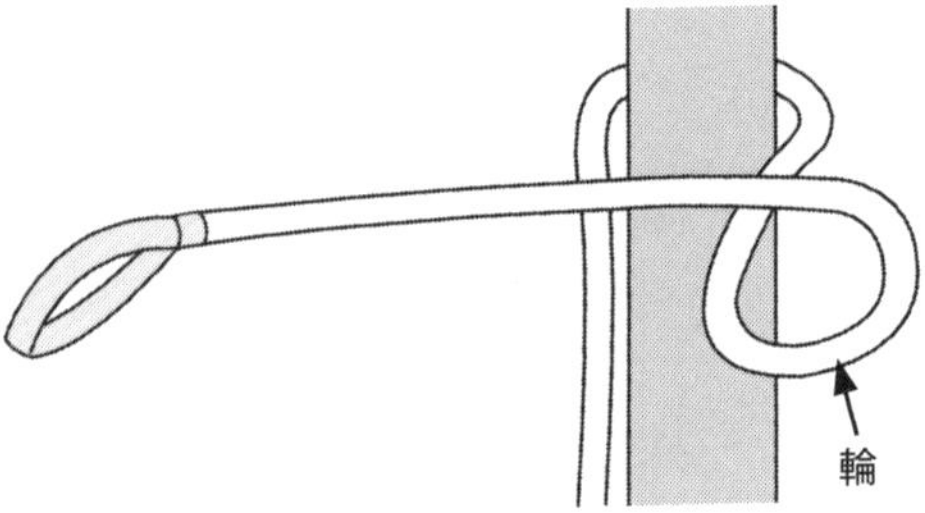

2 図のようにひもの途中で小さな輪を作ります。

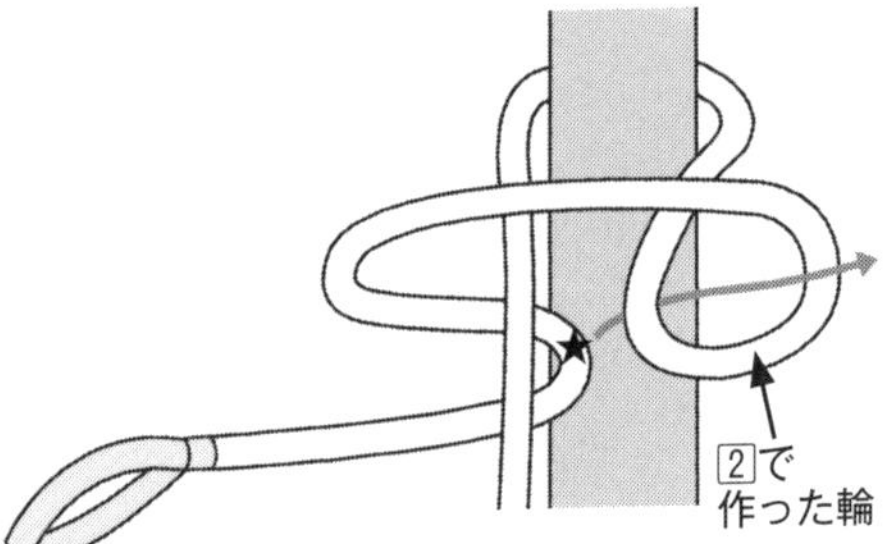

3 図のように★印の部分を二つ折りにして輪に通します。

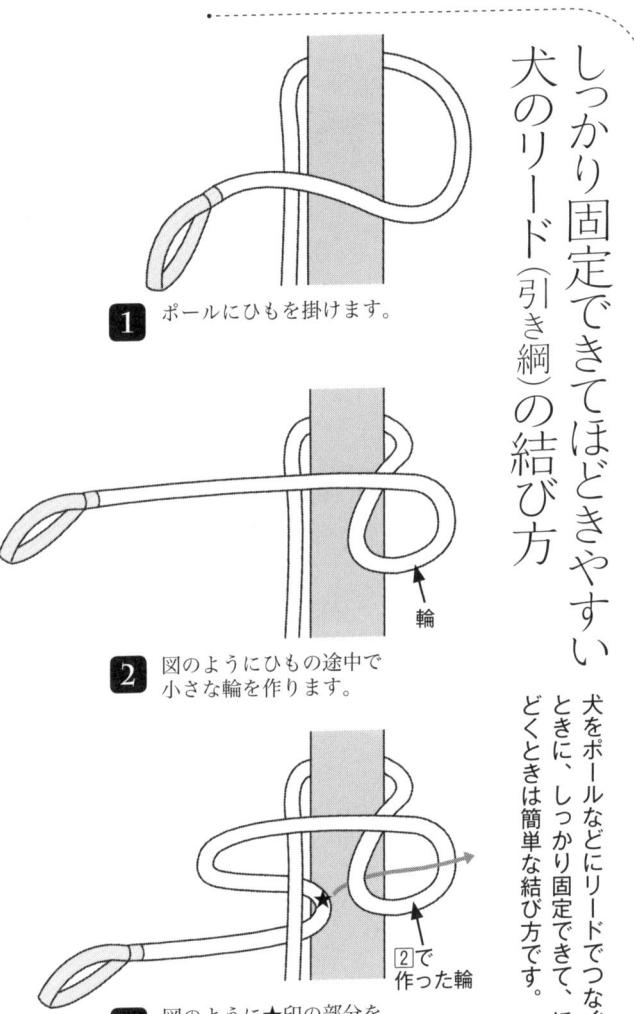

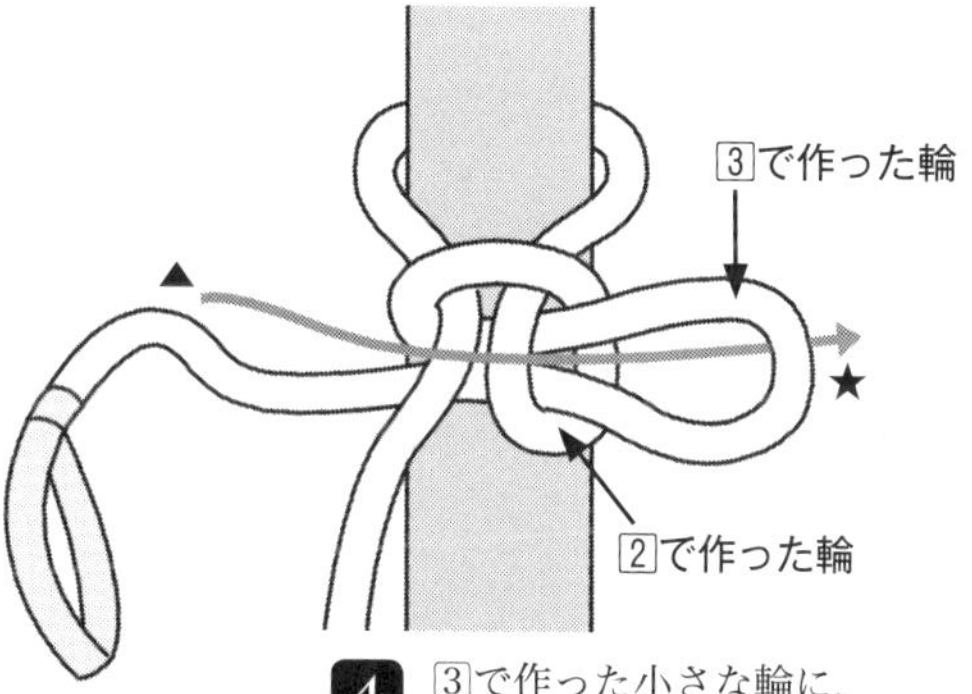

4 ③で作った小さな輪に、
図のように▲印の部分を
二つ折りにして
矢印のように通します。

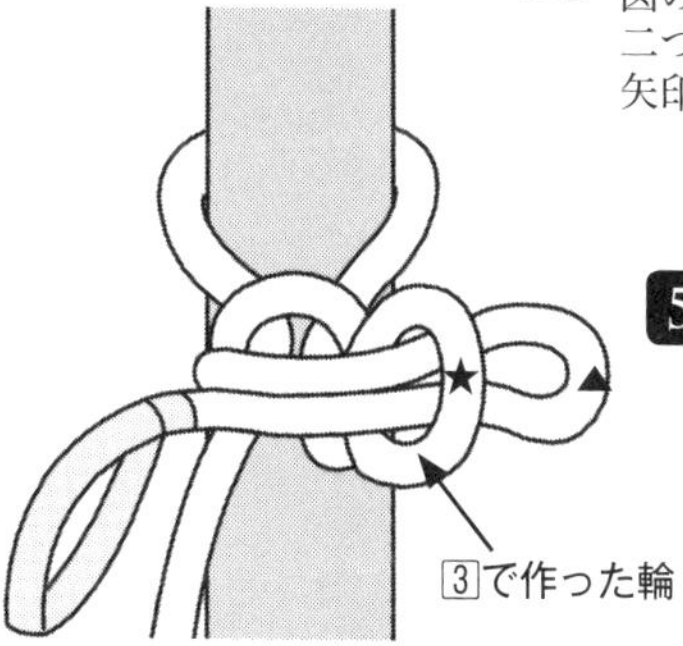

5 このようになります。

6 ④で作った▲の輪と
長く残したひもを
両側から引っ張って、
緩みのない結び目を作ります。

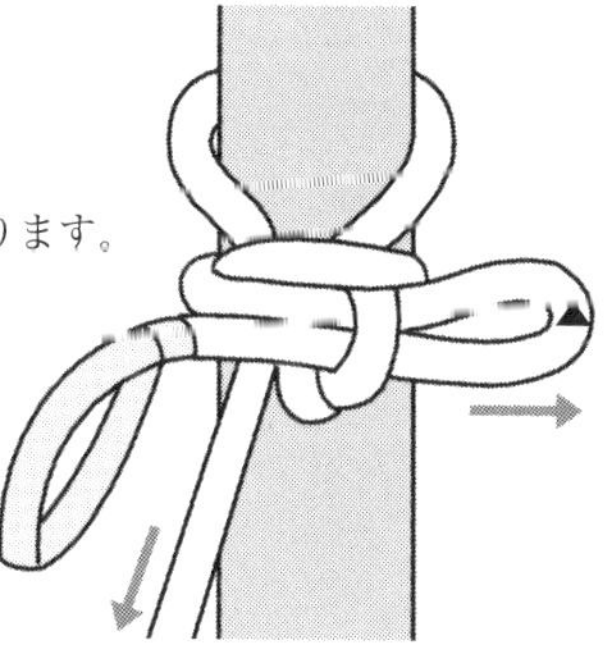

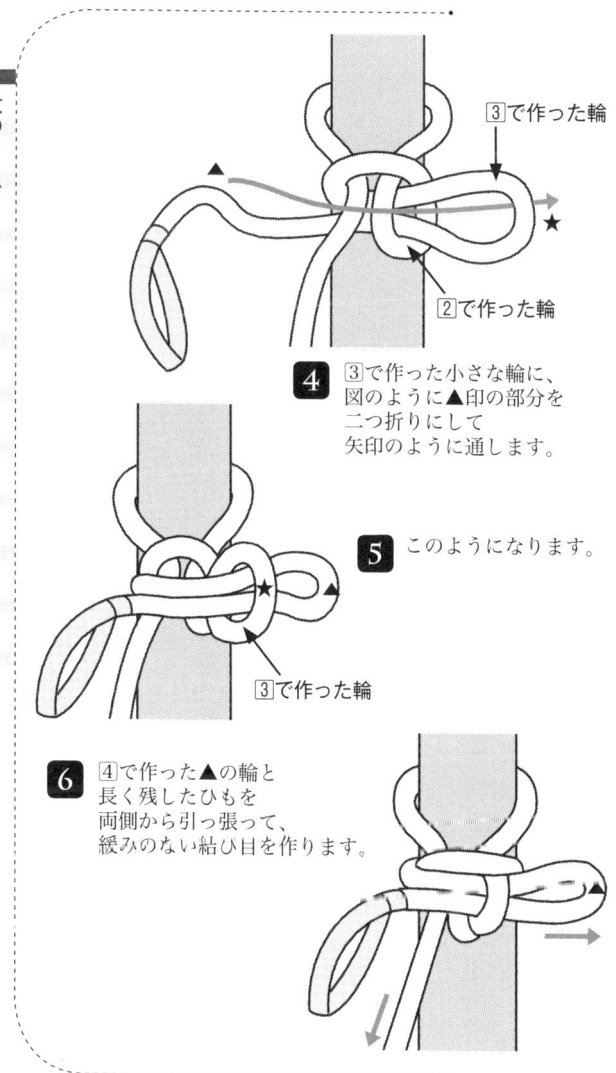

洗濯ロープの緩まない結び方

ロープをピンと張れる「張り綱結び」と呼ばれる結び方。
反対側は「巻き結び」（P94参照）で結んでください。

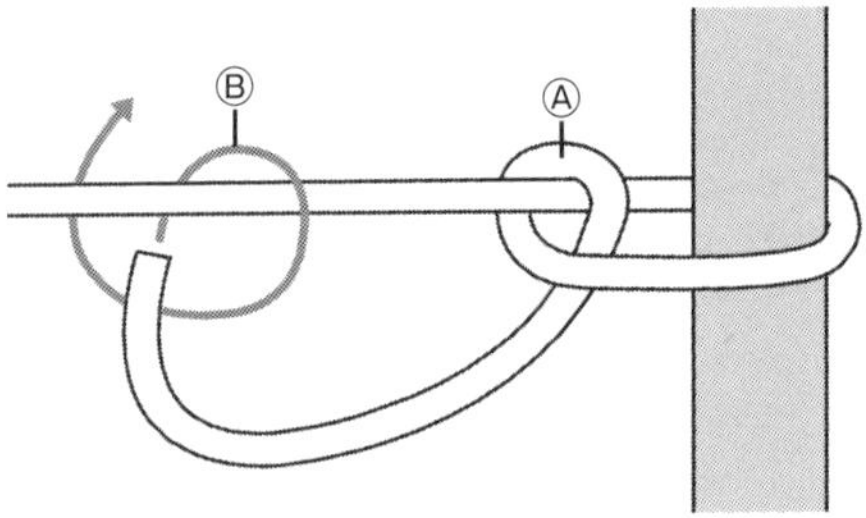

1 支柱などにロープを掛け、
１回巻きつけますⒶ。
次は少し間隔を空けて
２回目を巻きつけますⒷ。

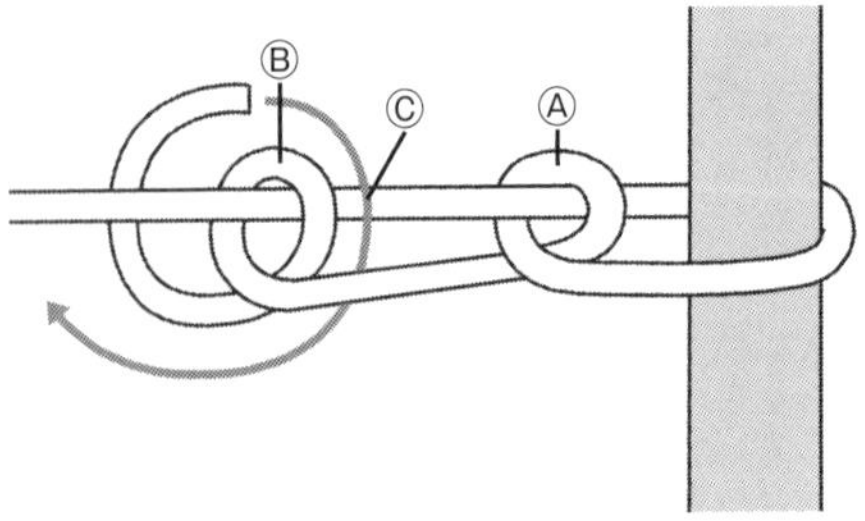

2 次はⒶのⒷの間に、
矢印のようにひもを通しますⒸ。

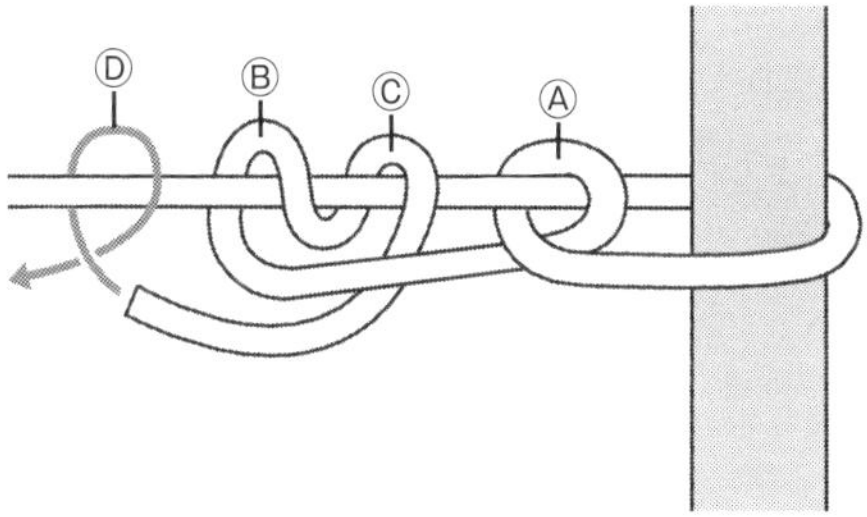

4 さらに矢印のようにひもを通し、
ⒹをⒷの横に作ります。

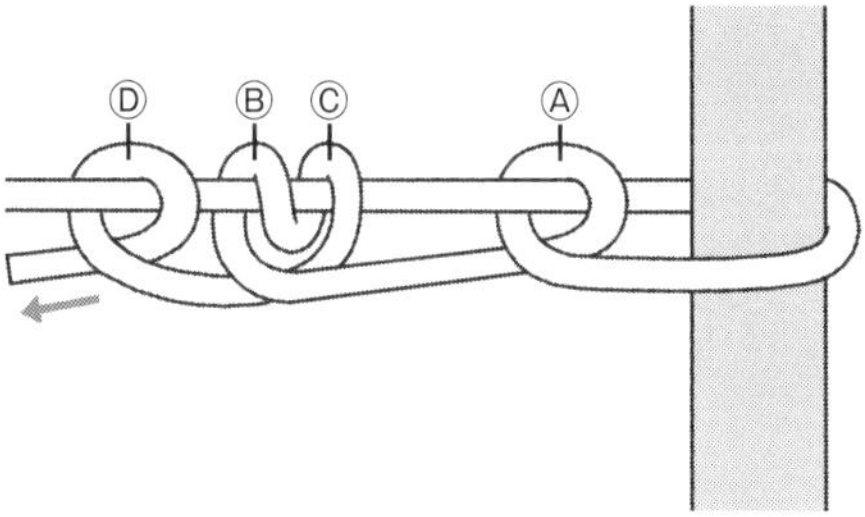

5 矢印の方向に引っ張って、
Ⓐ～Ⓓの結び目を引き締めます。

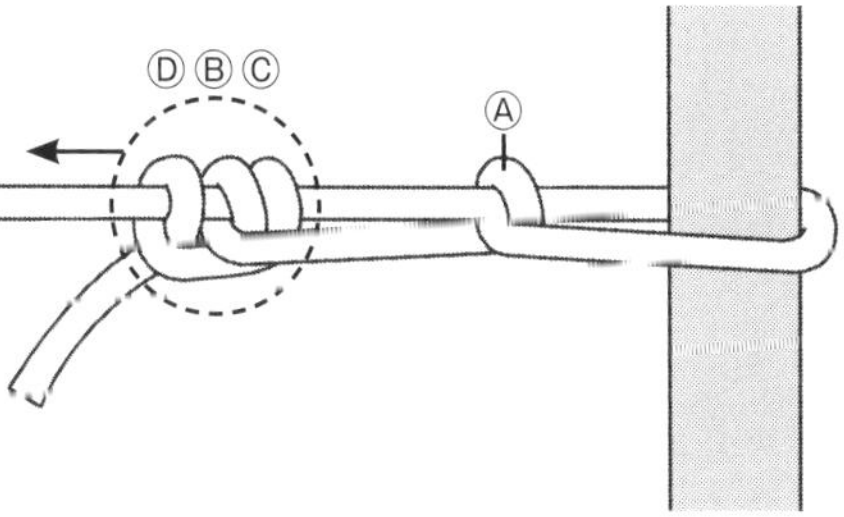

6 完成です。Ⓑ～Ⓓの結び目を矢印の方向に動かすと、
ロープをピンと張ることができます。

水道ホースのかさばらずにまとまる結び方

ホースの先端を結び目にしてきちんとまとめておくと、狭いすき間にも収納できますし、取り出すときも便利です。

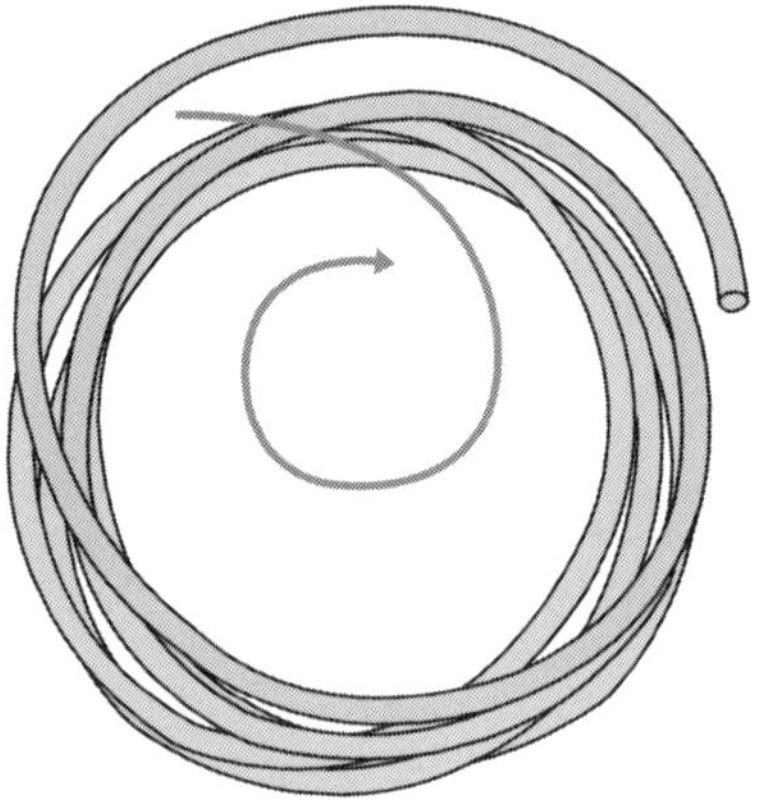

1 ホースを輪の形に、時計回りに巻いていきます。

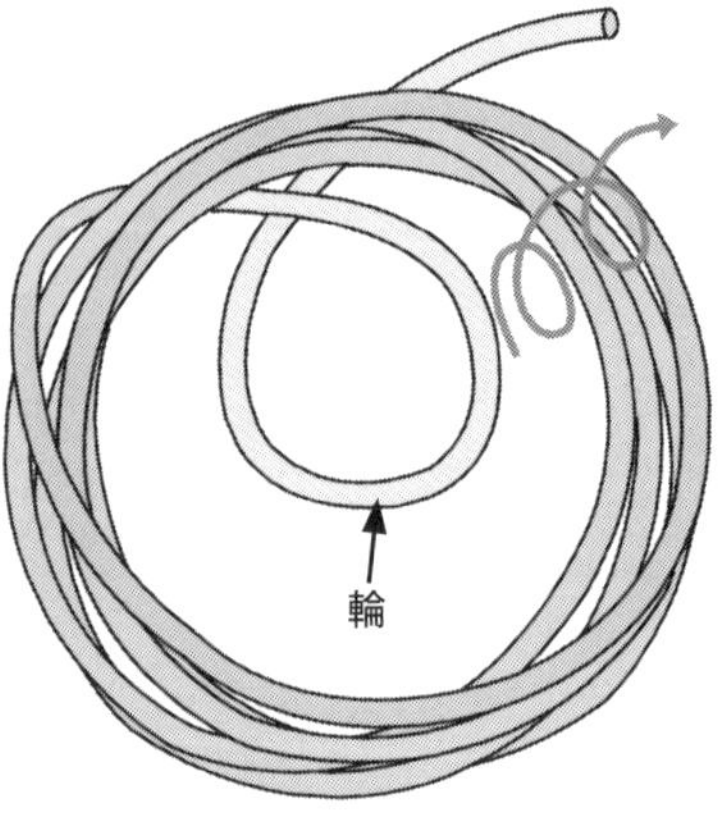

2 巻き終わりが近くなったら、ホースを下に通して小さな輪を作り、輪を矢印の方向に2回ねじります。

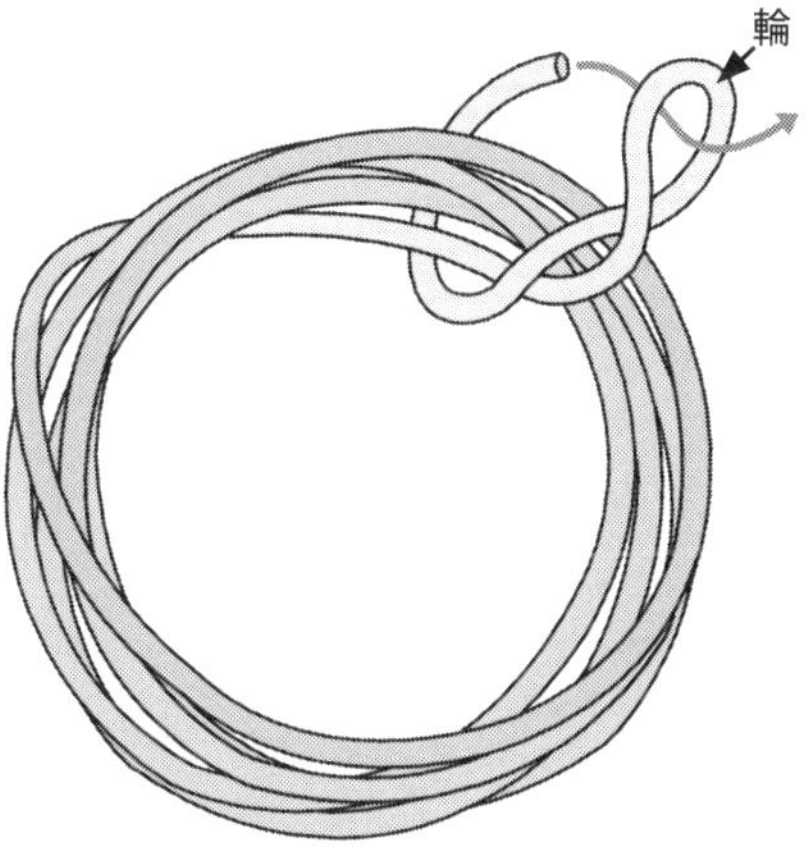

3 ねじった輪にホースの先端を下から矢印の方向に通して引っ張ります。

4 完成です。

大きさのバラバラな本の緩みにくいしばり方

大きさがバラバラの本や書類をまとめるときは、水平方向にもひもを掛けると安定します。

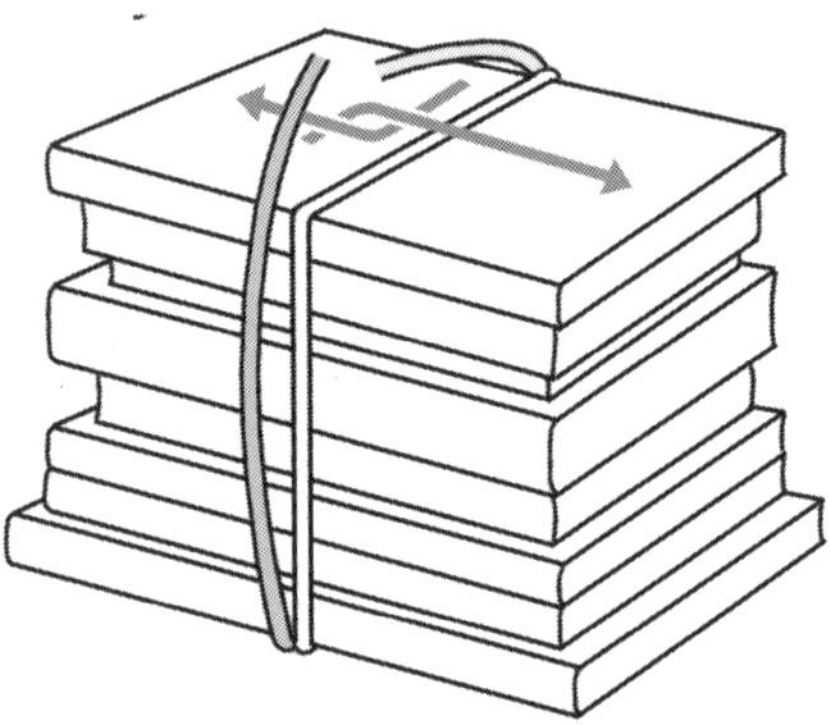

1 ひもを2回下に通し、上で交差させます。

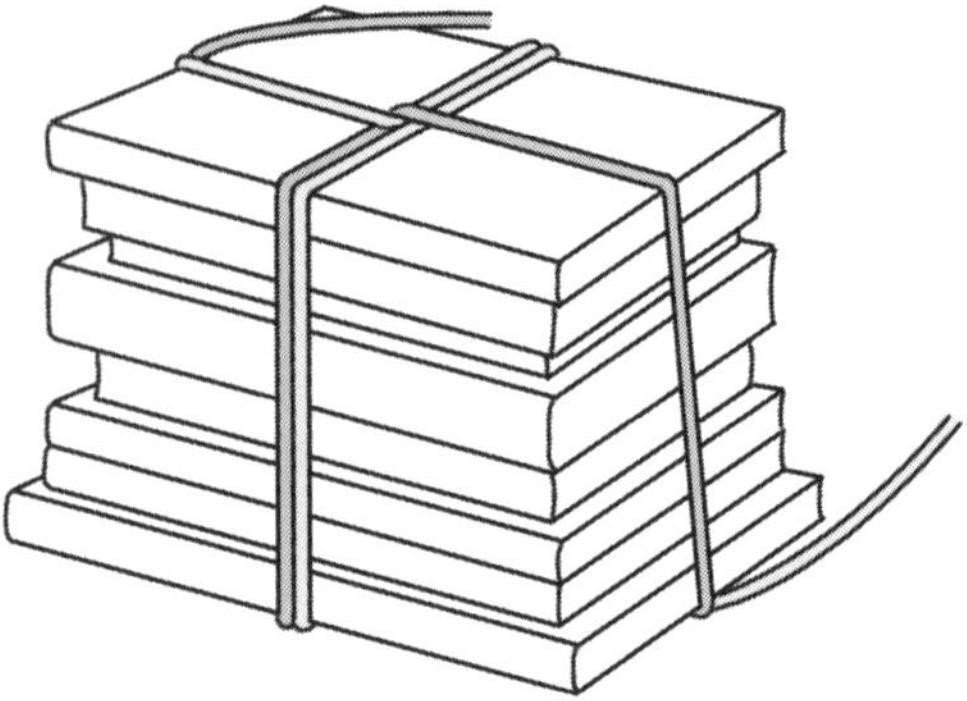

2 交差させたひもをそれぞれ下に通します。

3

中央あたりの
サイズの
小さいものを
束ねている側面で、
ひもを交差させます。

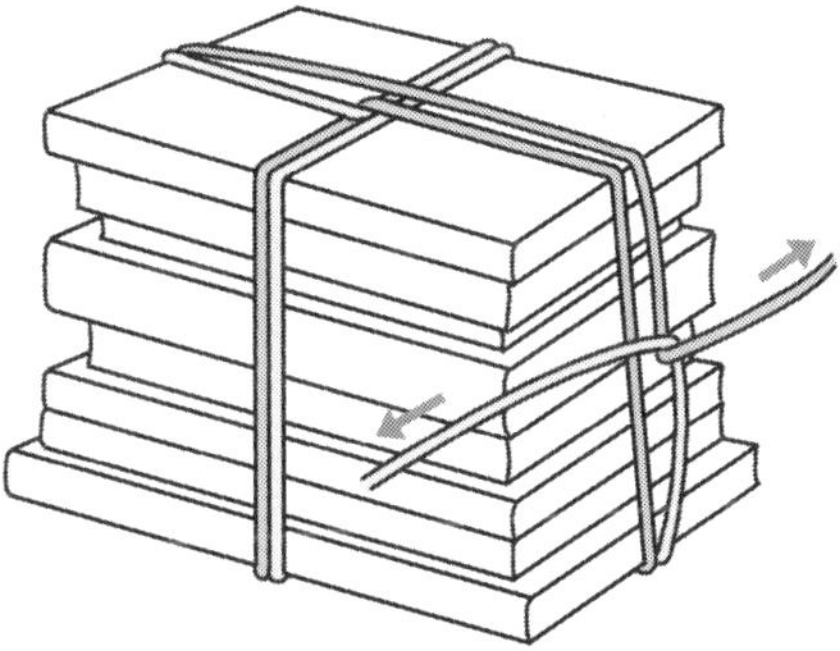

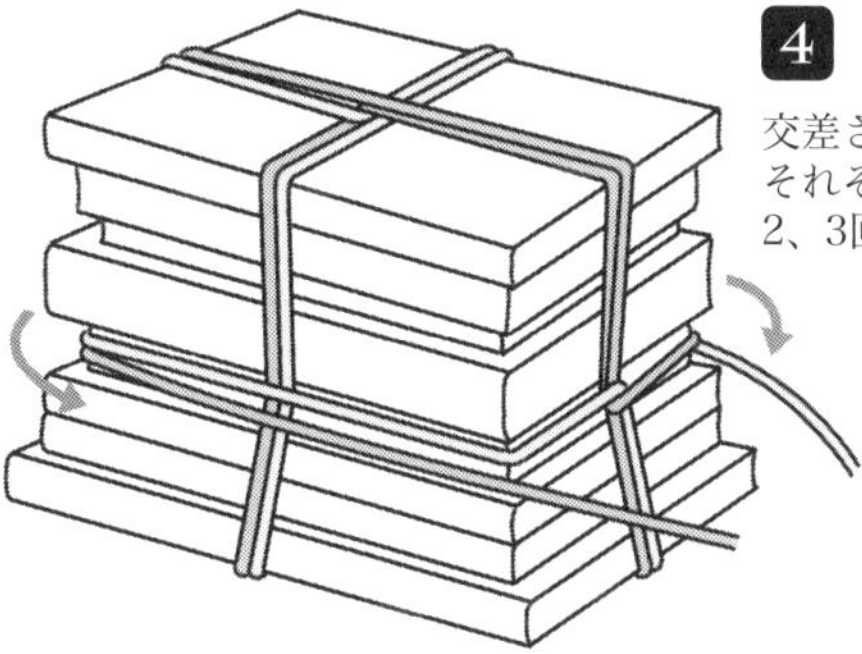

4

交差させたひもを
それぞれ水平方向に
2、3回巻きつけます。

5

角で本結び
(P12参照)にして
完成です。

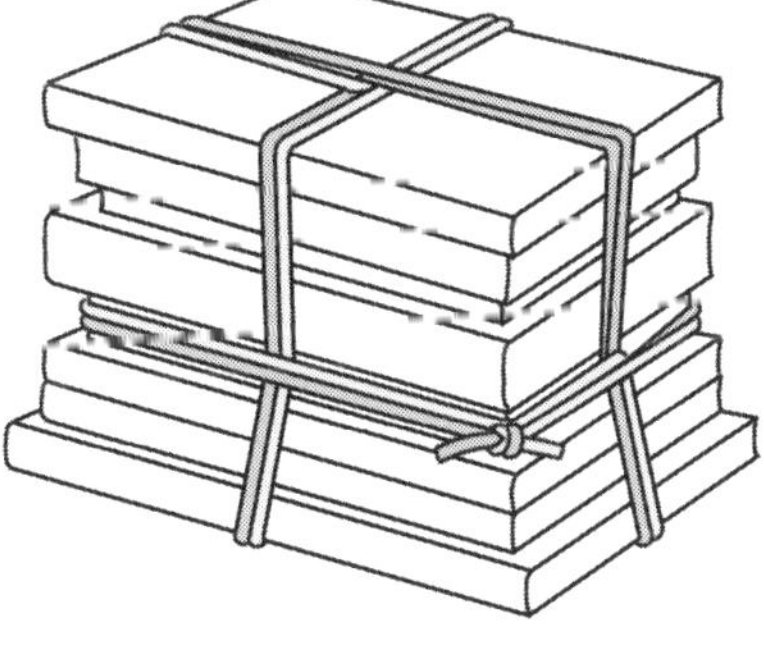

大切な本を傷めないしばり方

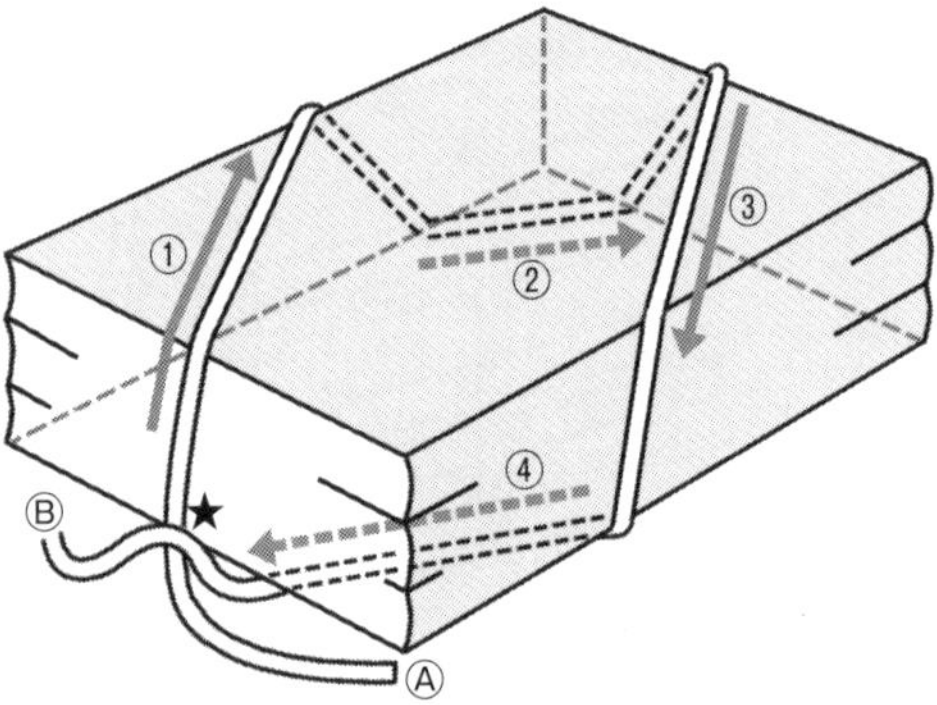

1 ひもⒶのところから、矢印①〜④の順で束ねた本の角にひもを掛けます。★印のところで、ⒷがⒶの上になるように掛け、★印のところは図のように少し緩みをもたせておきます。

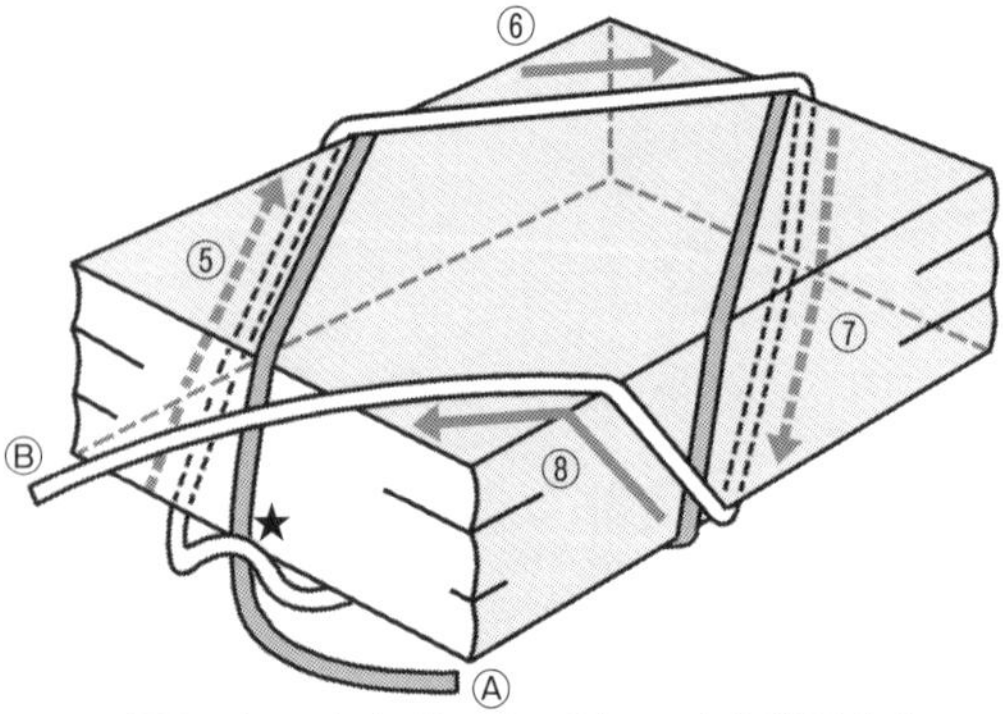

2 次は、矢印⑤〜⑧の順でひもを掛けます。

大切な本にひもを掛けるときは、力が分散して摩擦を防ぐように斜めにひもを掛けると、傷むのを防ぐことができます。

本

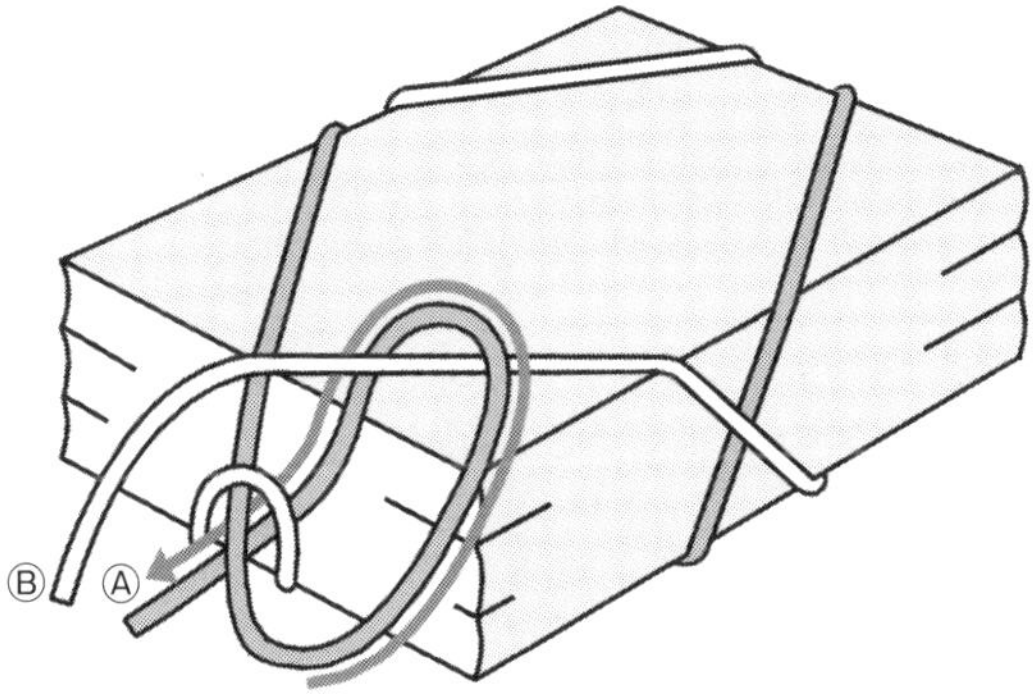

3 先端Ⓐを矢印のように通します。

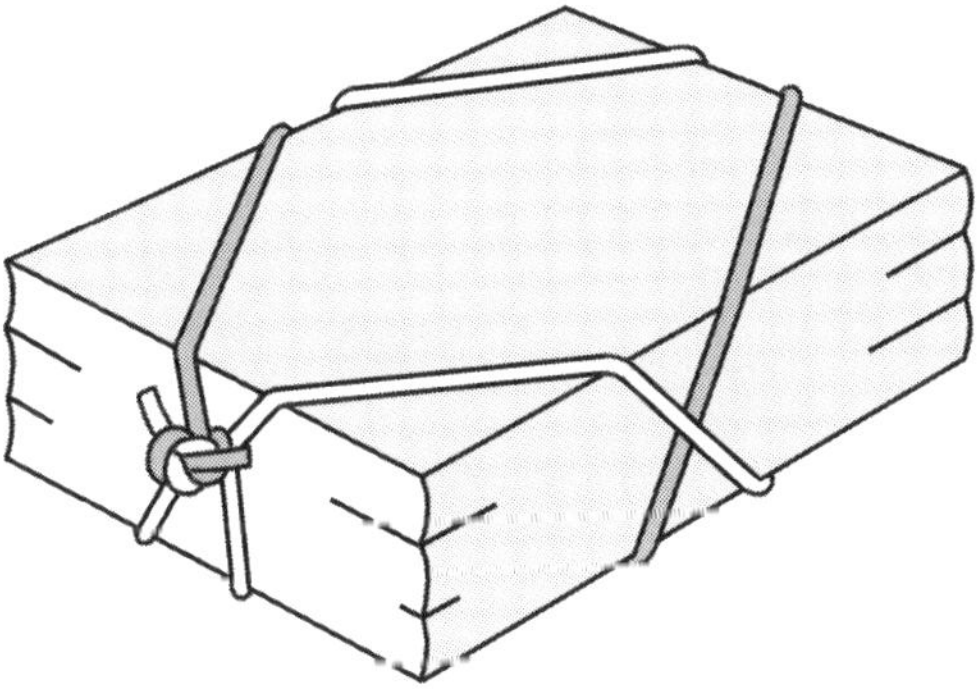

4 ⒶとⒷの先端を引っ張って締め、
ⒶとⒷを本結び(P12参照)で結んで留めます。

掛け布団カバーを あっという間に掛けられる結び方

布団カバーを裏返しにして４つの隅を結んでからひっくり返すと、あっという間にカバーが掛けられます！

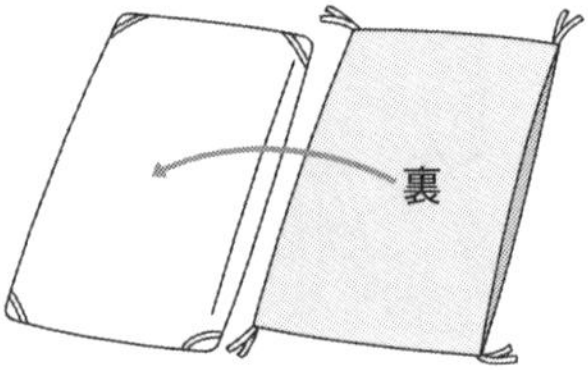

1 布団カバーを裏返しにして、布団の上に重ねます。

2 ４つの隅にあるカバーを留めるひもを、蝶々結び(P14参照)にします。

3 ４つとも蝶々結びにしたところです。

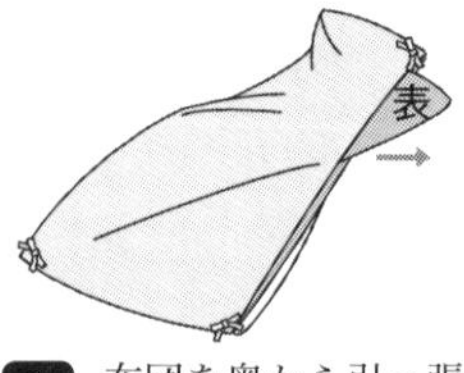

4 布団を奥から引っ張って、布団カバーを表になるようにします。

5 ファスナーなどがあれば締めて完成です。

第二章

身だしなみを整える

ネクタイ、マフラー、スカーフなど、
つい単調になりがちなものにも、
じつはたくさんの結び方があるんです。
演出したい雰囲気に合わせて、
結び方を変えると、
グッとおしゃれに見えますよ。

ネクタイの一番簡単な結び方

ネクタイの結び方は何種類もありますが、基本中の基本といえるのがこの結び方。通称「プレーンノット」です。

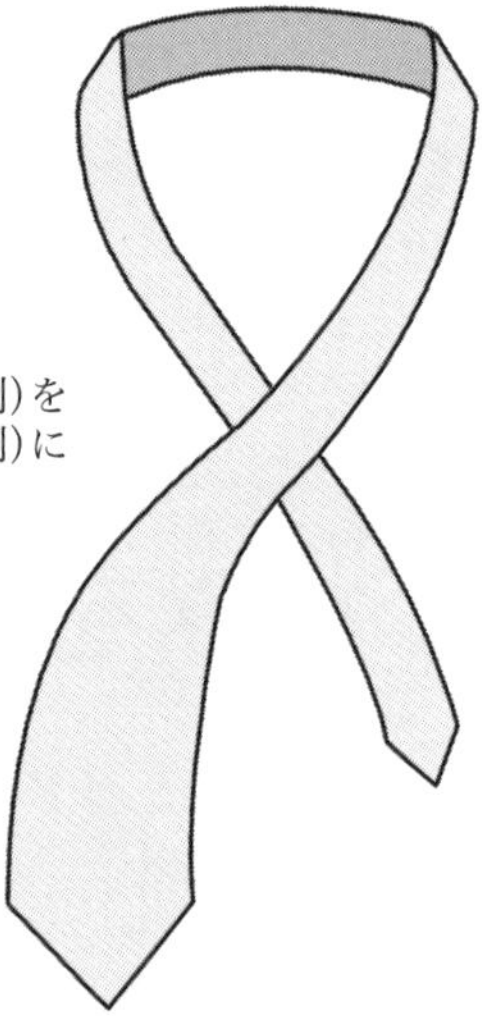

1

ネクタイの
太い側(大剣)を
細い側(小剣)に
重ねます。

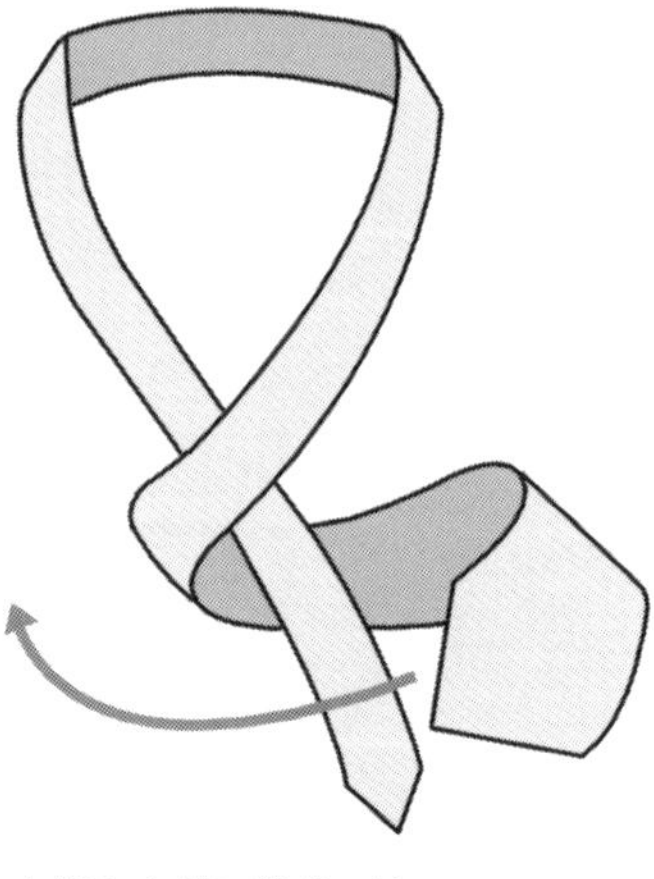

2 大剣を小剣に巻きつけ、
矢印のように表に回します。

3 大剣の先を
首に巻き付けた部分に
下から差し入れます。

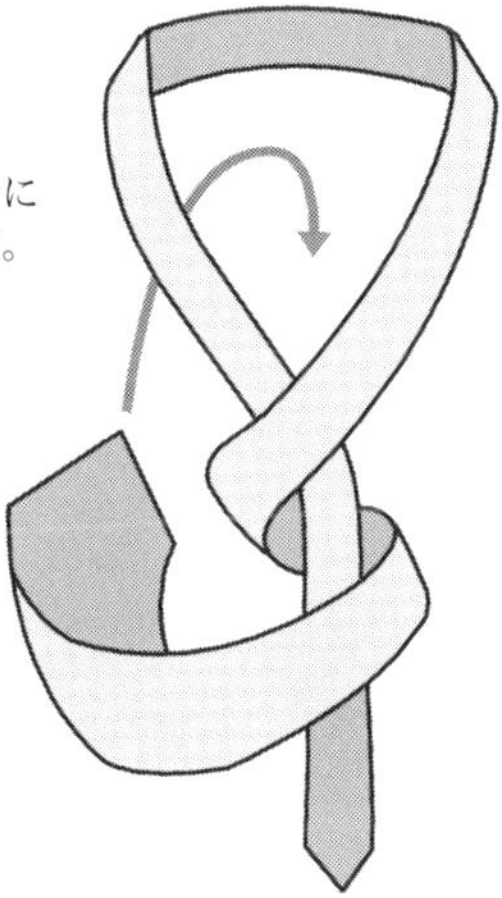

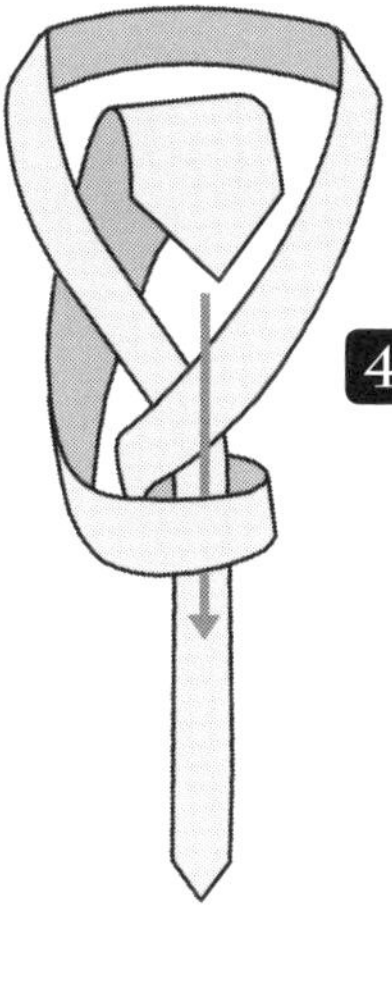

4 大剣の先を、
表に回した部分に差し入れて
下から引き出します。

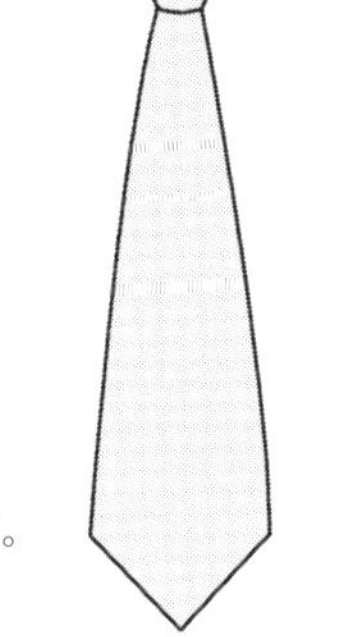

5 形を整えて完成です。

ネクタイの大きめのノットを作る結び方

ノット（結び目）が大きく、ボリュームある三角形になる結び方です。「ウインザーノット」と呼ばれています。

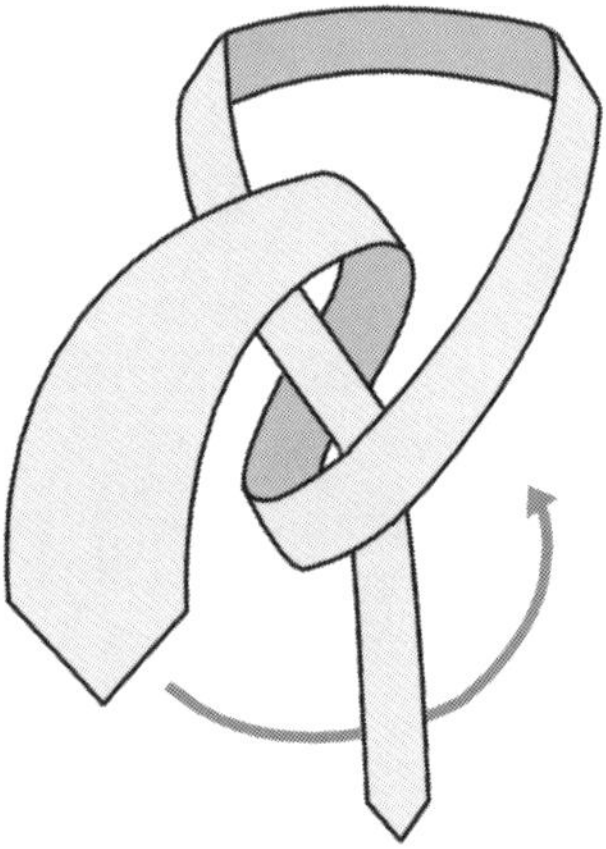

1 大剣を小剣に巻きつけ、首元から引き出し、矢印のように小剣の裏に回します。

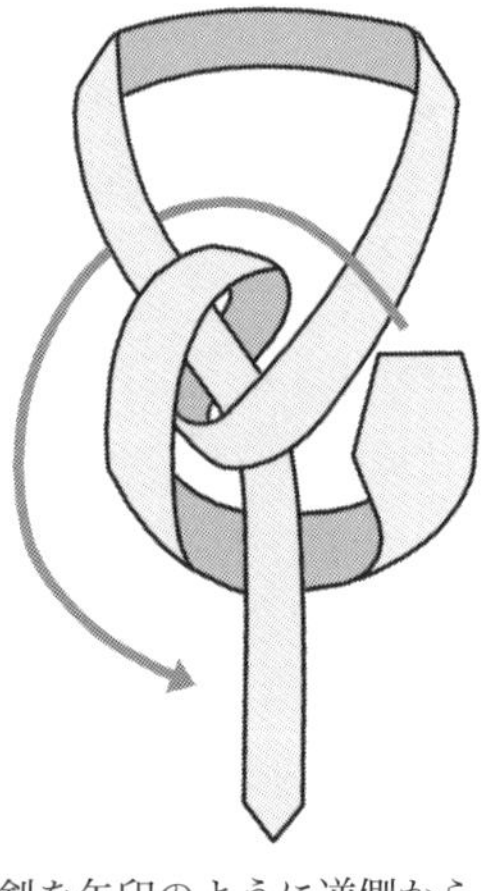

2 大剣を矢印のように逆側から首元を通します。

3 大剣を図のように
結び目の表に巻きつけ、
もう一度矢印のように
首元から引き出します。

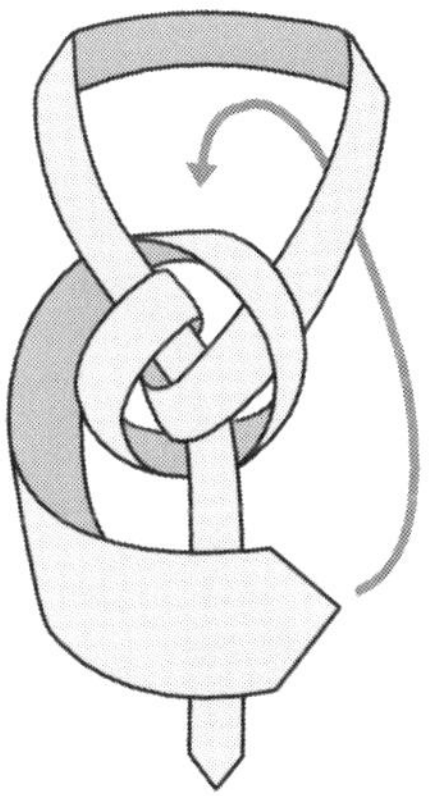

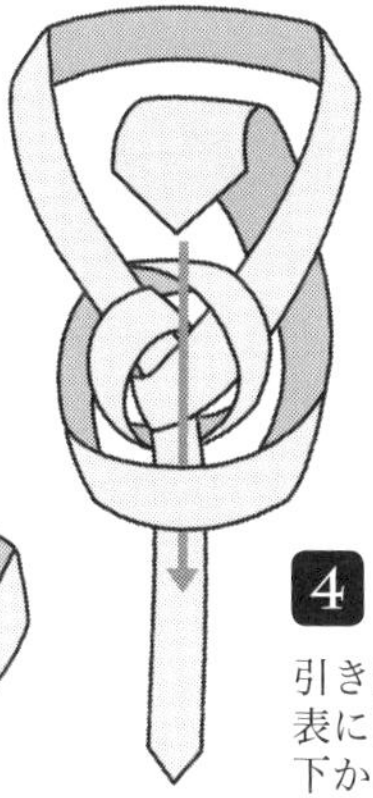

4

引き出した大剣の先を、
表に回した部分に差し入れて、
下から引き出します。

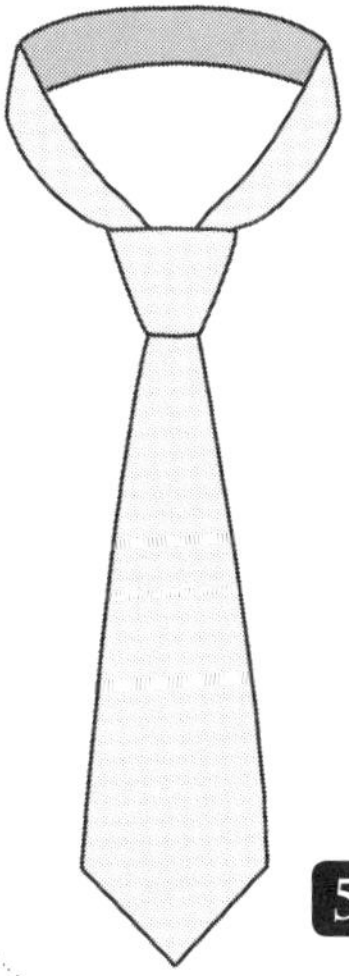

5 形を整えて完成です。

蝶ネクタイの本格的な結び方

最初から結び目がついている簡易な蝶ネクタイもありますが、本式はこちら。あらかじめ長さの調整をしてから結びましょう。

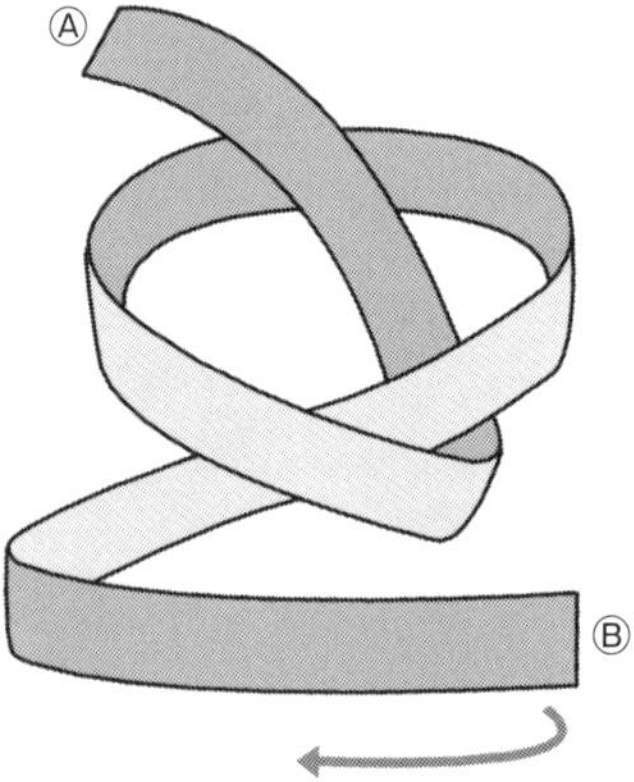

1 首の前で重ね、左右の長さを揃えてから、
Ⓐは図のように首元を通し、
Ⓑは端を折り返して輪を作ります。

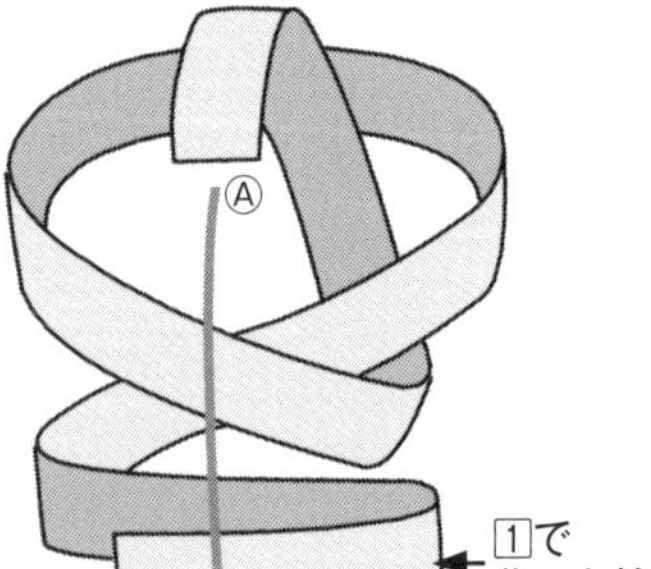

2 Ⓐの先端を、
矢印のように下ろします。

3 下ろしたⒶの先端を
矢印のように
折り返して
輪を作ります。

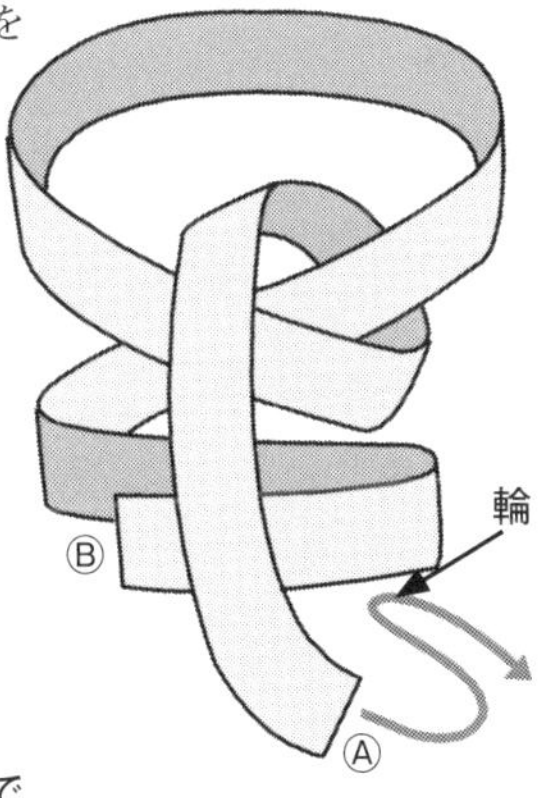

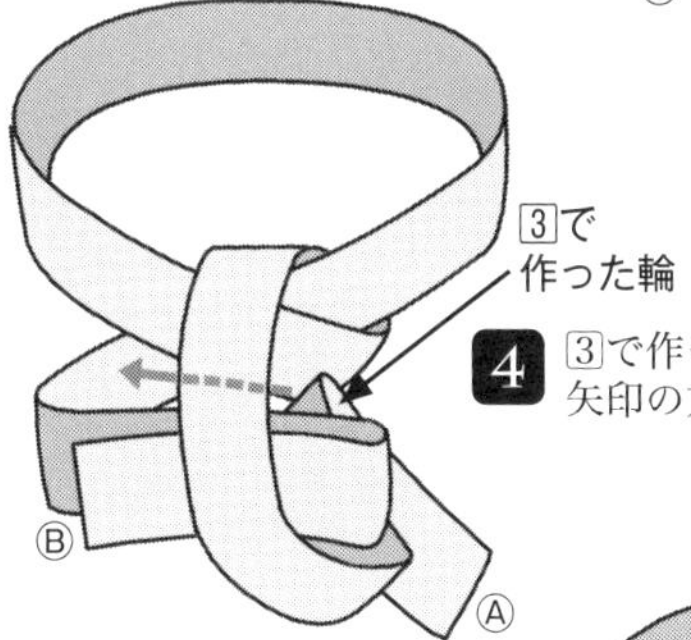

4 3で作った輪を
矢印の方向に差し込みます。

5 左右の★印を
引っ張って
結び目を締めます。

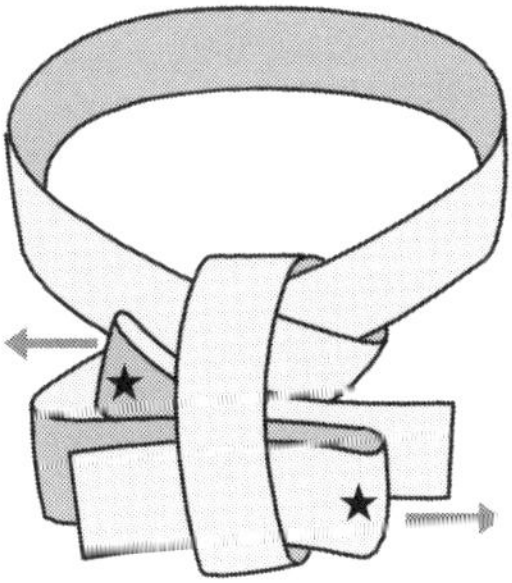

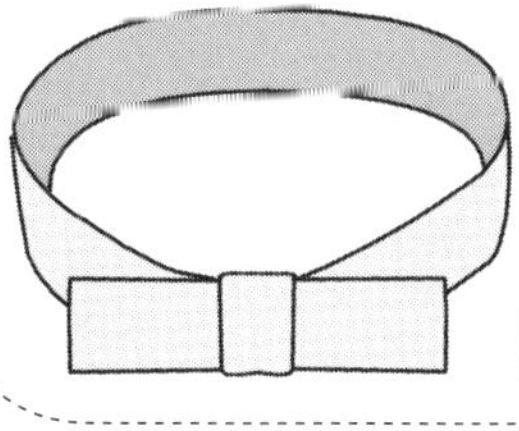

6 形を整えて、完成です。

※実際の蝶ネクタイは、両端が蝶の形をしていますが、
ここではわかりやすいようにシンプルな形で表現しています。

アスコットタイの結び方

タキシードなどを着るときに、アスコットタイを合わせることがあります。基本はネクタイと同じ。それほど難しくありません。

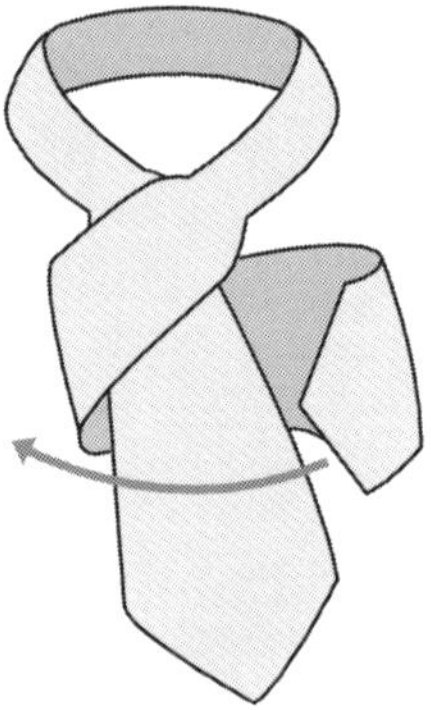

1 下に向けた端に、もう片方を巻きつけます。

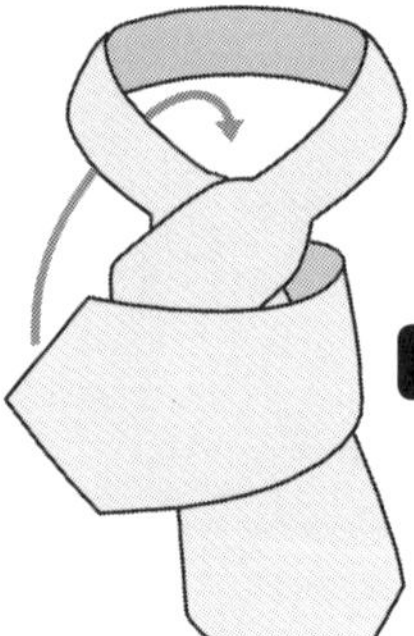

2 巻きつけた端を、首にできた輪の中に内側から通します。

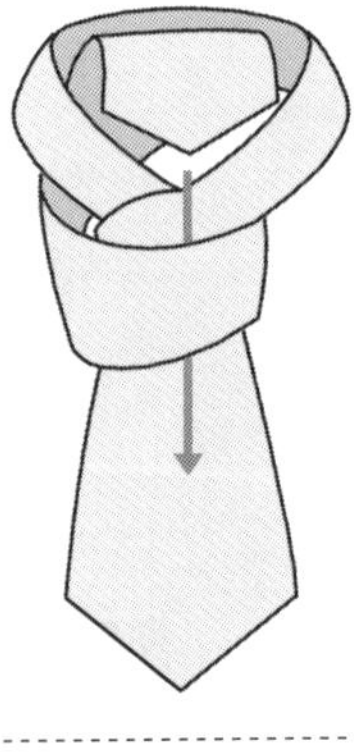

3 通した端を、できた輪の中に差し込みます。

4 輪の下から端を引き出します。

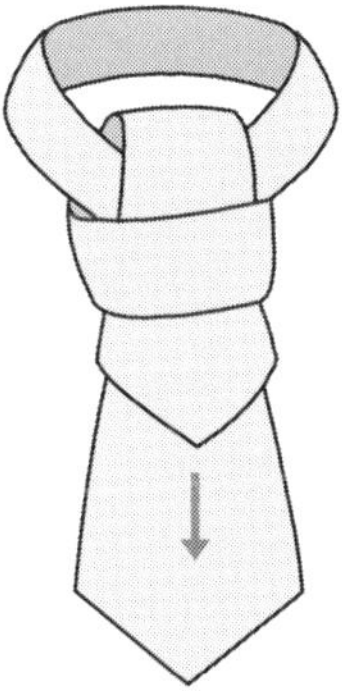

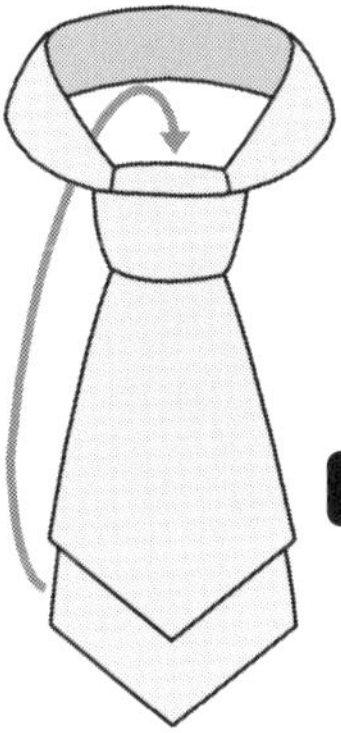

5 1で下に向けた端を、首の内側に差し入れます。

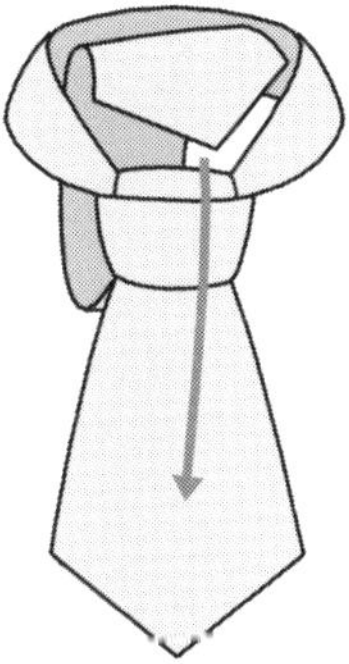

6 結び目を覆い隠すように前面に引き出します。

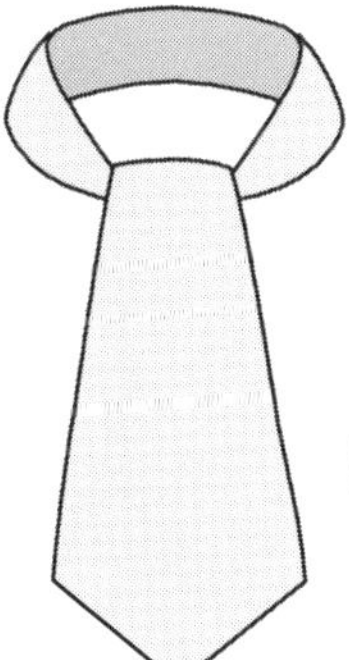

7 形を整えて、完成です。

かっこいいマフラーの結び方

シックな柄や、ダークな色合いの大人っぽいマフラーにピッタリの結び方です。3回ねじるので、厚みのないマフラー向きです。

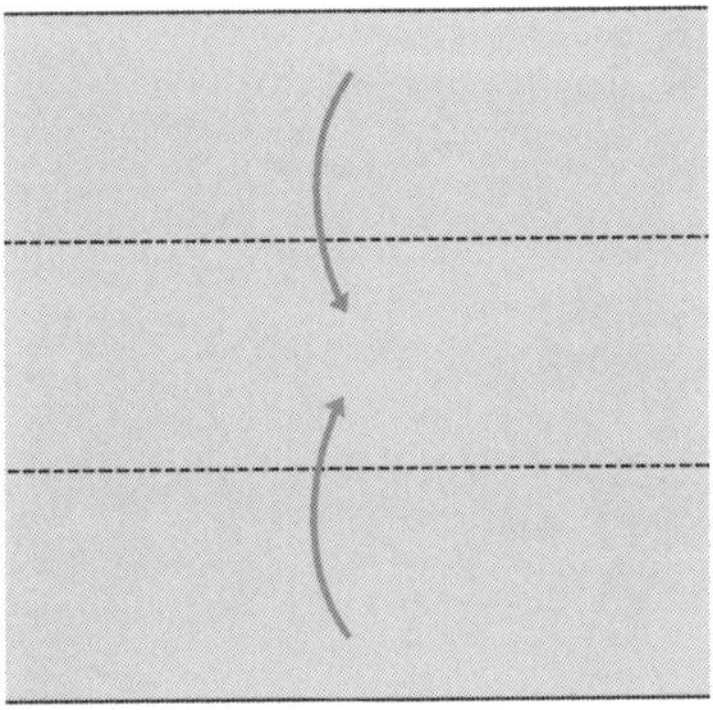

1 マフラーを三つ折りにして、二つ折りよりも細めにします。

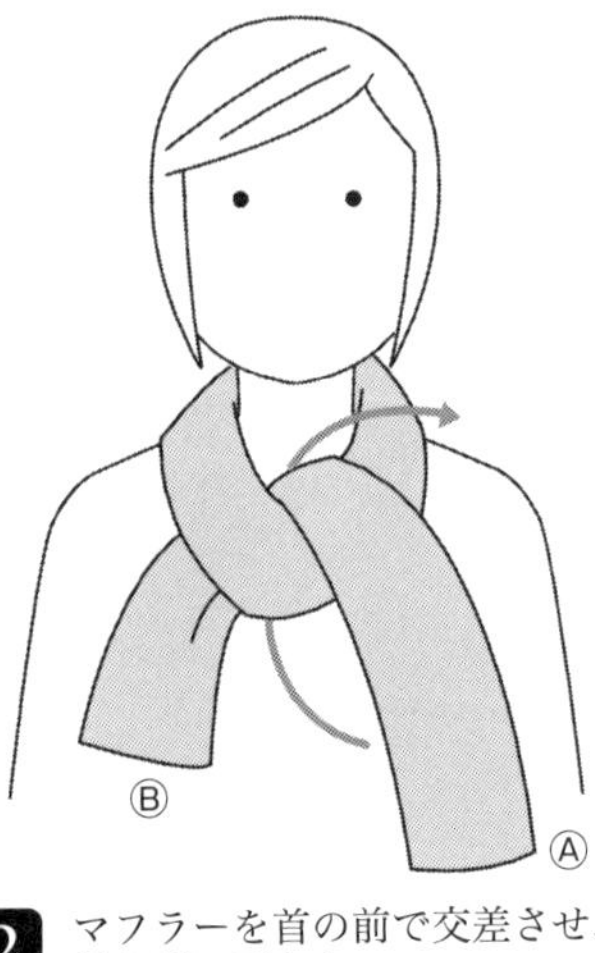

2 マフラーを首の前で交差させ、ⒶをⒷに下から1回巻きつけます。

3 もう1回、Ⓐを巻きつけます。

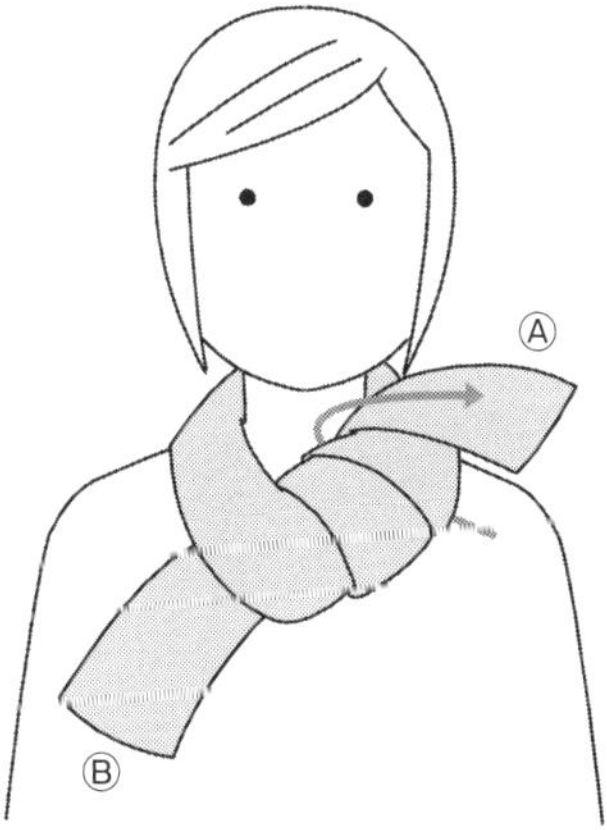

4 さらにもう1回巻きつけ、
形を整えて完成です。

大人っぽいマフラーの結び方

シンプルな巻き方ですが、しっかり結び目を作りますので、はずれにくいのがポイントの結び方。大人っぽくキメたいときにどうぞ。

1 細めに折ったマフラーを首の前で交差させ、Ⓐを Ⓑの下から矢印の方向に1回巻きつけます。

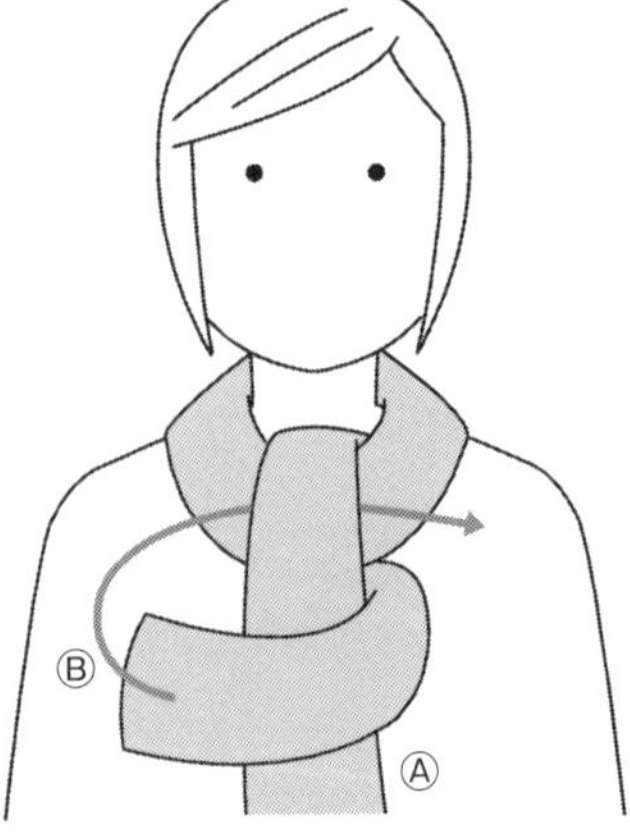

2 Ⓐをまっすぐ下に垂らし、Ⓑを Ⓐの上に巻きつけ、矢印の方向に通します。

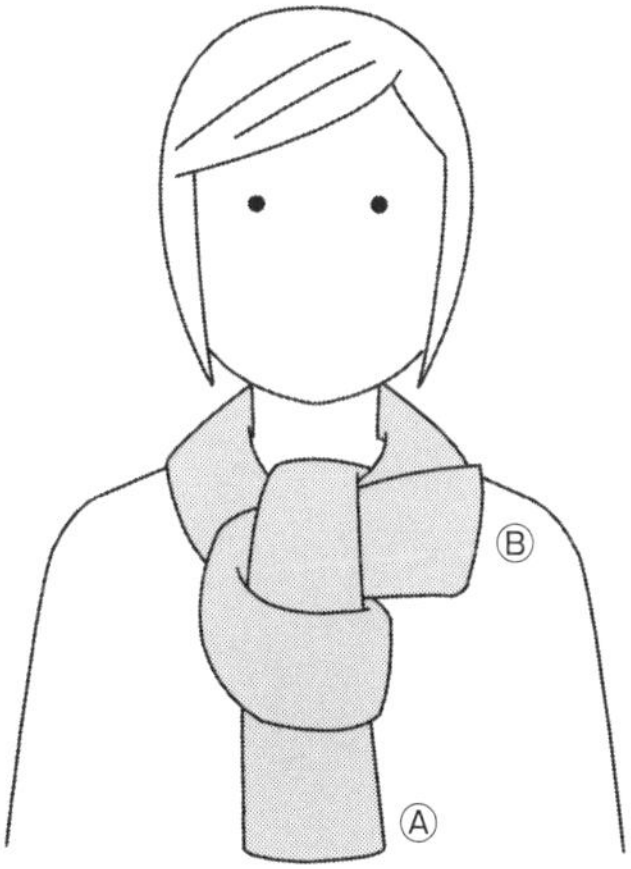

3 このような形になります。

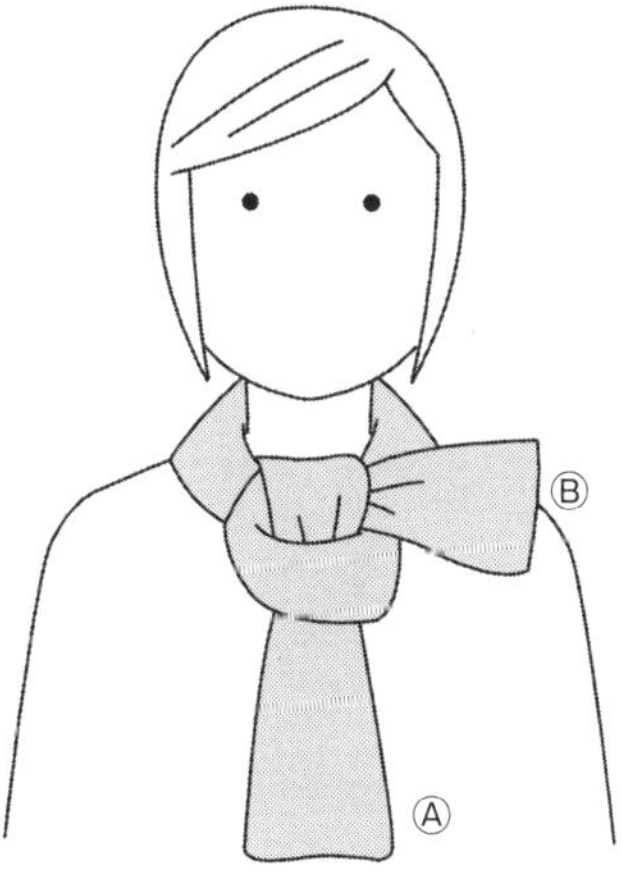

4 両端を引っ張って結び目を小さくして完成です。

かわいいマフラーの結び方

制服などにもぴったりの、かわいらしい印象を与えるマフラーの結び方です。
フリンジ付きのマフラーにも。

1 細めに折ったマフラーを首の前で交差させ、Ⓐを矢印の方向に1回巻きつけます。

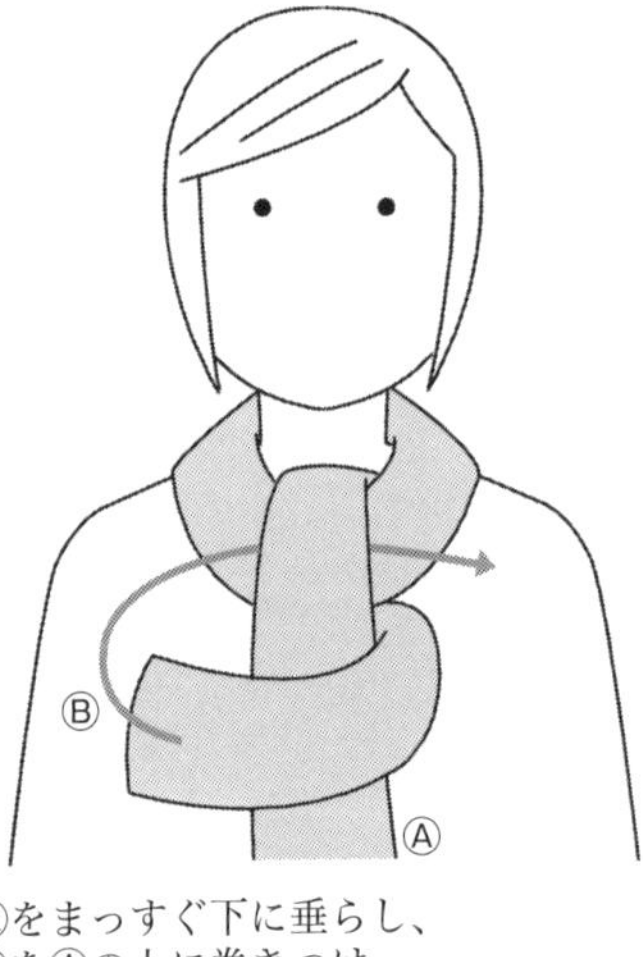

2 Ⓐをまっすぐ下に垂らし、Ⓑを Ⓐの上に巻きつけ、矢印の方向に通します。

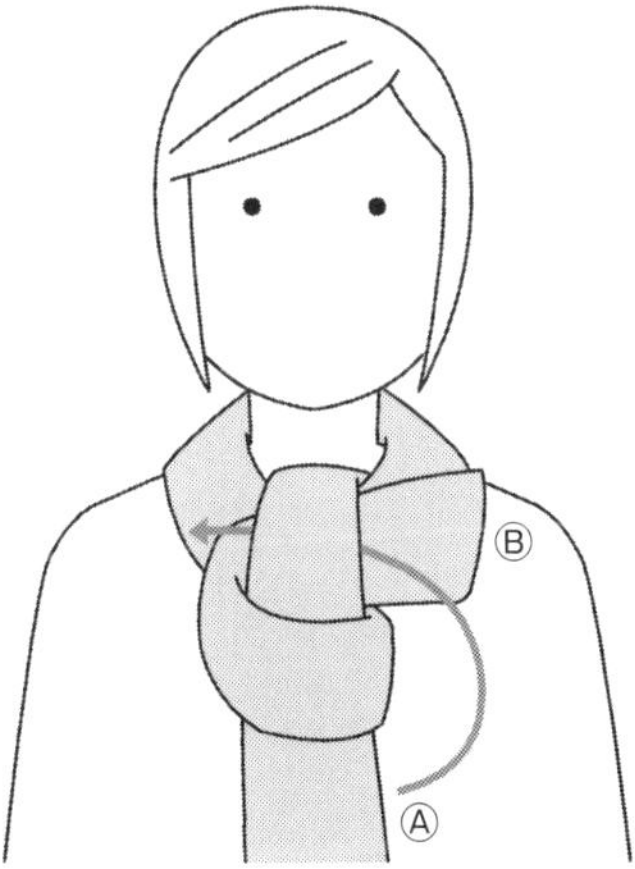

3 Ⓐを矢印の方向に通します。

4 両端を引っ張って、
形を整えて完成です。

男性向けストールのねじった結び方

テレビでタレントさんが巻いているのをよく見かける、あの巻き方。この方法だと同じように巻けますよ！

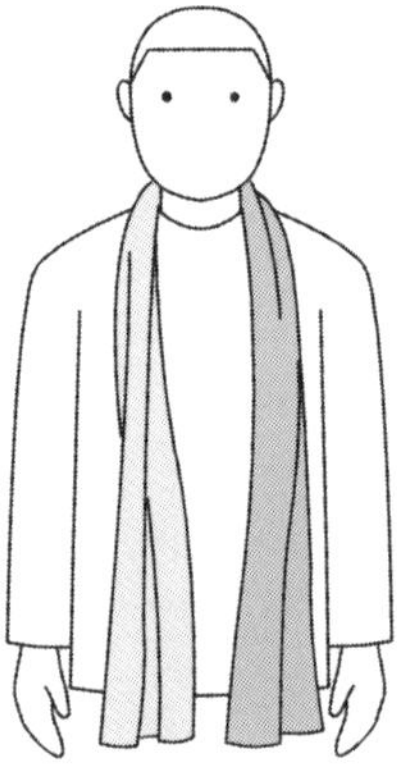

1

細めに巻いて
首から下げます。

2

左右それぞれを
同じ方向に
ねじります。

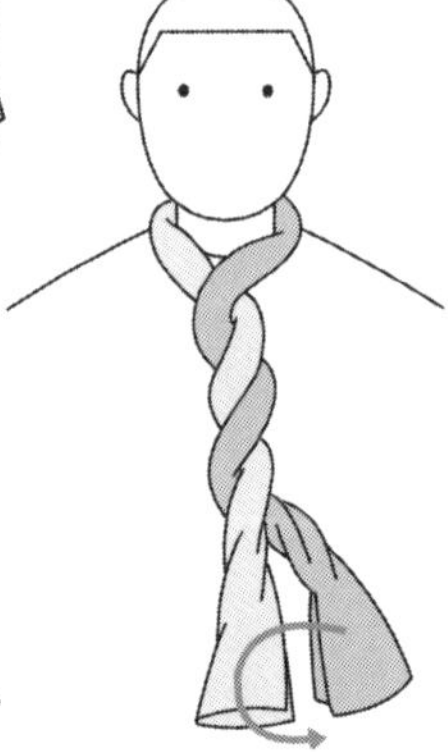

3

2でねじったのと
逆向きに、
２本をねじって
合わせていきます。

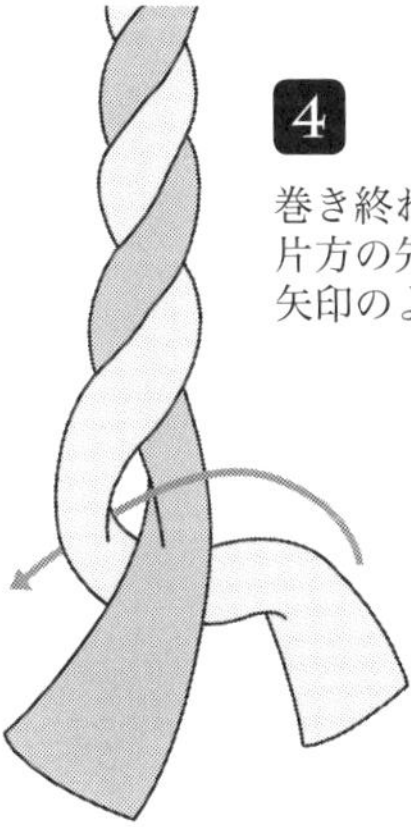

4

巻き終わりに近くなったら、
片方の先端を
矢印のように通します。

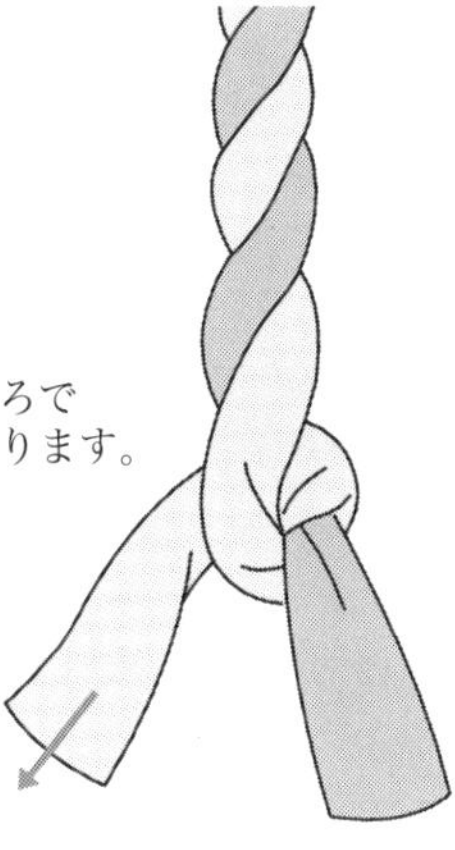

5

通したところで
少し引っ張ります。

6

完成です。

スカーフの簡単な結び方

くるりと1回通しただけの簡単な結び方です。最初にきちんと折っておくと、美しく凛とした印象になります。

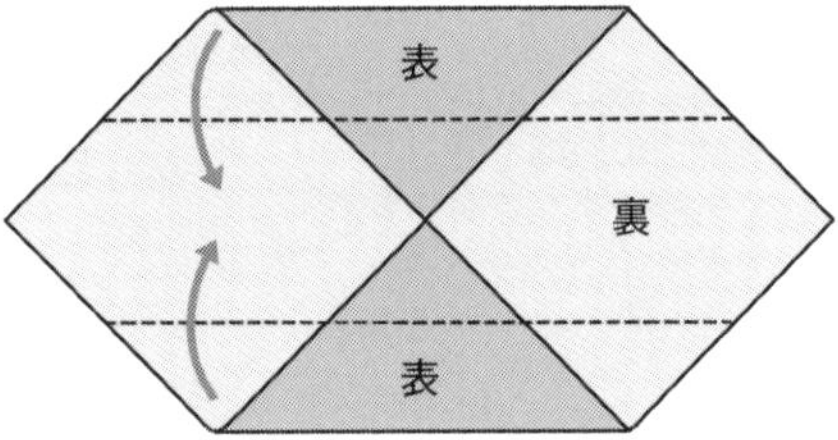

1 表を下にしてスカーフを広げ、上下の角を合わせるよう、図のように折り、さらに半分の幅になるよう、矢印のように折ります。

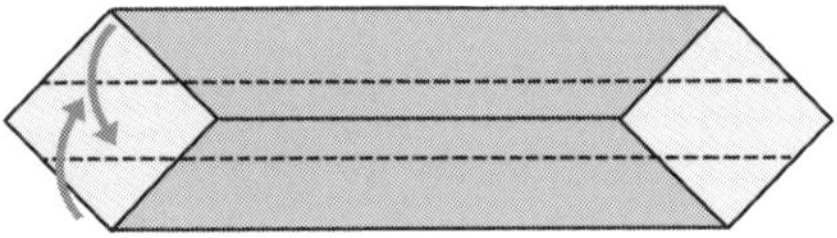

2 さらに⅓幅になるように折り重ねます。

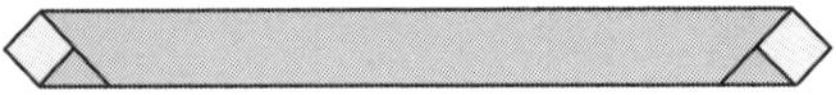

3 図のようになります。

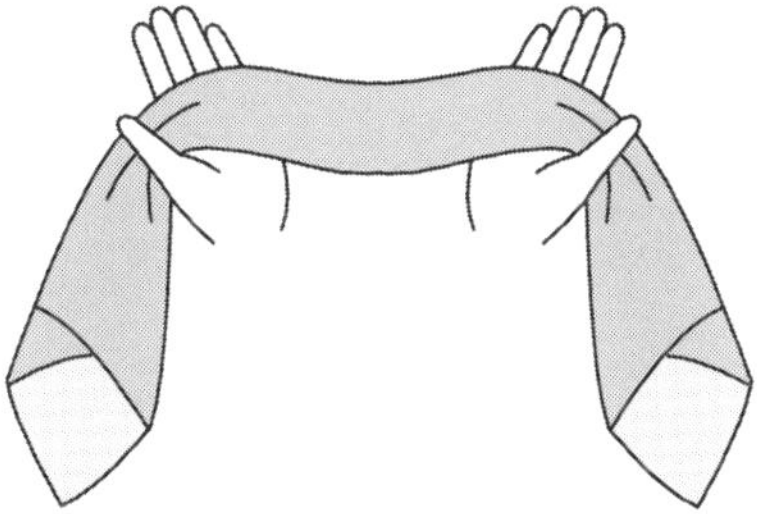

4 折ったスカーフが崩れないよう手に持ち、
3で見えている面が内側になるようにして、
首に掛けます。

5 自分の右側を
左側のスカーフの上に
1回巻きつけ、
矢印の方向に垂らします。

6 完成です。

CA風スカーフの結び方

襟つきのシャツの襟元に、キャビンアテンダントのように優雅にスカーフを巻きたいときに、おすすめの結び方です。

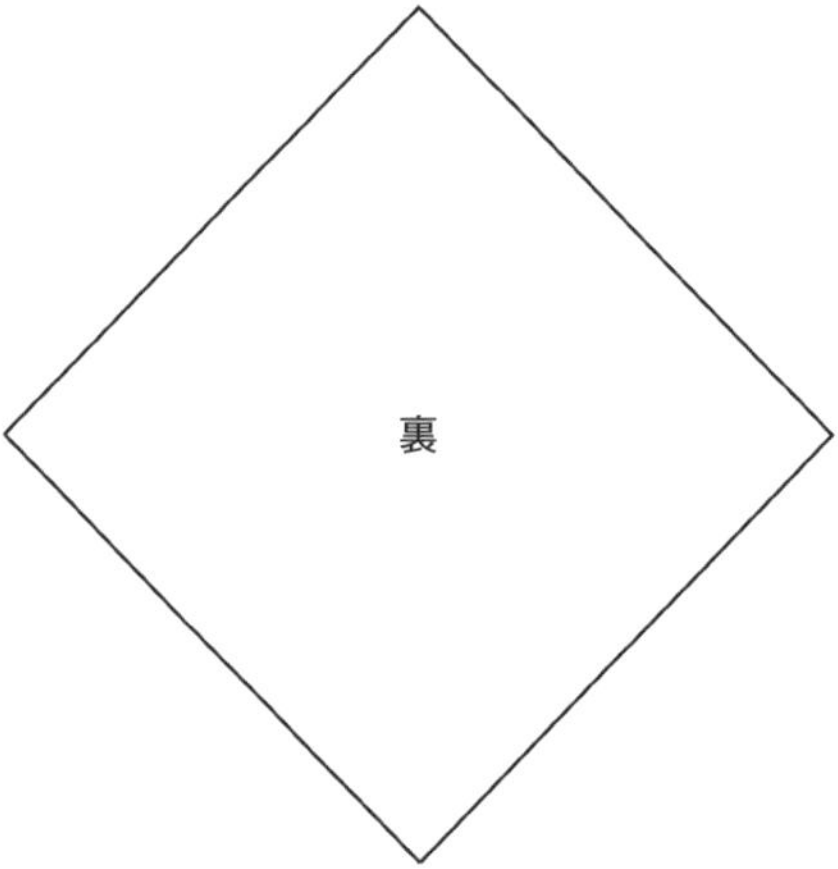

1 表を下にしてスカーフを広げます。

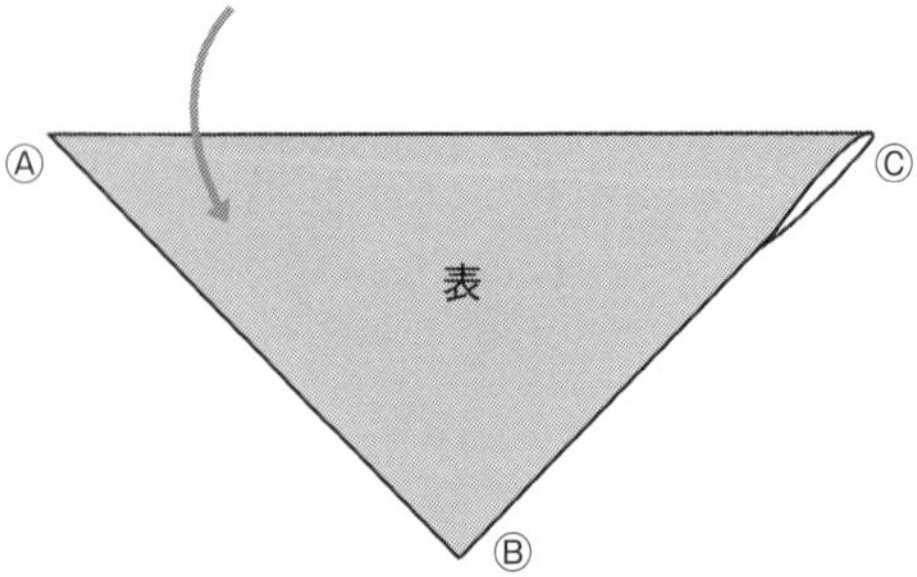

2 裏側を中にして三角形に折ります。

スカーフ

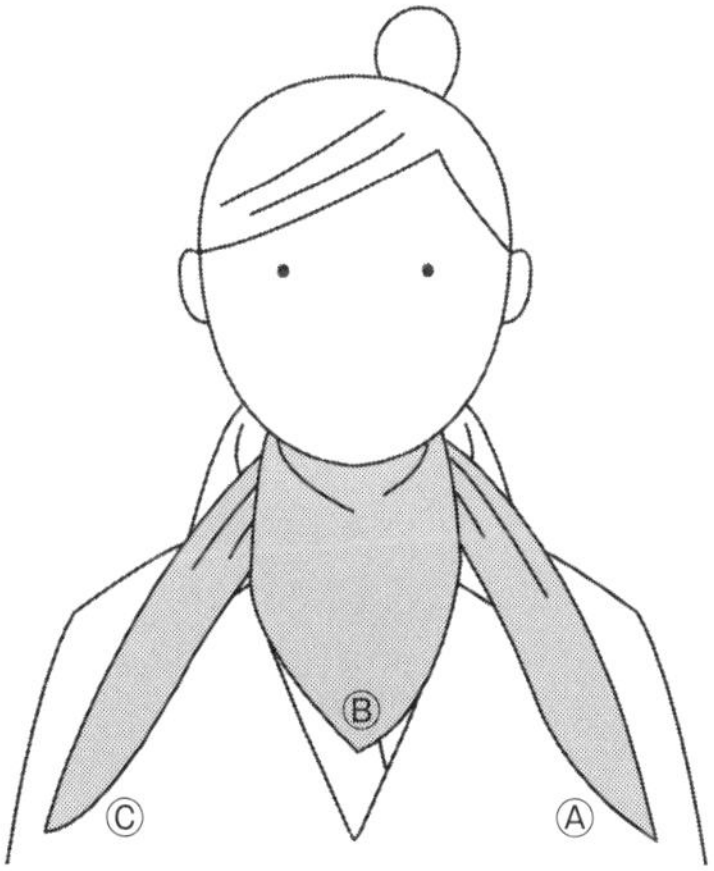

3 三角形の山を体の前の中心にして、
左右を後ろで交差させ、先端ⒶとⒸを前にもってきます。

4 ⒶとⒸをⒷの前で本結び(P12参照)にして、
首まわりはシャツの中に入れ、
バランス良く襟元を整えます。

大きめのスカーフの結び方

スカーフの美しい柄をアピールするのにぴったりの結び方。大きめのスカーフや、正方形のストールなどにも。

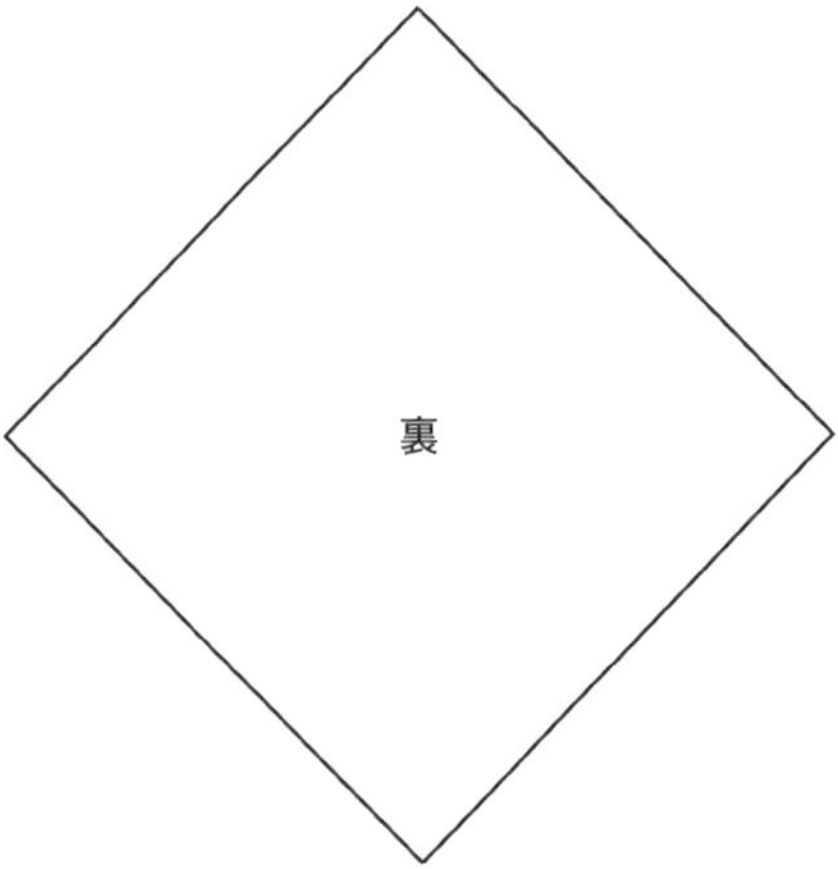

1 表を下にしてスカーフを広げます。

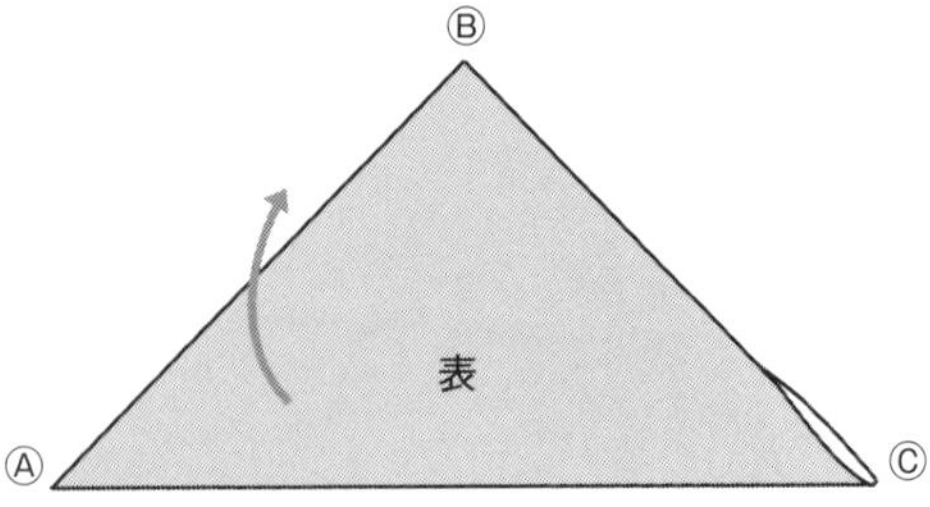

2 裏側を中にして三角形に折ります。

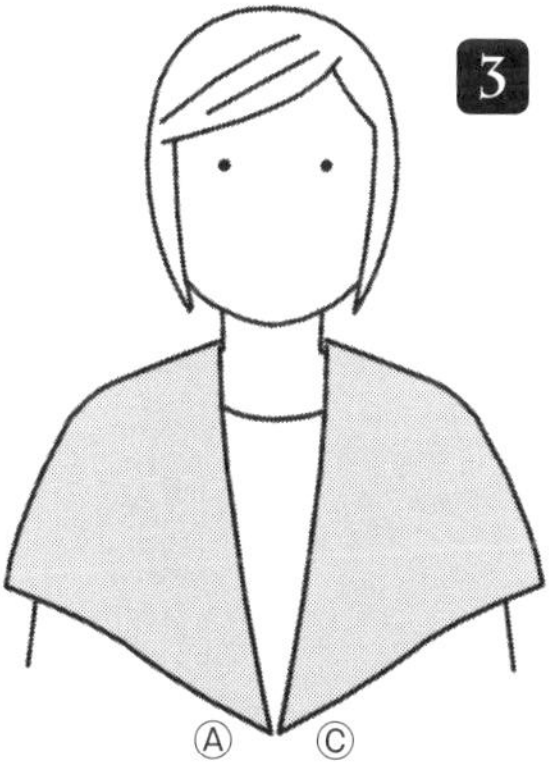

3 三角形の山Ⓑが
背中の中央にくるようにして、
左右ⒶⒸを前に垂らします。

4 Ⓐを左側の上から後ろに
向かって肩にかけ、
Ⓒを矢印の方向に
巻きつけます。

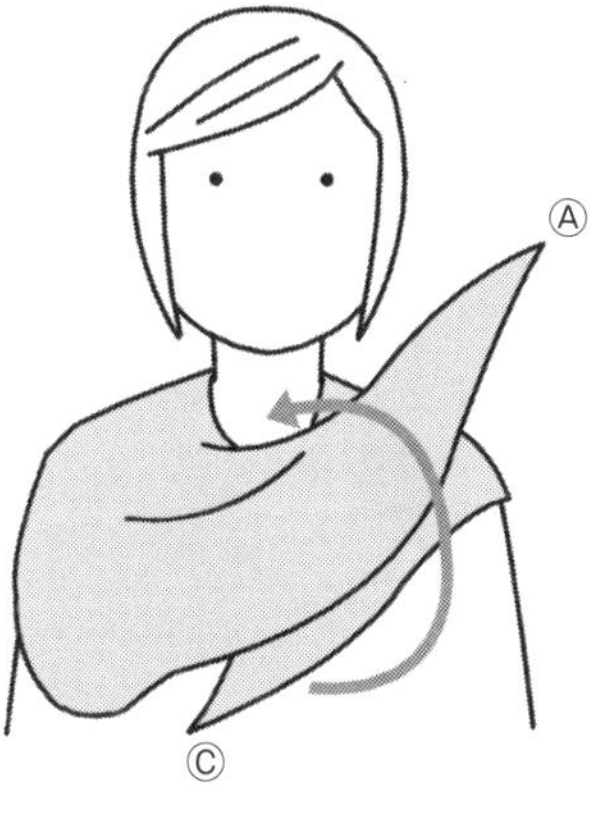

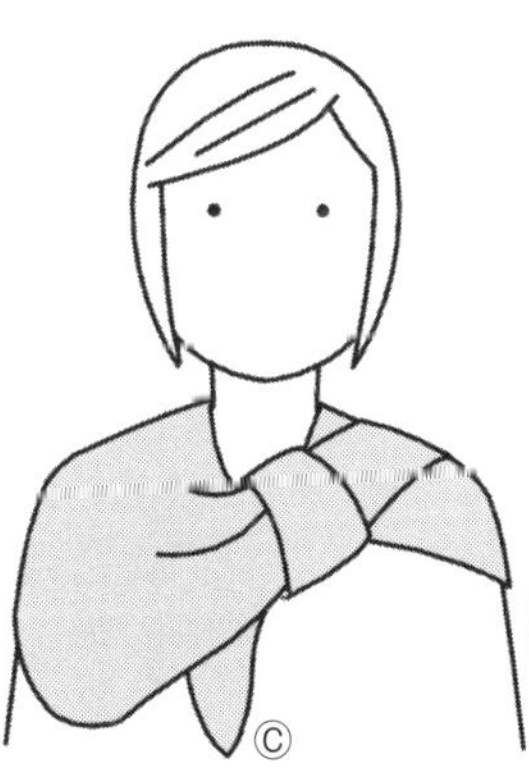

5 左右のバランスを
見ながら整えて完成です。
結び目は好みの位置に
ずらしてもOKです。

トレンチコートのベルトを後ろでまとめる結び方

この結び方で後ろで結んでからコートを羽織ると、ウエストがシェイプされてかっこよく決まります。

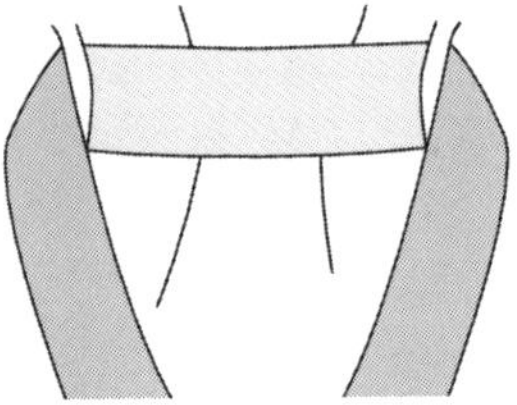

1 ベルトをコートの後ろのベルト通しに通します。

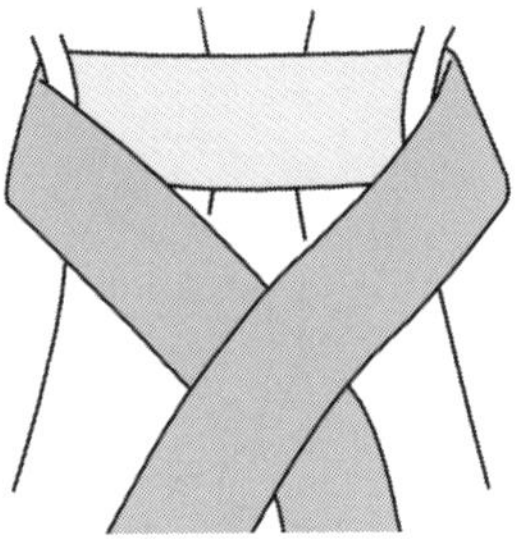

2 右が上にくるように、交差します。

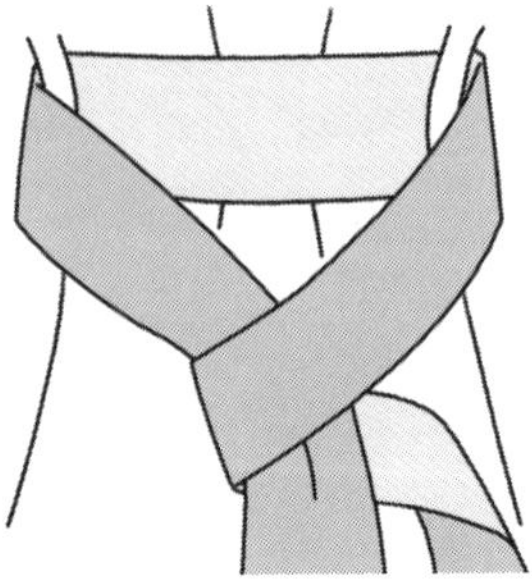

3 交差したところで折り返します。

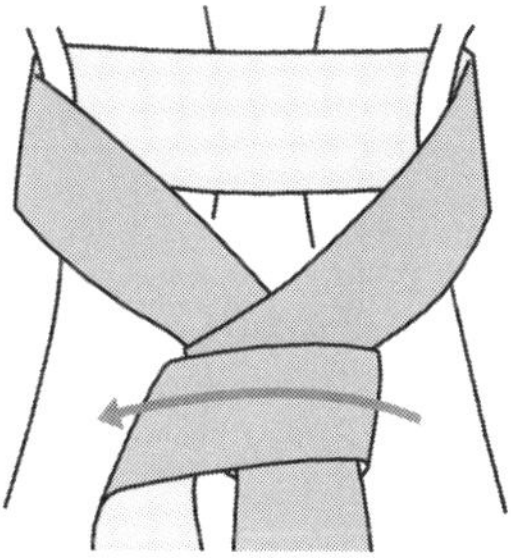

4 1回巻きつけます。

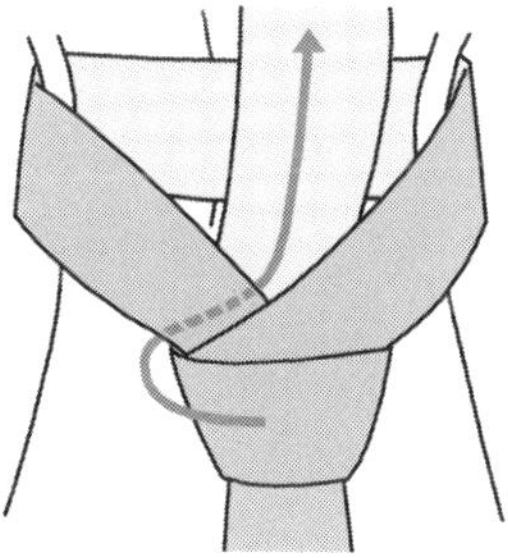

5 巻いた方のベルトの先を矢印のように通します。

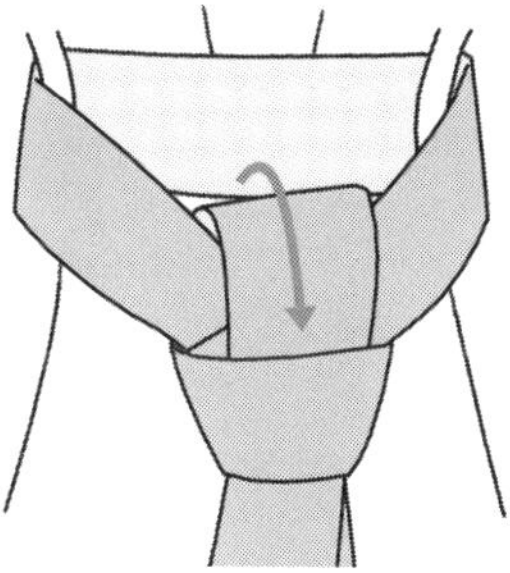

6 先端を結び目に入れます。

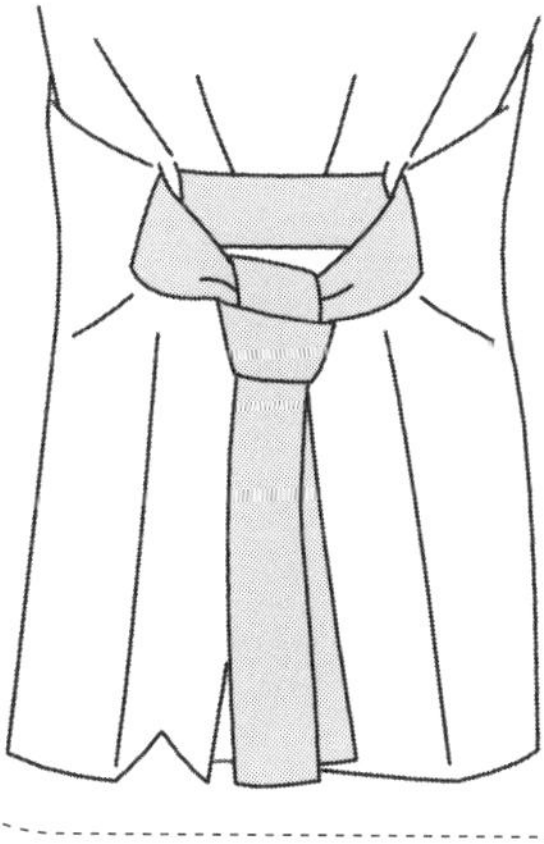

7 完成です。

トレンチコートのベルトを前でまとめる結び方

ベルトを締めても余りがちなトレンチコートのベルトの先を、邪魔にならないようにまとめる結び方です。

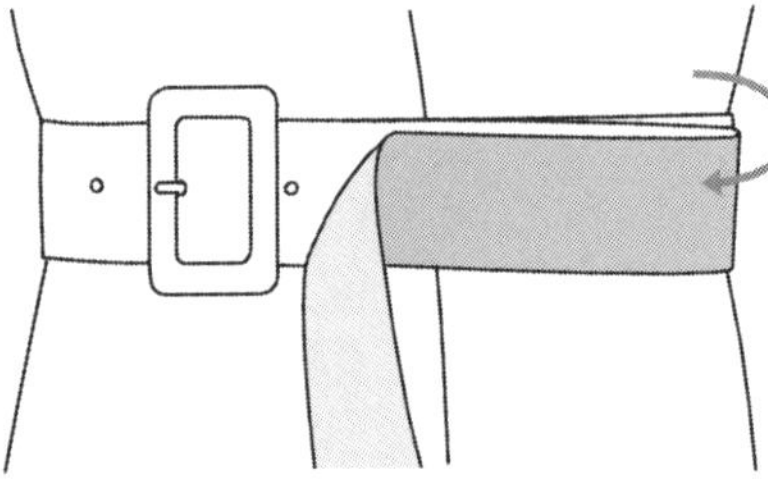

1 ベルトを締め、先端を折り返します。

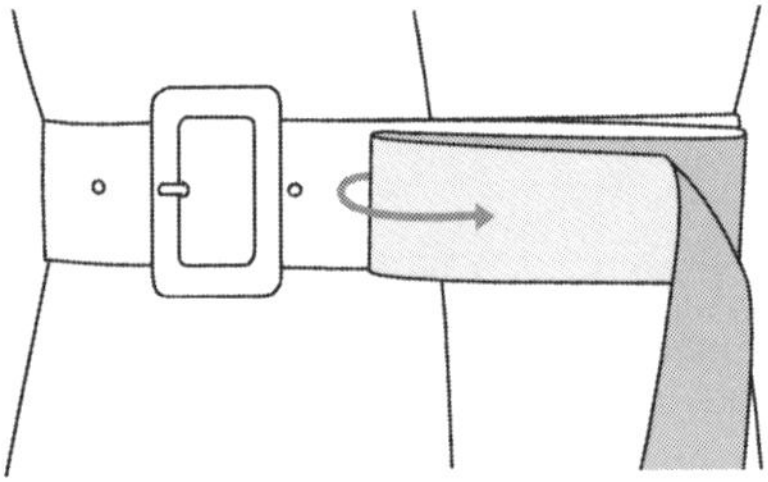

2 ベルトのナックルの手前で逆側に折り返します。

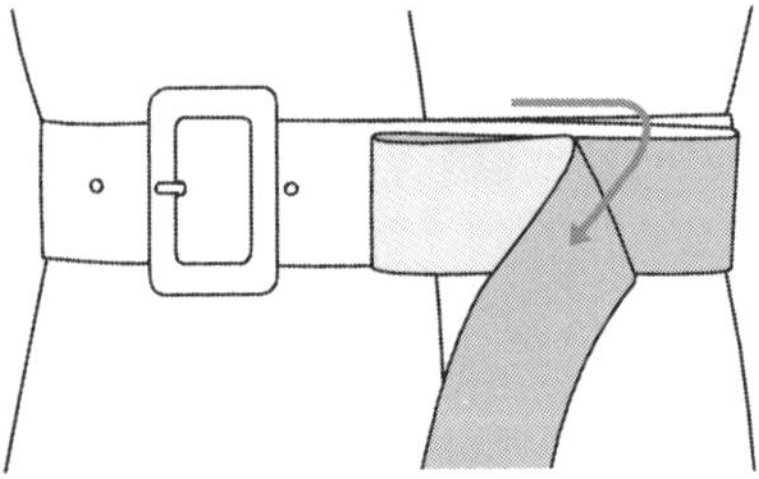

3 長さに応じて何度か折り返してたたみ、先端が短くなったら、たたんだ部分の中央で折り返します。

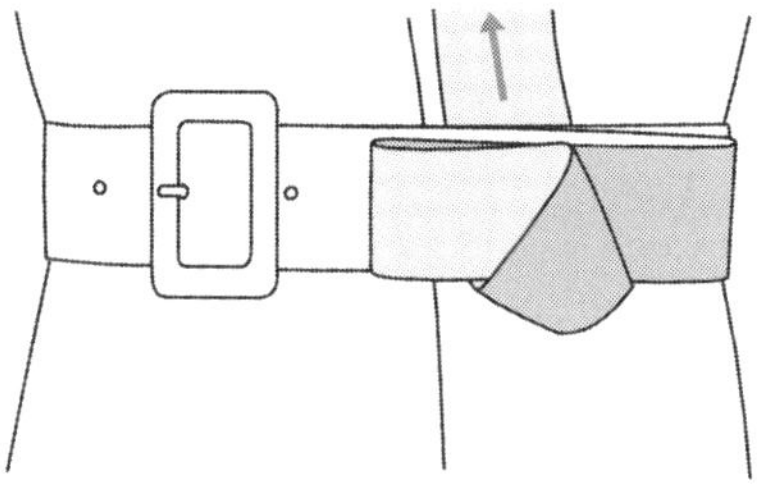

4 矢印のように、ベルトの一番内側へ通します。

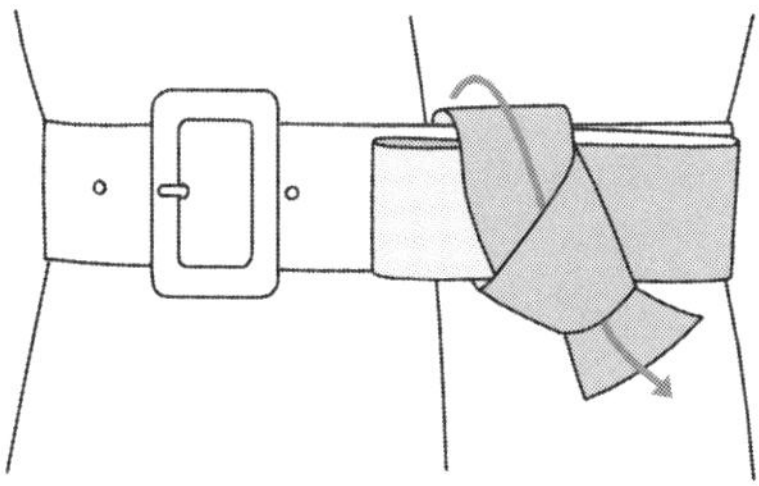

5 矢印のように、折り返したところへ通して留めます。

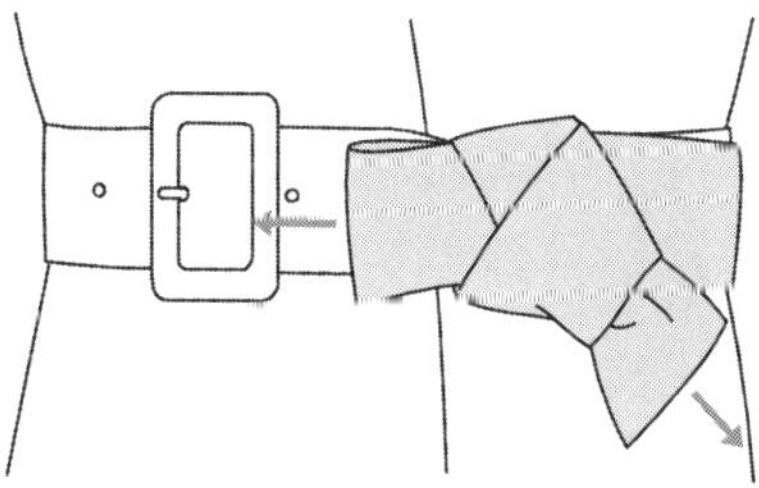

6 矢印の方向に引っ張って結び目を締め、完成です。

ブラウスのボウタイの結び方

ボウタイ付きのブラウスをバランスよく結べる方法です。蝶々の輪の部分と、垂らした部分のバランスは好みの比率で。

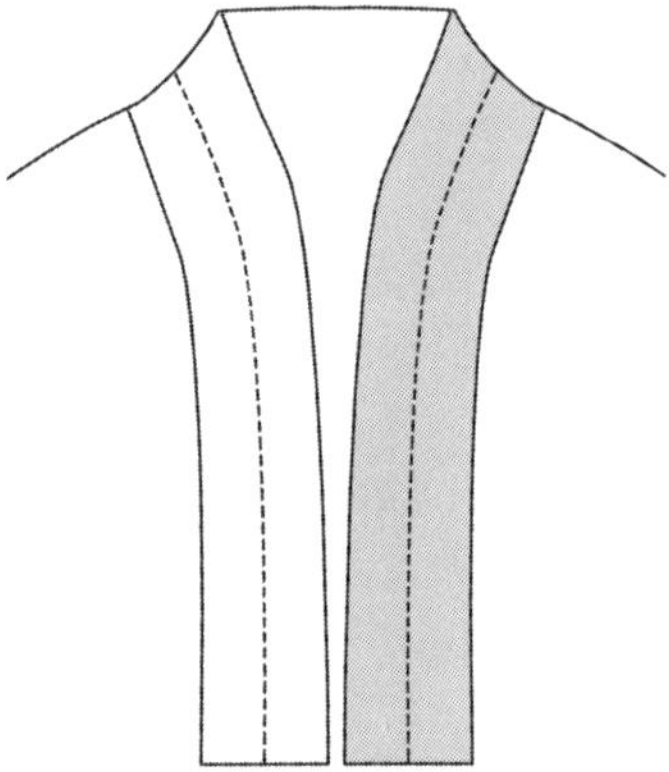

1 ボウタイは、表を外側にして半分に折ります。

2 自分の左側のタイⒶを右側のタイⒷに、矢印のように下から巻きつけます。

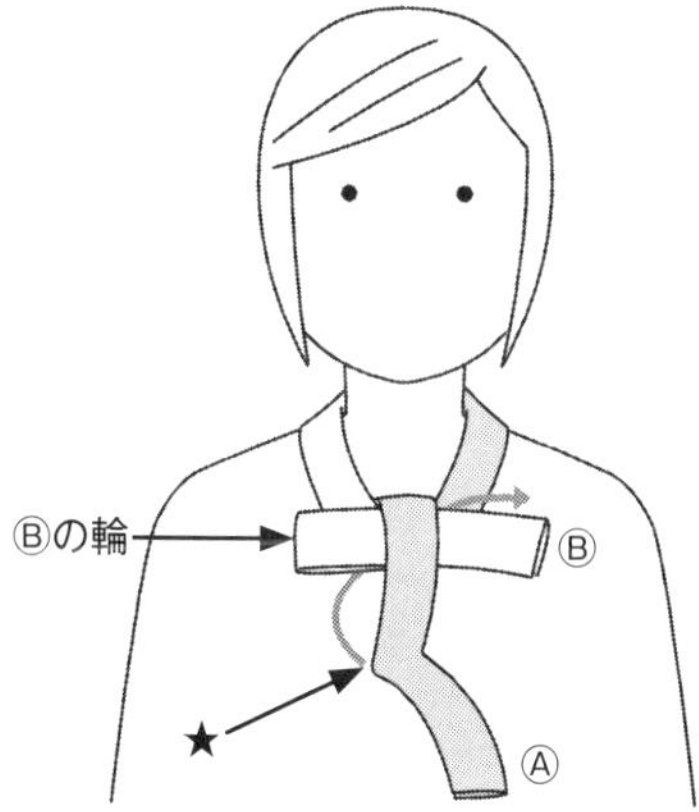

3 Ⓑを二つ折りにして輪をつくり、
Ⓐをその上にまっすぐ垂らしてⒶも★印のところで
二つ折りにして輪をつくり矢印の方向に通します。
蝶々結び(P14参照)の形になります。

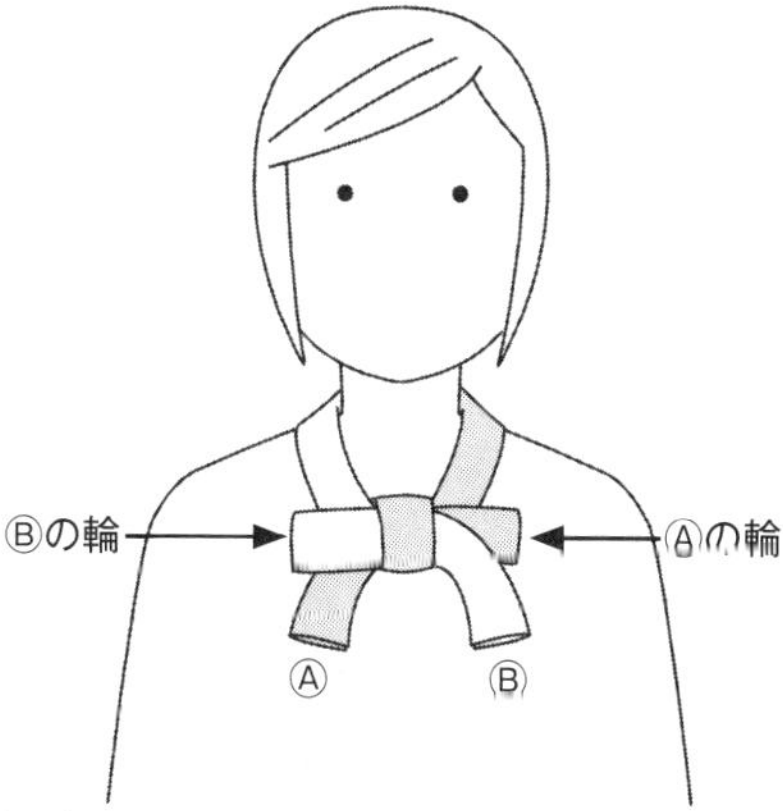

4 輪の部分を引っ張って結び目を締めたら完成です。
垂らした部分を長く残したいときは、
最初に作る輪を小さめにして、
好みの長さになるように輪を引っ張ります。

セーラー服のスカーフのバランス良い結び方

スカーフを結ぶセーラー服の場合、結び目の形を整えるのに苦労することが。完成型をイメージしながら結びましょう。

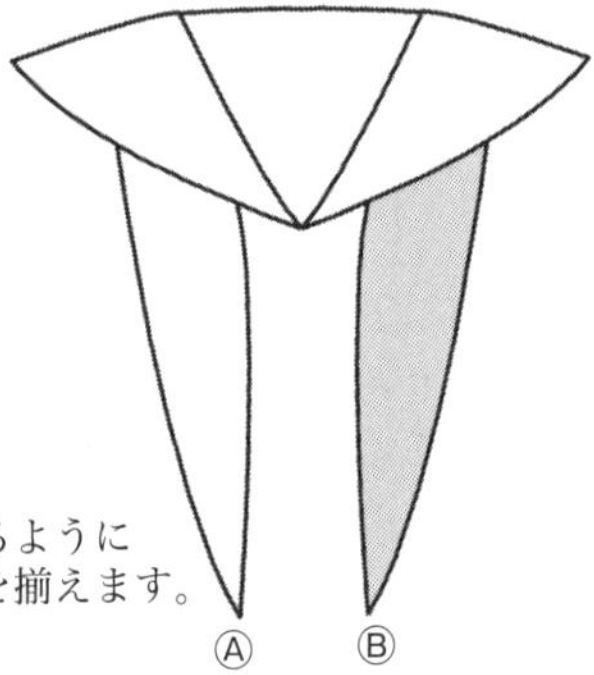

1

襟の下に、
同じ長さになるように
スカーフの端を揃えます。

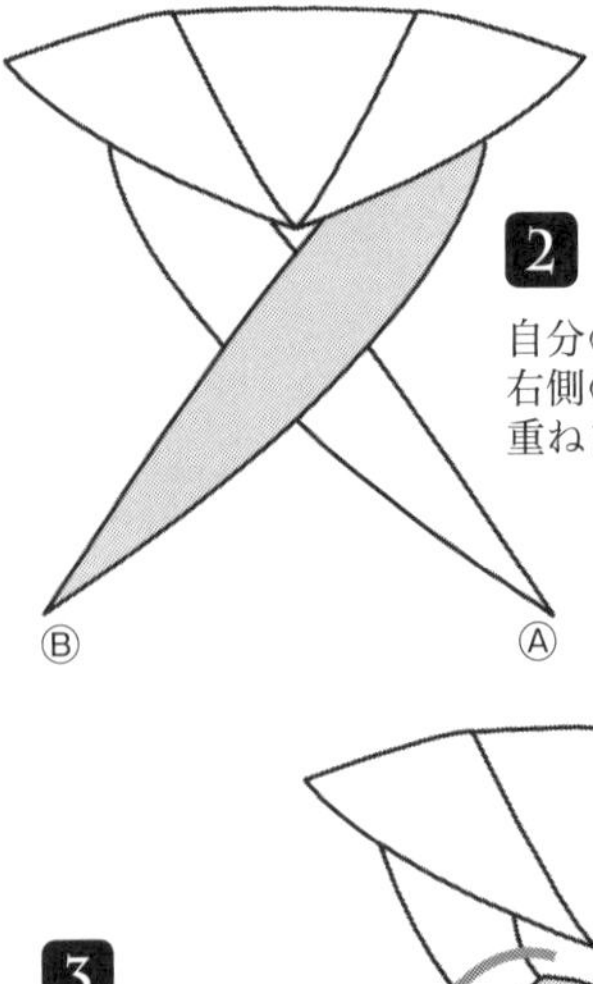

2

自分の左側のⒷを
右側のⒶの上に
重ねます。

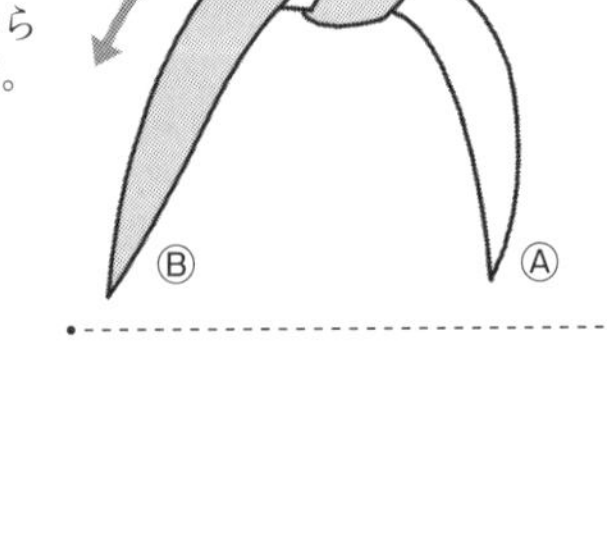

3

ⒷをⒶの下から
巻きつけます。

4

Ⓑをまっすぐ下に向け、
その下でⒶで輪を作ります。

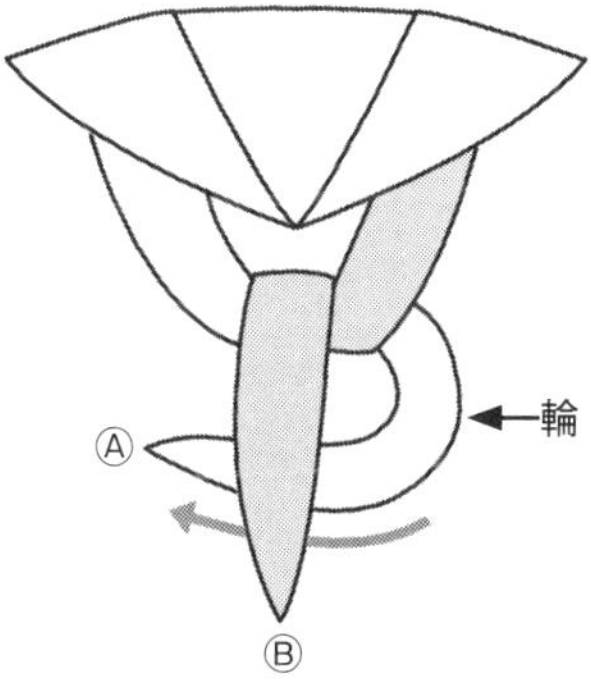

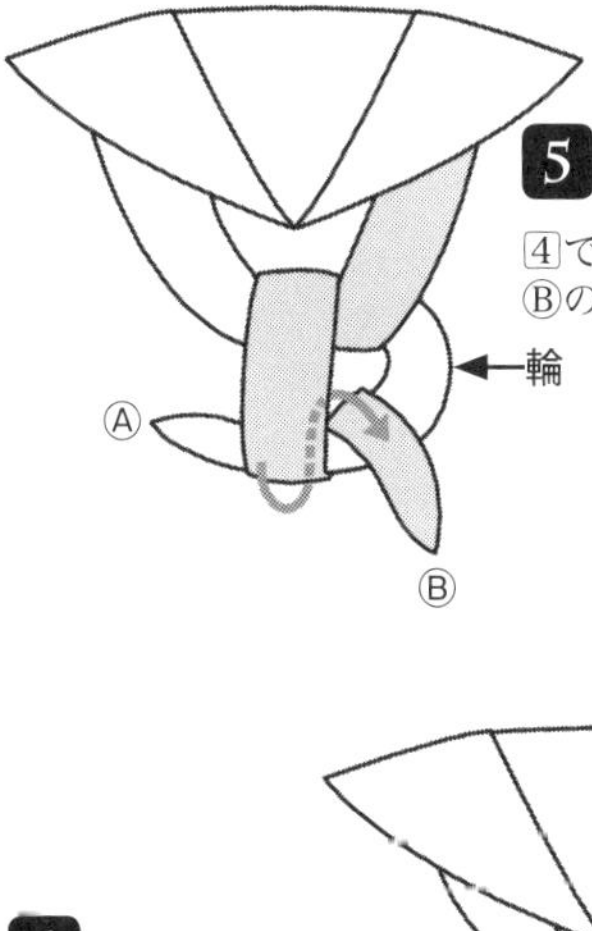

5

4で作った輪の中に、
Ⓑの先端を矢印のように通します。

6

両端を軽く引いて
形を整えて完成です。

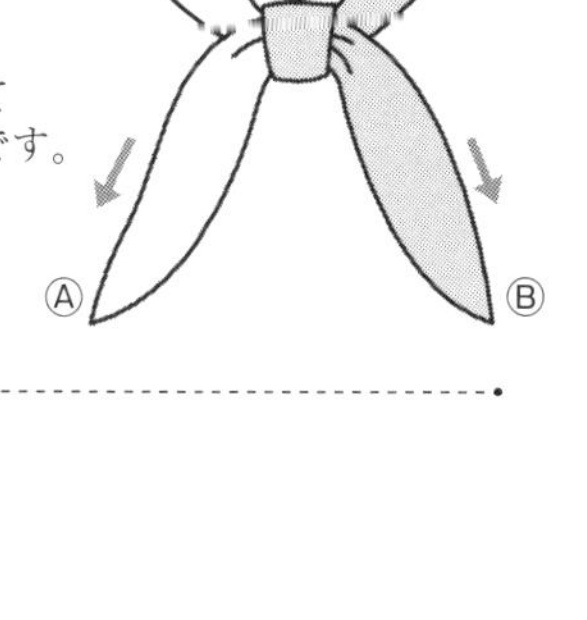

頭を包むように巻けるかっこいいバンダナの結び方

大人がバンダナを頭に巻くと、長さが足らず巻きづらいことが。そんなときは、最初に折る位置を変えてみると上手に巻けます。

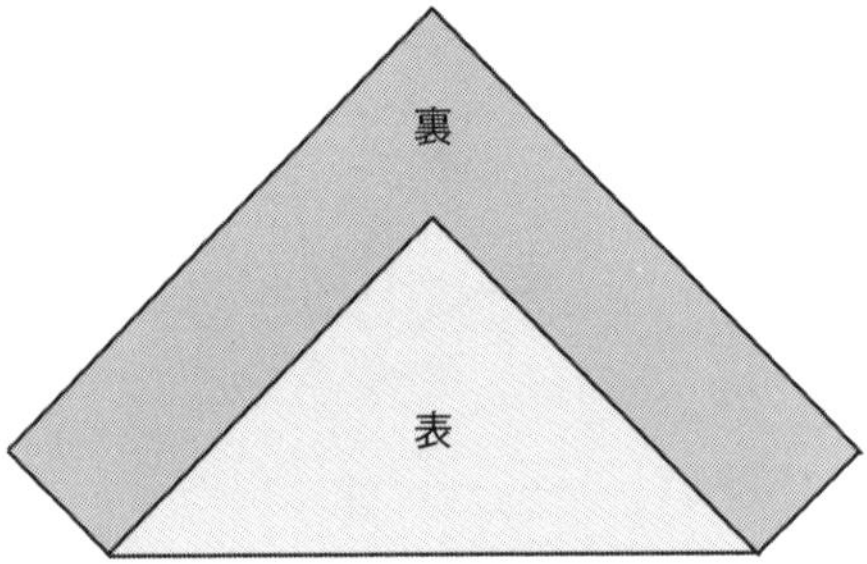

1 バンダナは、表を下にして広げ、図のように中心の手前で折り返します。

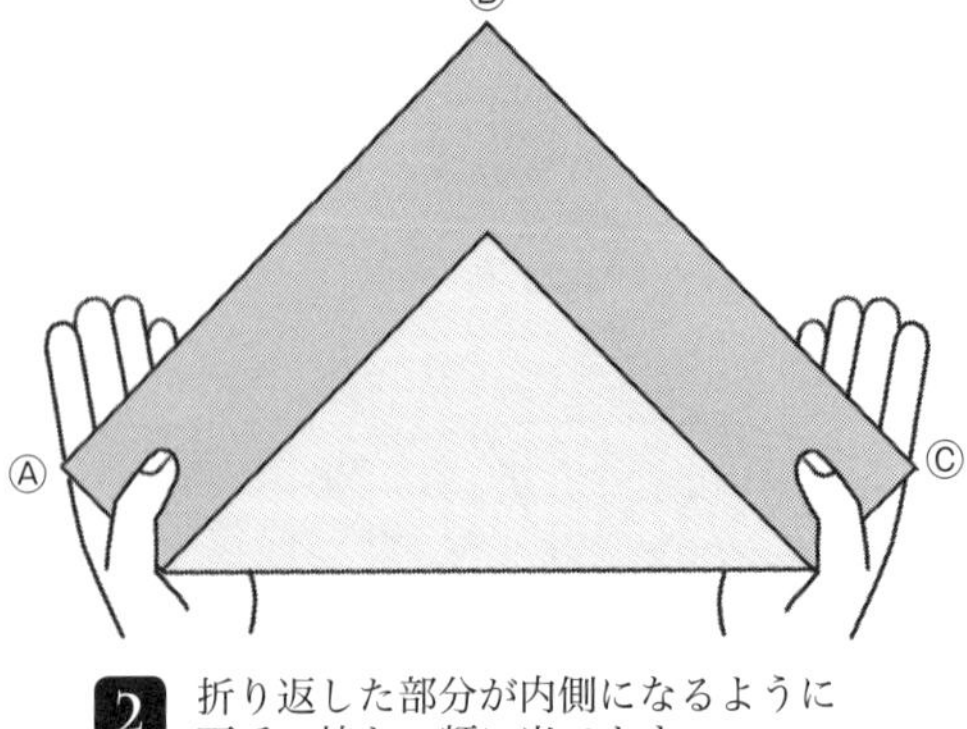

2 折り返した部分が内側になるように両手で持ち、額に当てます。

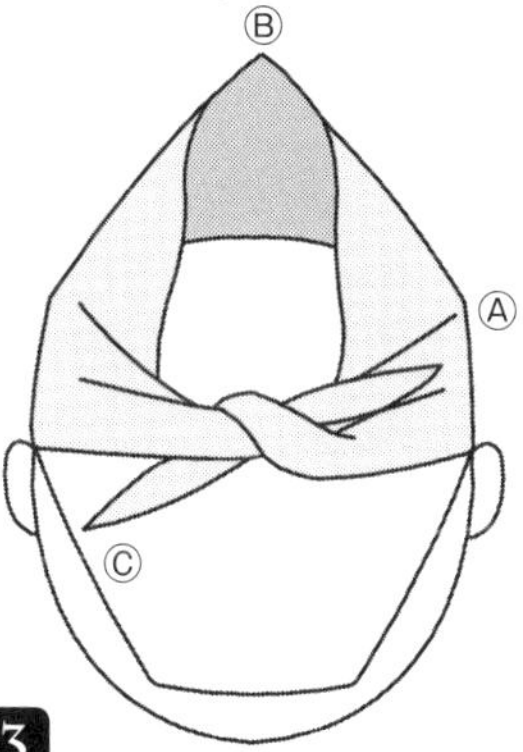

3

ⒶとⒸの両端を後頭部に回し、
1回結びます。

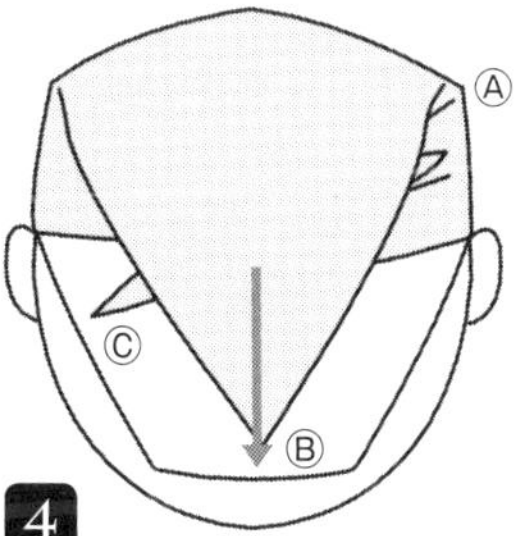

4

ⒶとⒸの結んだ部分を
指で押さえ、
その上にバンダナの
先端Ⓑを重ねます。

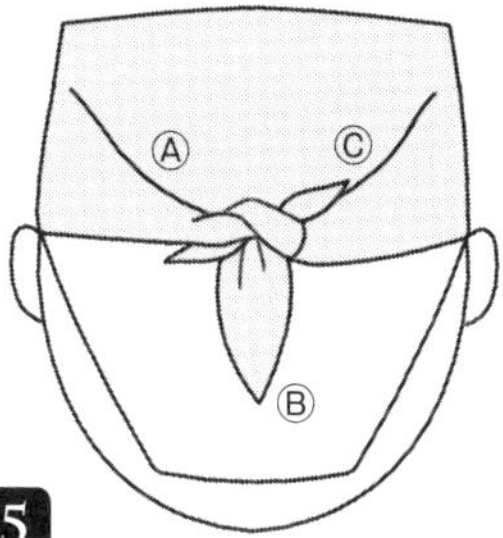

5

Ⓑを重ねた上でⒶとⒸをさらに
1回結びます。3で結んだ上に
もう1回結んだ状態になります。

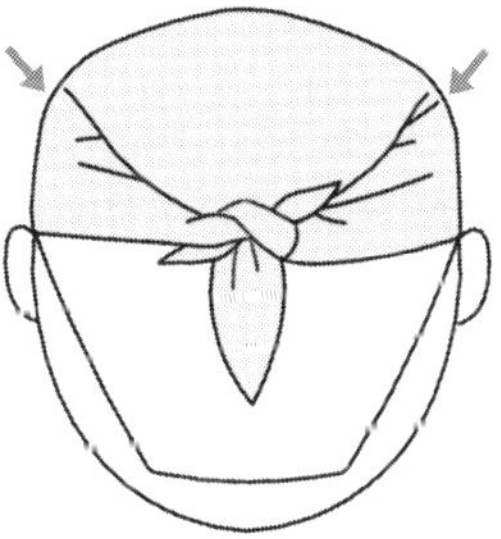

6 飛び出た部分を内側に
押し込んで形を整え、完成です。

カフェエプロンの ひもが垂れない結び方

カフェエプロンを前でキュッと結んだときに結び目がダランと垂れずにかっこよく着こなせます。

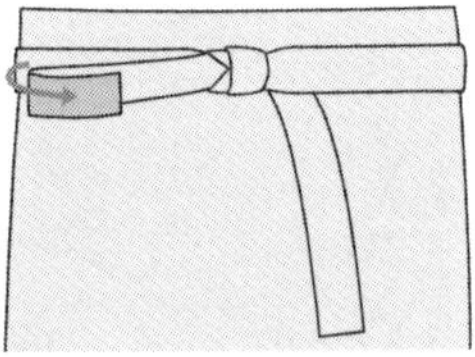

1 エプロンのひもを前で本結び(P12参照)にして留め、一方のひもを、ひもの先端から⅓ぐらいのところで折ります。

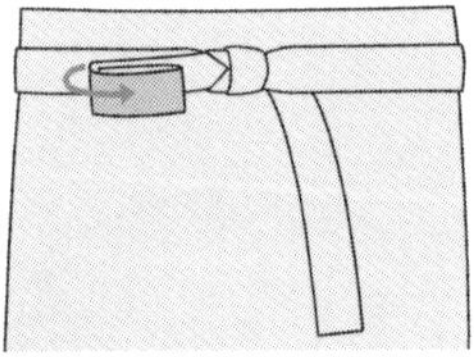

2 もう1回折ります。

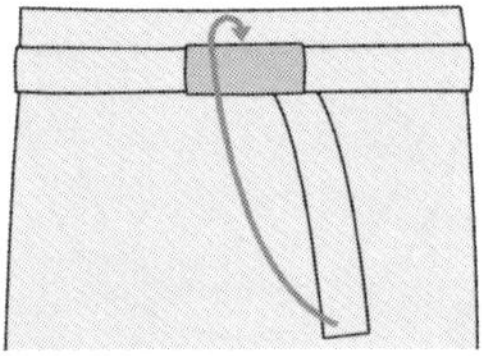

3 さらにもう1回折って、長く垂れているほうのひもを矢印のように巻きつけます。

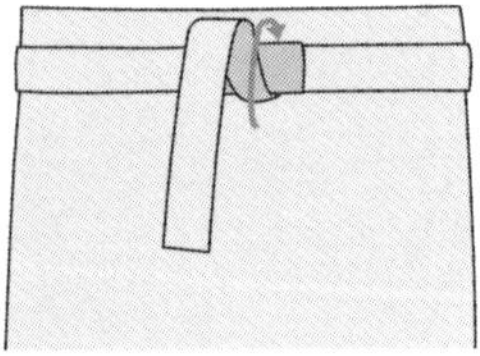

4 何度かグルグル巻きつけます。

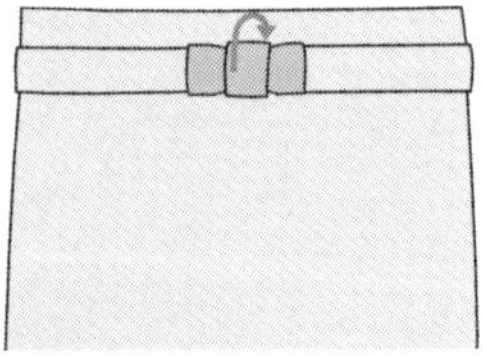

5 巻き終わりをおなか側に入れ込んで完成です。

第三章

種類と目的で使い分ける靴ひも

靴ひもの結び方、
どんな靴でも同じように
結んでしまっていませんか。
じつは、靴の種類や目的によって、
ぴったりの結び方があるんです。

ビジネスシューズにも
スニーカーにも使える結び方

靴ひもの穴に上からひもを通す「オーバーラップ」と呼ばれる結び方。スニーカーやピシッと決めたいビジネスシューズに。

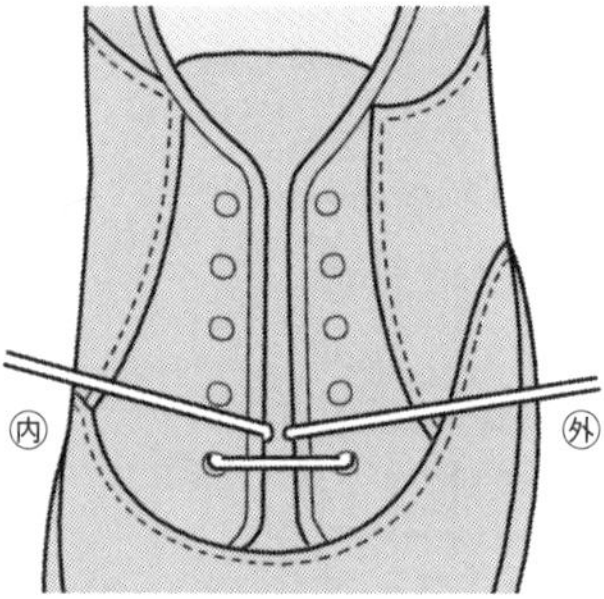

1 靴ひもの中央を、
一番つま先側の２つの穴に通します。
このとき、穴の上から
ひもを通してください。

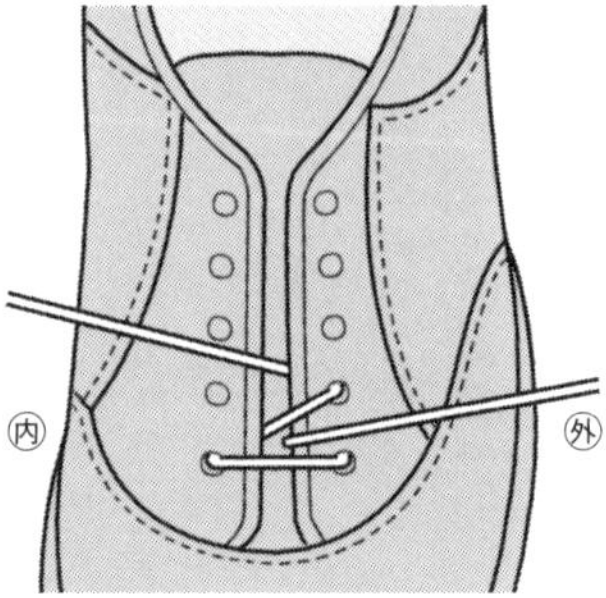

2 靴の内側にきたひもを、
靴の外側の２番目の穴に通します。
このときも、穴の上から
ひもを通します。

3

靴の外側のひもを、
靴の内側の２番目の穴に通し、
続いて、逆側の
３番目の穴に通します。
常に、穴の上から
ひもを通します。

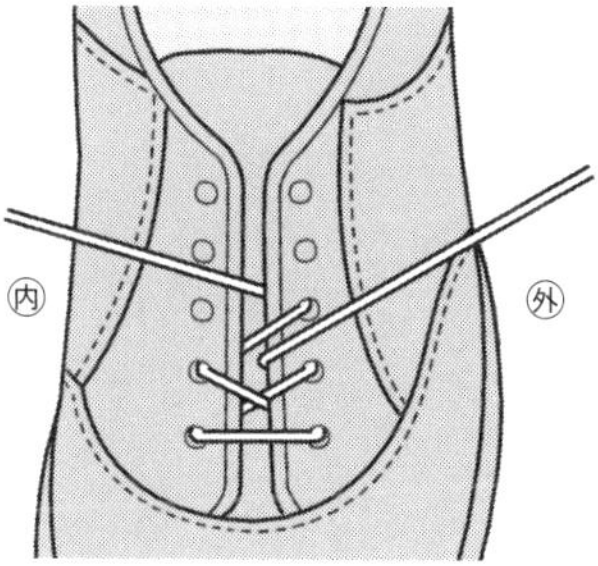

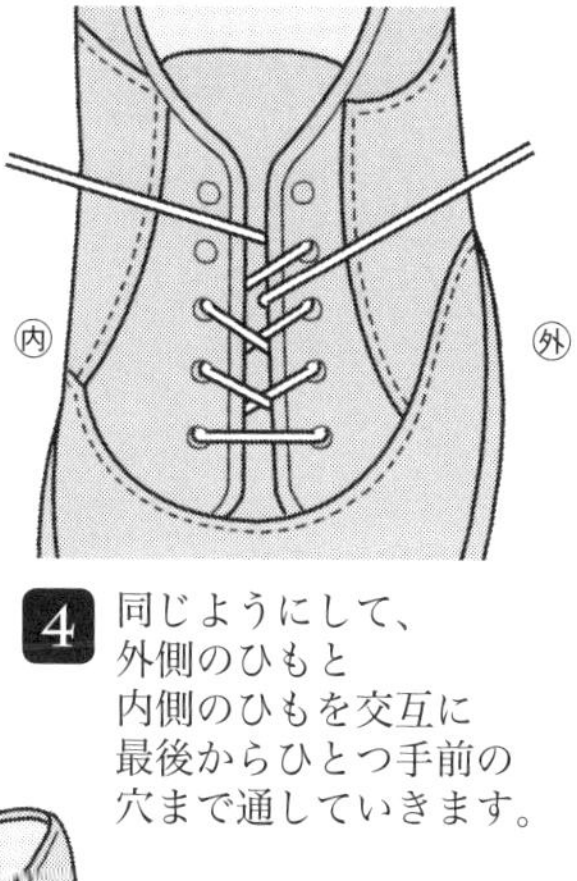

4 同じようにして、
外側のひもと
内側のひもを交互に
最後からひとつ手前の
穴まで通していきます。

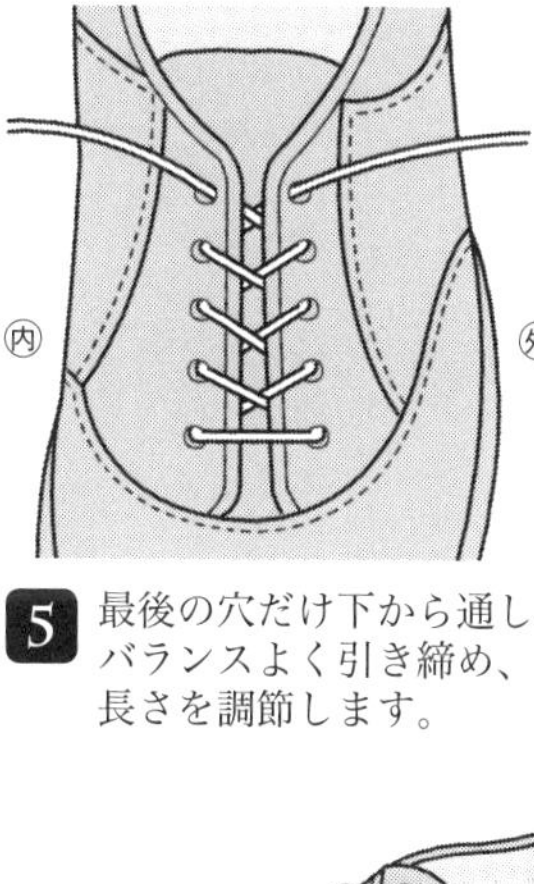

5 最後の穴だけ下から通し、
バランスよく引き締め、
長さを調節します。

6 蝶々結び(P14参照)で
留め結びにします。

シャープな印象を与えるビジネスシューズの結び方

「パラレル」と呼ばれる結び方です。見た目にシャープで、力のかかり方が左右均等で、歩きやすく緩みにくいのが特長。

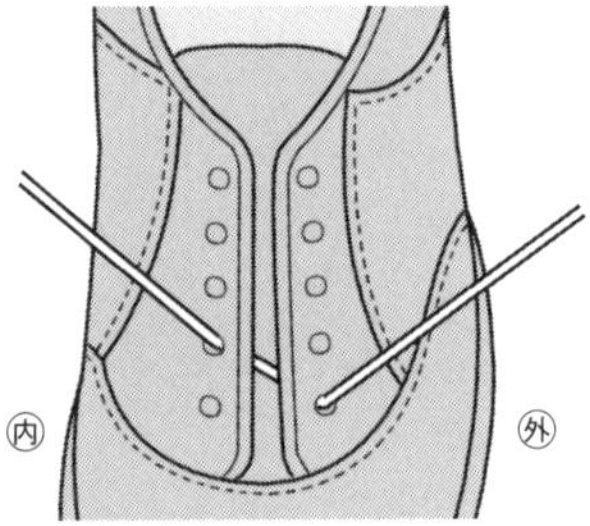

1 靴ひもを一番つま先側の
外側の穴に通し、
もう片方は、つま先側から
２番目の内側の穴に通します。
このとき、２つとも穴の下から
ひもを通します。

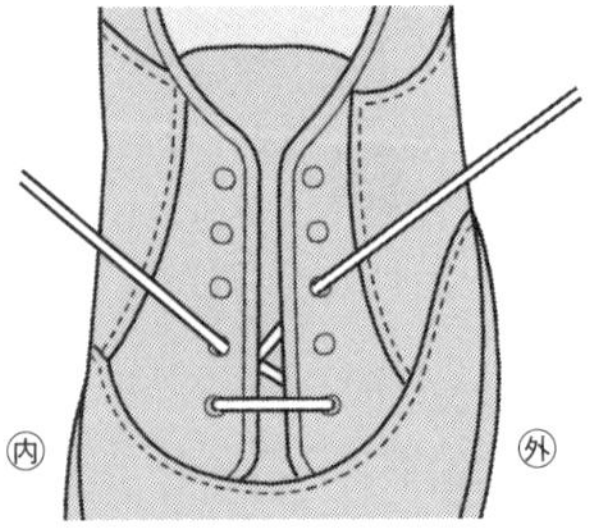

2 一番つま先側の
外側の穴に通したひもを、
内側の一番つま先側の穴に上から通し、
そのまま、つま先側から
３番目の外側の穴に下から通します。

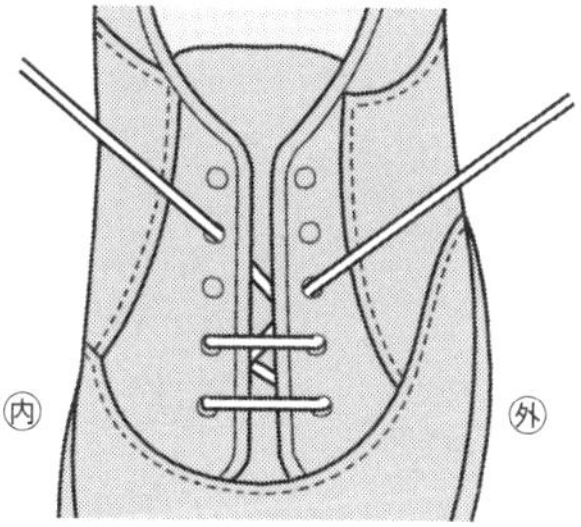

3

つま先側から
２番目の内側の穴に
通したひもを、
つま先側から２番目の外側の
穴に上から通し、
そのまま、つま先から
４番目の内側の穴に
下から通します。

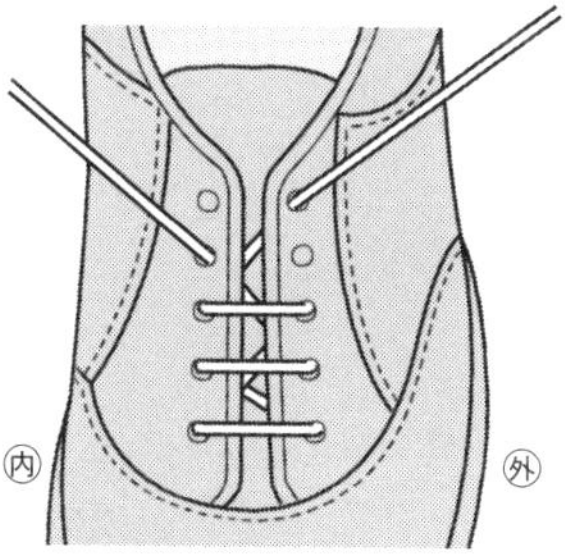

4 同じようにして、
内側と外側のひもを
交互に通していきます。

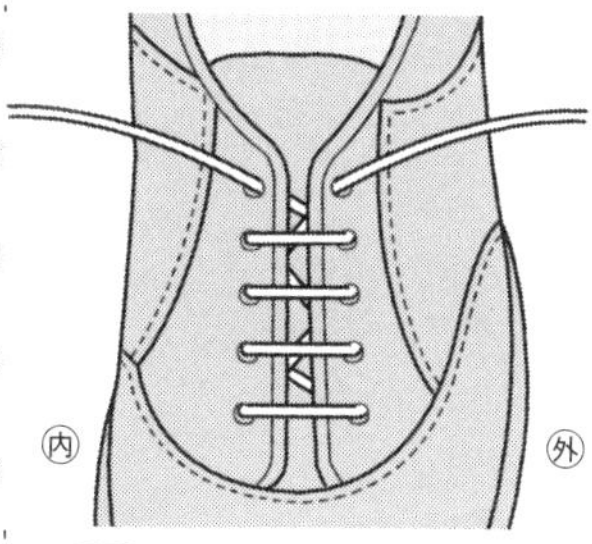

5 最後の穴まできたら、
バランスよく引き締め、
長さを調節します。

6 蝶々結び(P14参照)で
留め結びにします。

細身のシューズに合わせたかっこいい結び方

靴ひもの厚みが出にくい「シングル」と呼ばれる結び方です。細身のシューズをかっこよく履きこなしたいときにおすすめ。

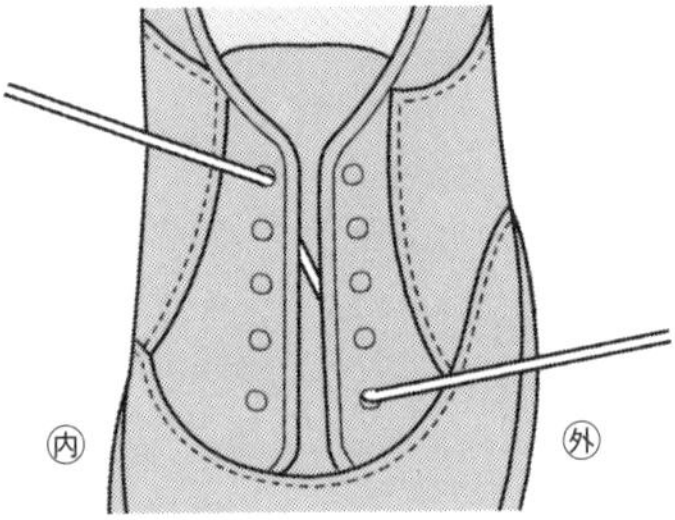

1 靴ひもを一番つま先側の外側の穴に通し、もう片方は、一番かかと側の内側の穴に通します。このとき、２つとも穴の下からひもを通します。

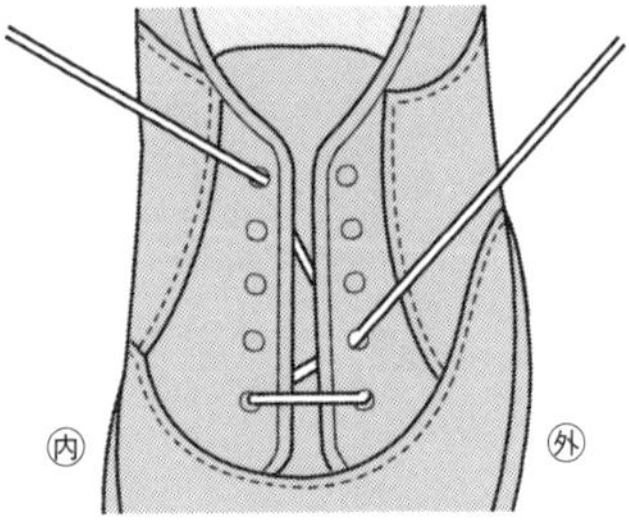

2 一番つま先側に通したひもを長くとっておき、それを一番つま先側の内側の穴に上から通し、そのまま２番目の外側の穴に下から通します。

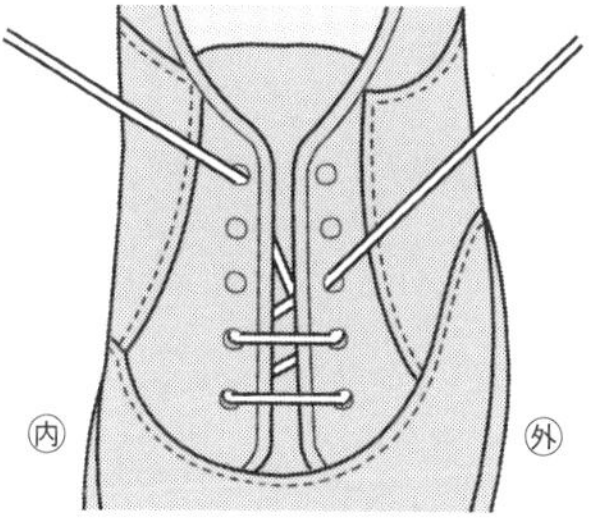

3

つま先側のひもを、
２番目の内側の穴に
上から通し、
そのまま３番目の
外側の穴に下から通します。

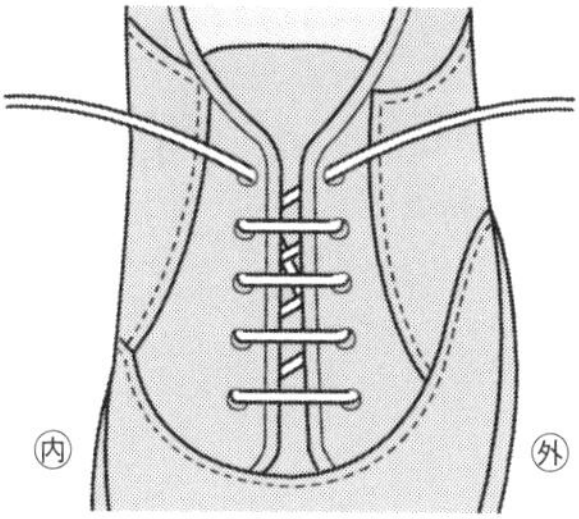

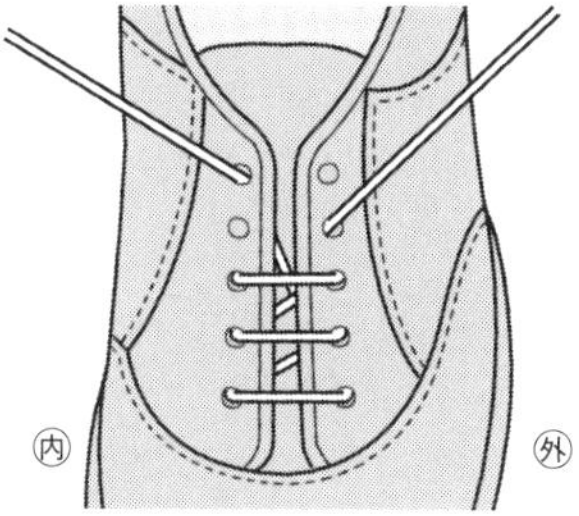

5 最後の穴まできたら、
バランスよく引き締め、
長さを調節します。

4 同じ要領で順に
内側の穴には上から、
外側の穴には下から、
つま先側のひもを
通していきます。

6 蝶々結び(P14参照)で
留め結びにします。

履きやすく、脱ぎやすいブーツひもの結び方

一番上の穴の蝶々結びをはずすと3番目の穴のあたりまで緩むので、履くときは足を入れやすく、かつ素早く脱げる結び方です。

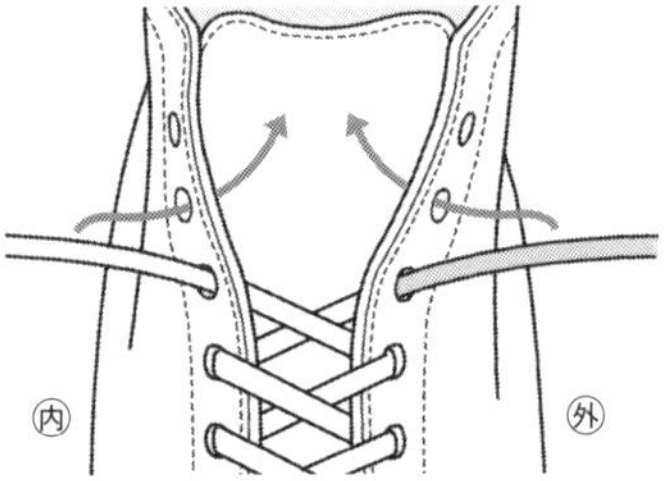

1 オーバーラップ(P76参照)で、ブーツの上から４番目の穴までひもを通します。上から３番目の穴を通すときは上からではなく、下から通し、矢印のように２番目の穴に通します。

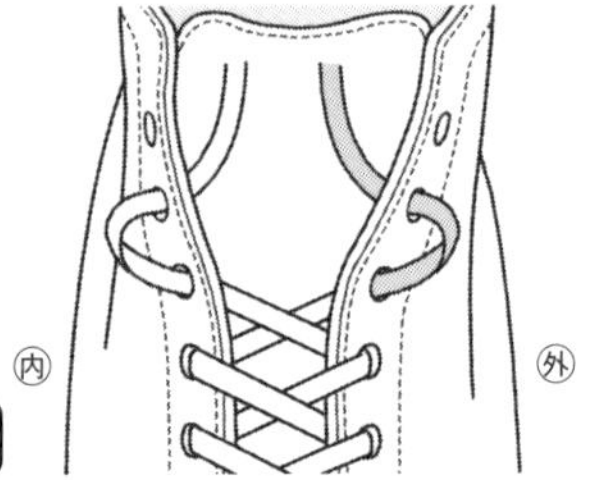

2 図のように、上から３番目と２番目の間は、少し緩みをもたせておきます。

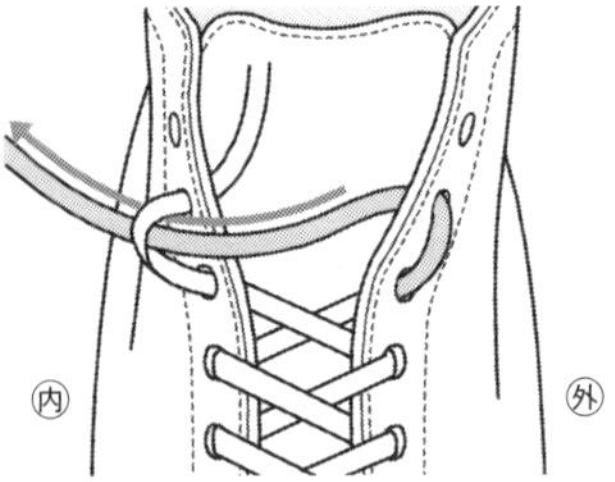

3 外側の２番目に通した靴ひもを、内側の靴ひもの緩みに通します。

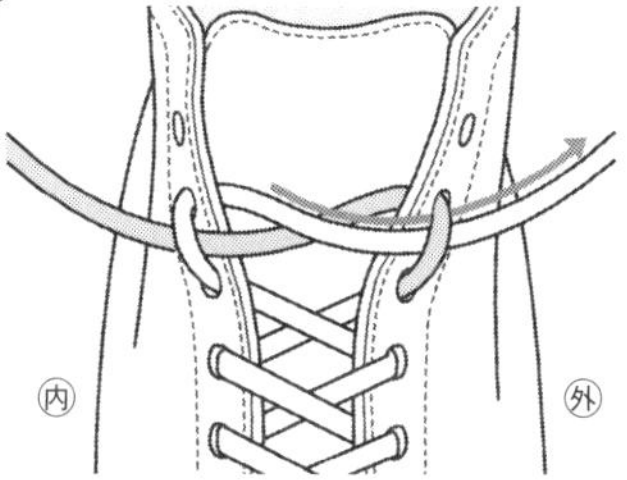

4

同じように、
内側の2番目に通した
靴ひもを、
外側の靴ひもの
緩みに通します。

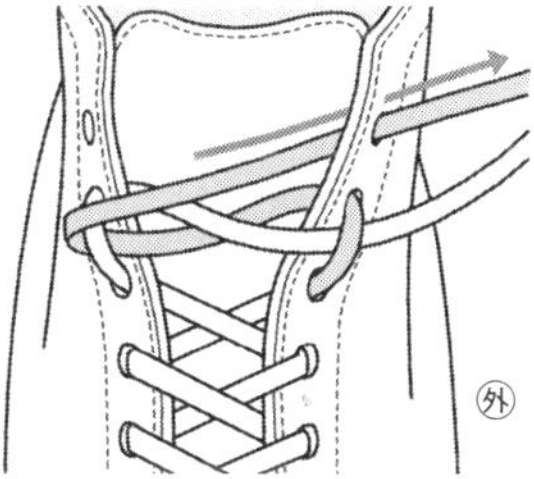

5 内側の靴ひもの
緩みに通したひもを、
そのまま1番上の
外側の穴に通します。

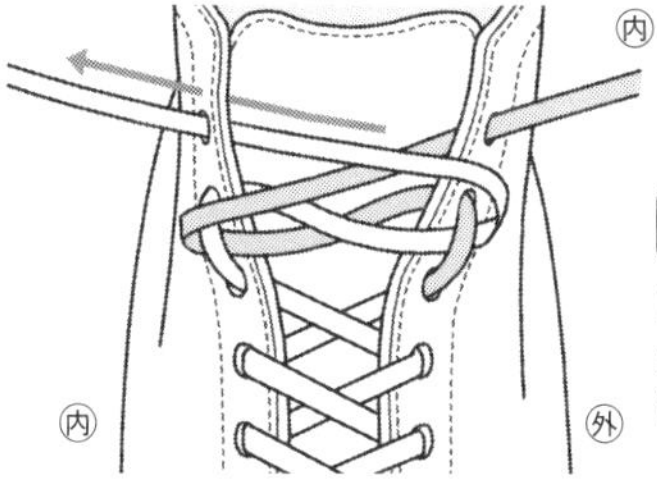

6

同じように、
外側の靴ひもの
緩みに通したひもを、
1番上の内側の穴に通します。

7

左右の長さを調節してから、
ぎゅっと引っ張って
バランスよく引き締めます。

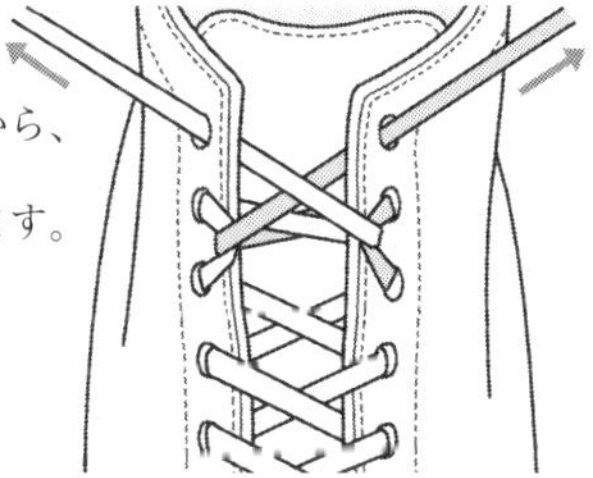

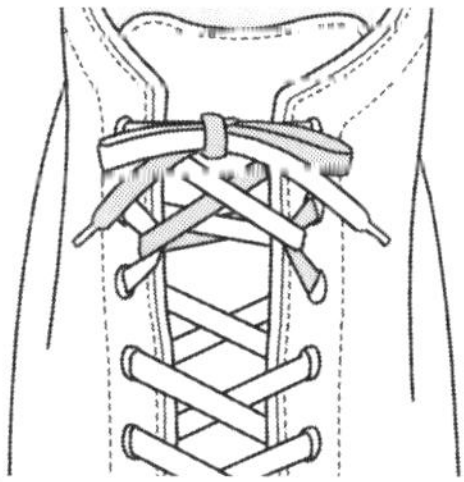

8

蝶々結び(P14参照)で
留め結びにします。

マラソン・ジョギング向きの足にフィットする結び方

足を締めつけすぎない「アンダーラップ」と呼ばれる結び方。走っているうちに徐々に足にフィットしてきます。

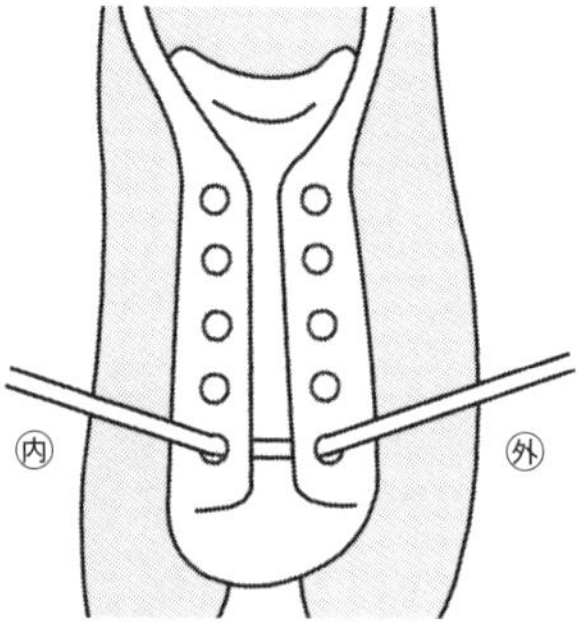

1 靴ひもの中央を、
一番つま先側の２つの穴に通します。
このとき、穴の下からひもを
通してください。

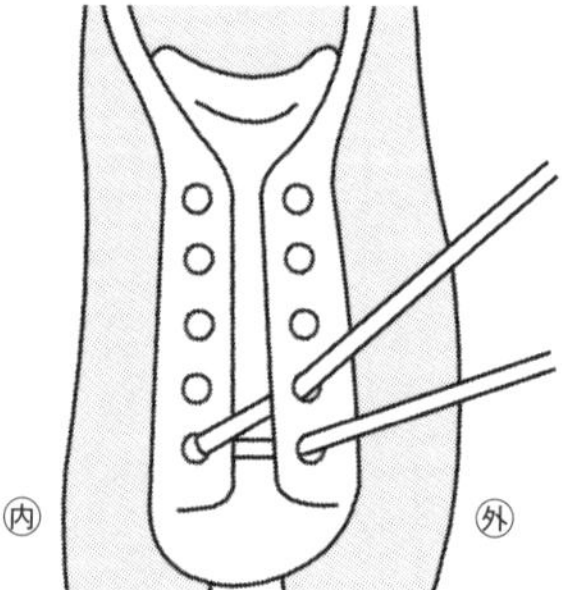

2 靴の内側にきたひもを、
靴の外側の２番目の穴に通します。
このときも、穴の下からひもを通します。

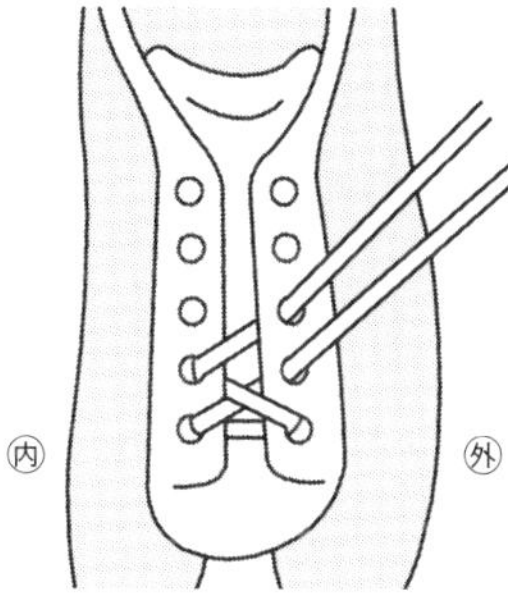

3

靴の外側のひもを、
靴の内側の
２番目の穴に通し、
続いて、外側の
３番目の穴に通します。
常に、穴の下から
ひもを通します。

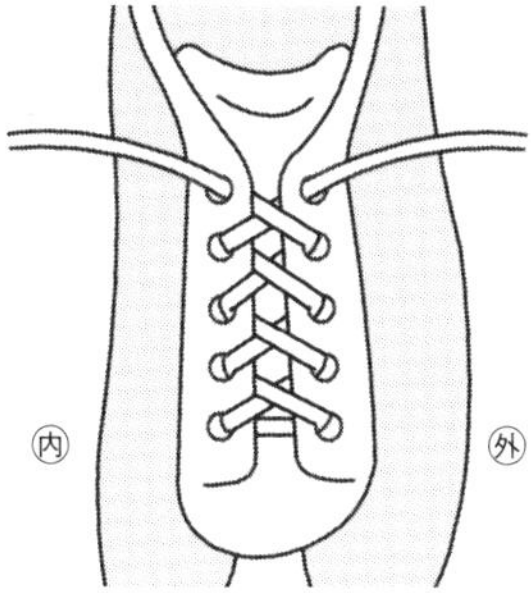

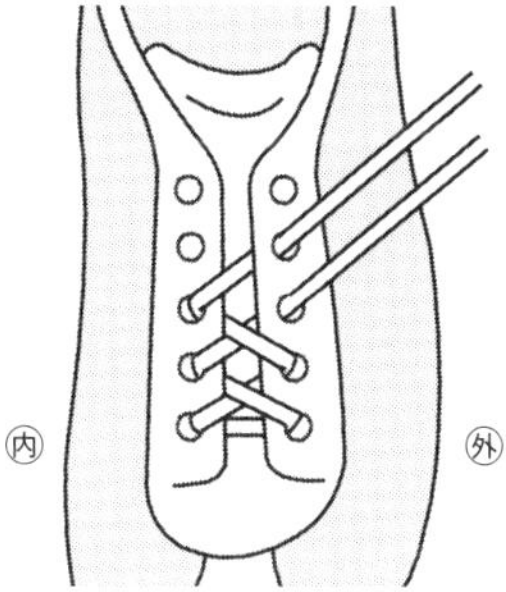

5 最後の穴まできたら、
バランスよく引き締め、
長さを調節します。

4 同じようにして、
2本のひもを
交互に穴に
通していきます。

6 蝶々結び(P14参照)で
留め結びにします。

ほどけにくい蝶々結び

ひもを2回巻きつけることで、ほどけにくくする結び方。長く歩いたり走ったりしても、ほどけない安心感があります。

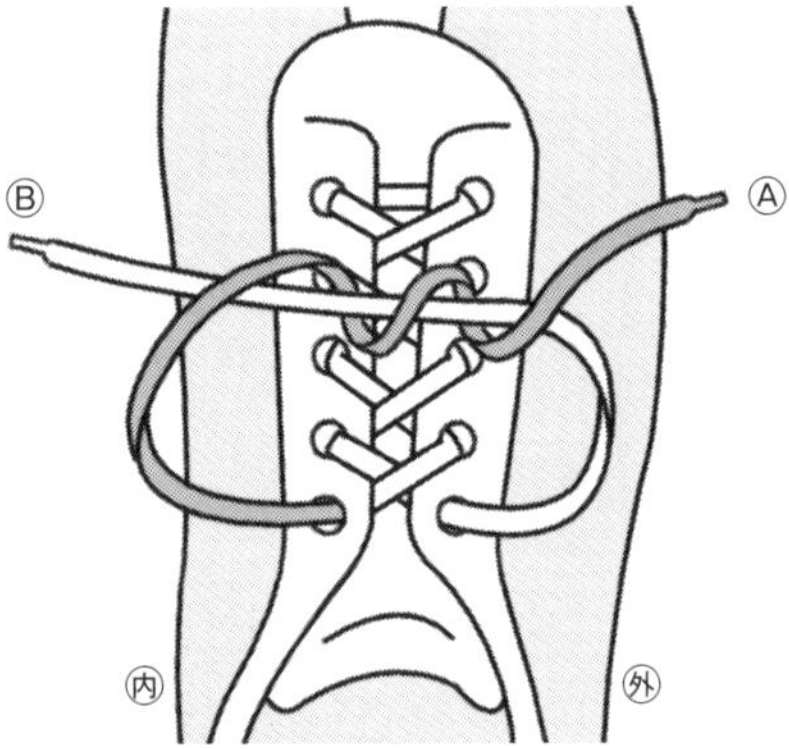

1 アンダーラップ(P84参照)で靴ひもを最後まで通したら、Ⓐの靴ひもを２回Ⓑに巻きつけ、両端を持って一度引き締めます。

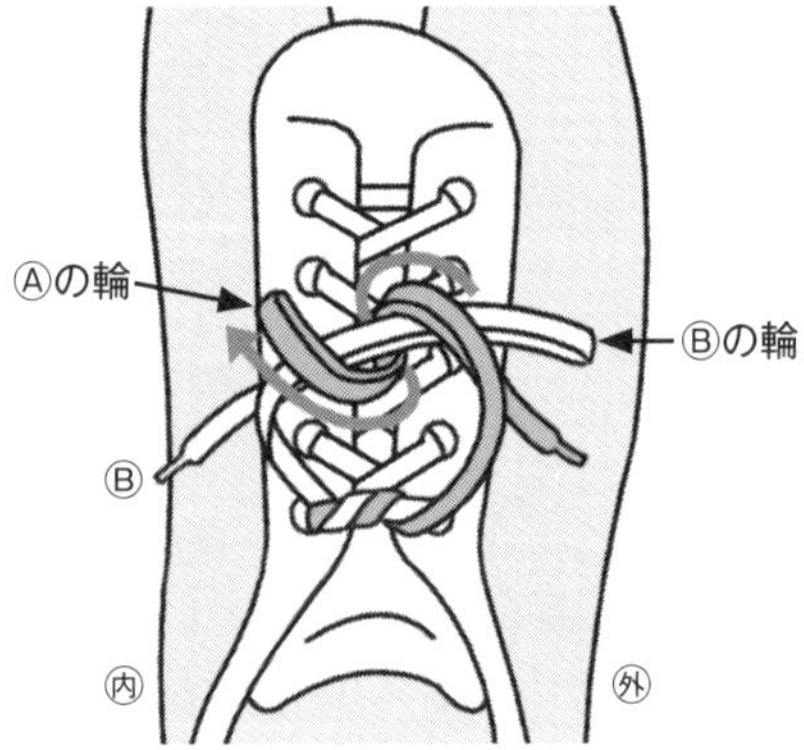

2 ⒶとⒷをそれぞれ、二つ折りにして輪を作り、Ⓐの輪をⒷに１回巻きつけます。

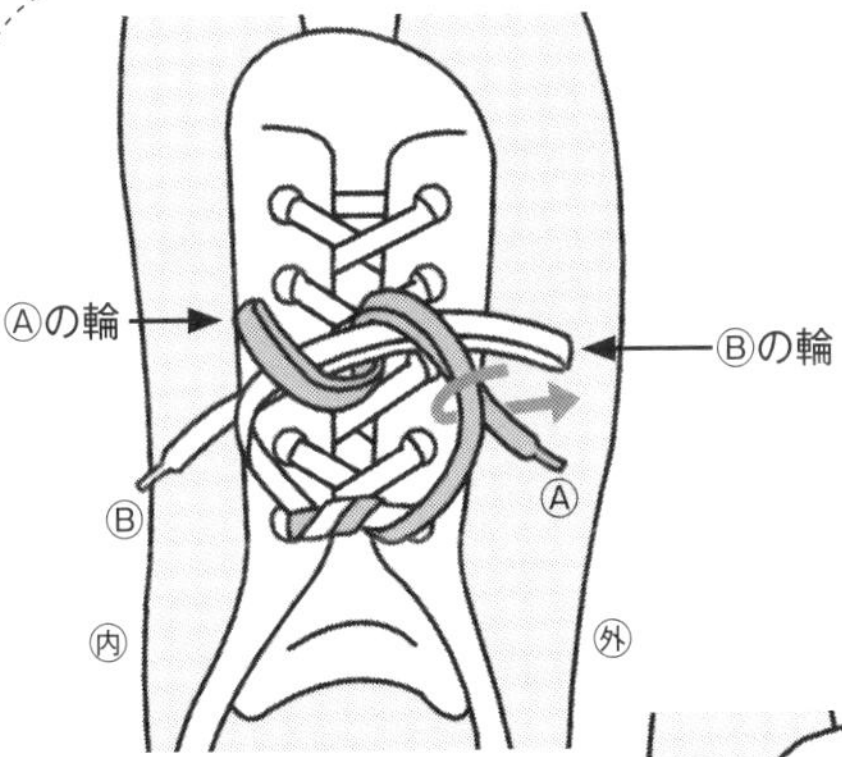

3 今度はⒷの輪を
矢印の方向に通し、
Ⓐに巻きつけます。

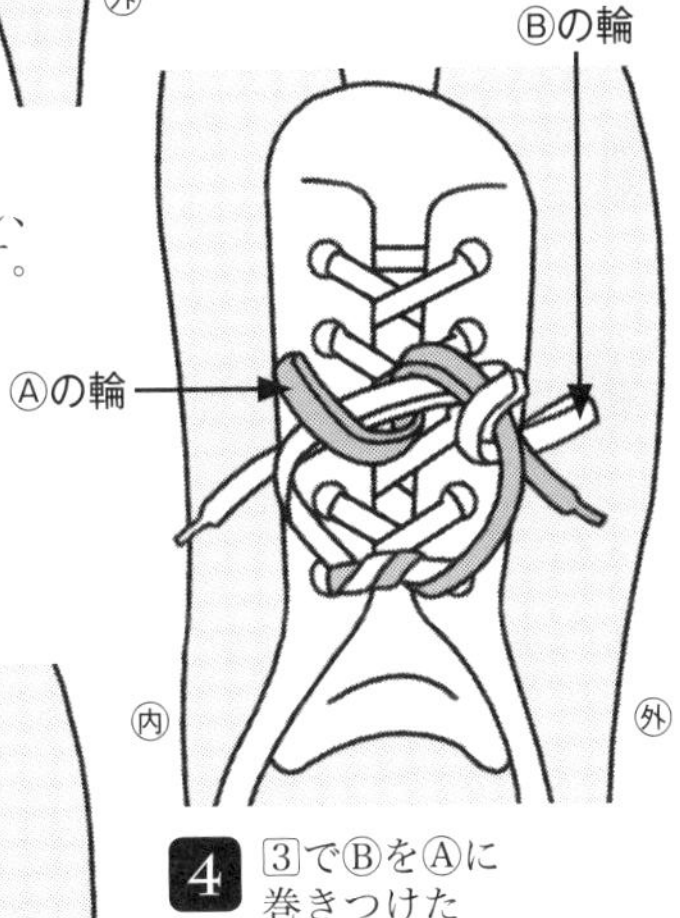

4 3でⒷをⒶに
巻きつけた
ところの図です。

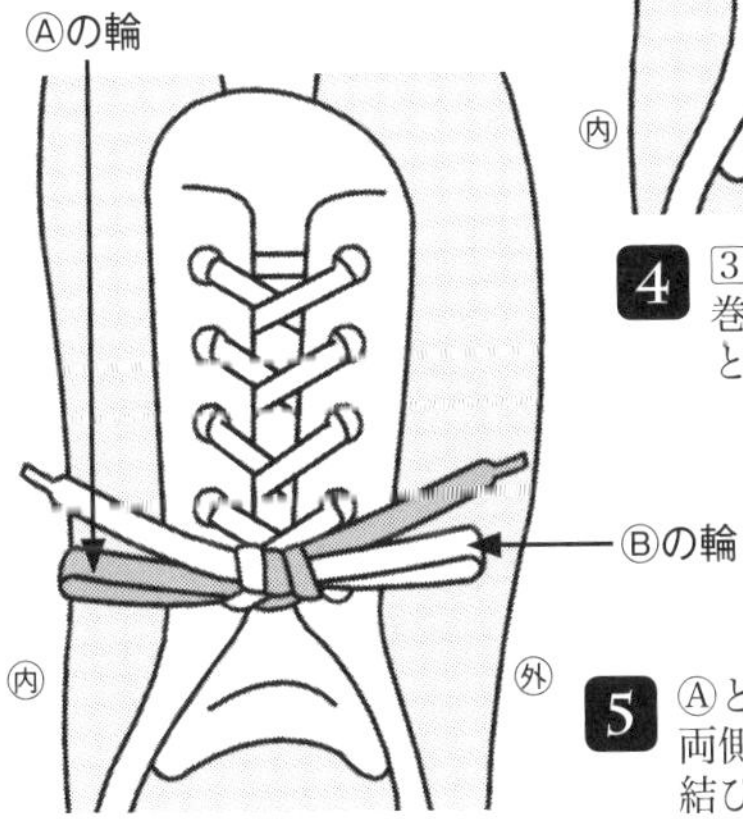

5 ⒶとⒷの輪の部分を
両側から引っ張って
結びます。

子ども向けの簡単な蝶々結び

子どもには靴ひもを蝶々結びで留めるのは、意外に難しいもの。左右両方で先に輪を作る蝶々結びを教えてみましょう。

1

1回交差させた左右のひもを、両方とも二つ折りにして輪Ⓐと Ⓑを作り、Ⓐを Ⓑの上に重ね Ⓑの方を矢印の方向に折り曲げます。

2

二つ折りにした2本のⒶのひもの間に、Ⓑのひもを矢印のように通します。

3

Ⓐと Ⓑの輪の部分を引っ張って結び目を締めると、普通の蝶々結びと同じようになります。
ほどくときは、ひもの先を引っ張ればすぐにほどけます。

第四章

ガーデニングに役立つ

茎を倒れないようにするときに
支柱に結んだり、柵を立てたり、
垣根を作ったり。
素敵な庭作りや家庭菜園に
役立つ結び方です。

茎を傷つけない、誘引ひもの結び方

野菜などの柔らかい茎を、支柱やネットに、誘引するときの結び方です。
輪を緩めに結ぶのがコツです。

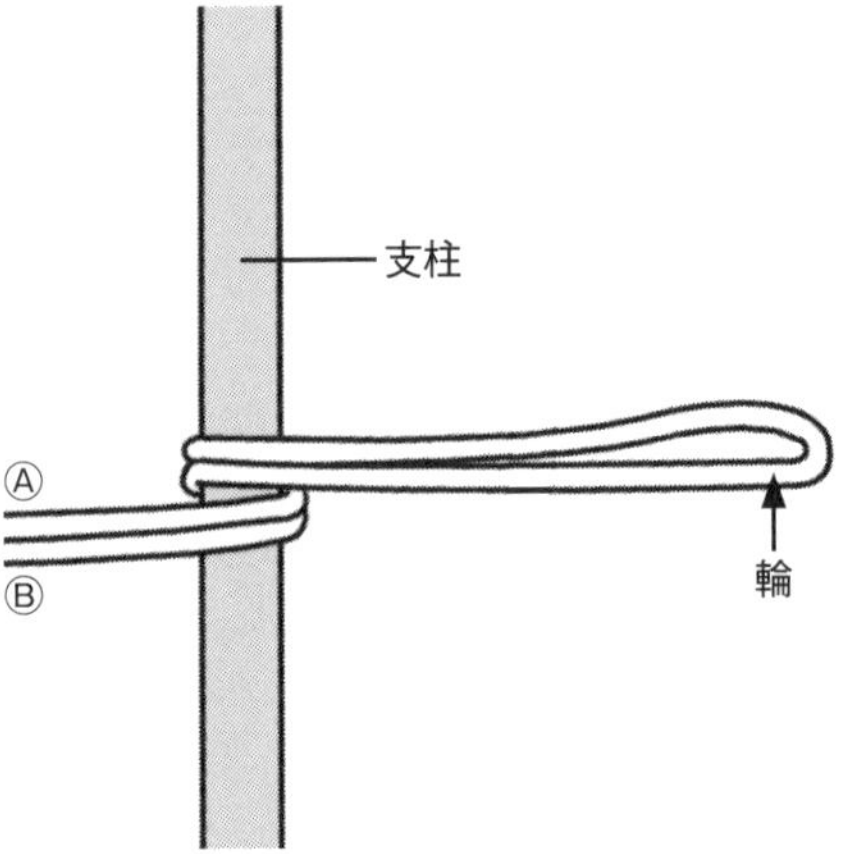

1 二つ折りにしたひもを支柱に一度巻きつけます。

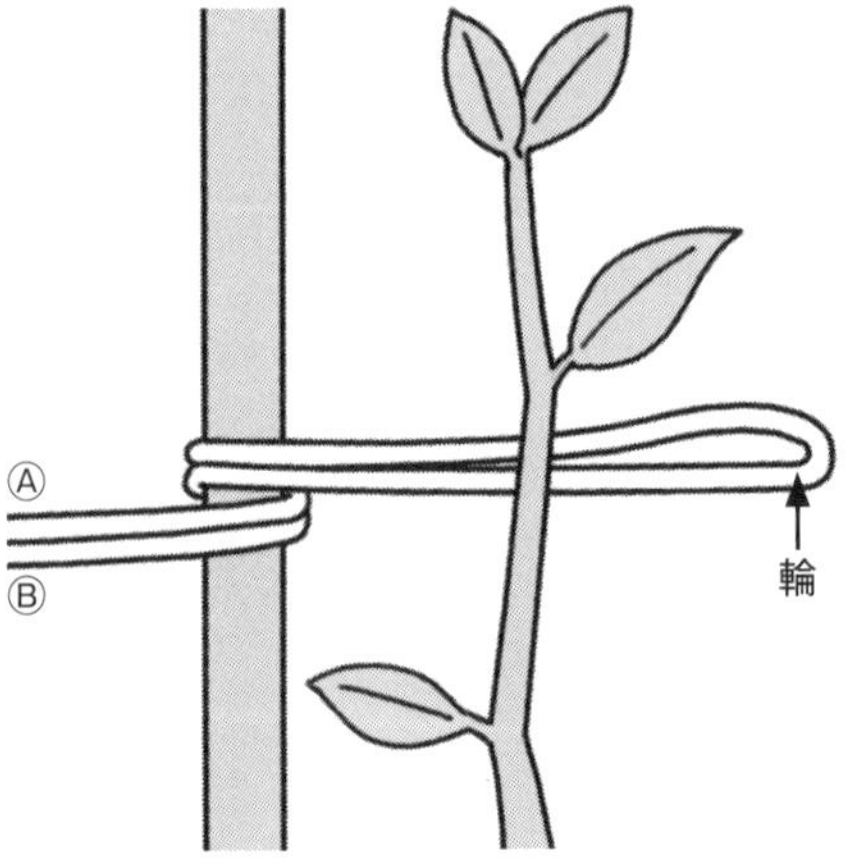

2 図のように茎をその手前に重ねます。

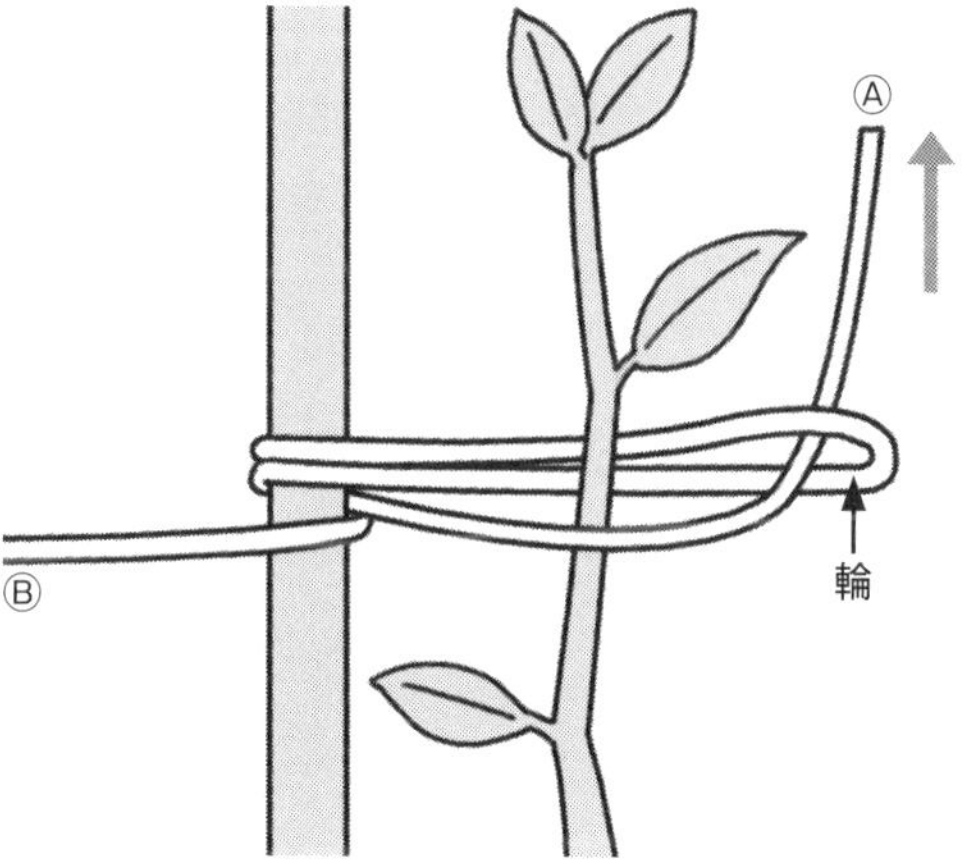

3 二つ折りにしたひもの片方の端Ⓐを、輪に通します。

4 もう片方の端ⒷとⒶを
本結び(P12参照)で結んで、完成です。

注:結び方がわかりやすくなるよう、茎と支柱を簡略化して描いています。

支柱にひもを固定する簡単な結び方

それほど強度が求められないときの結び方。「ねじ結び」と呼ばれています。植物側は「もやい結び」（P96参照）で結びます。

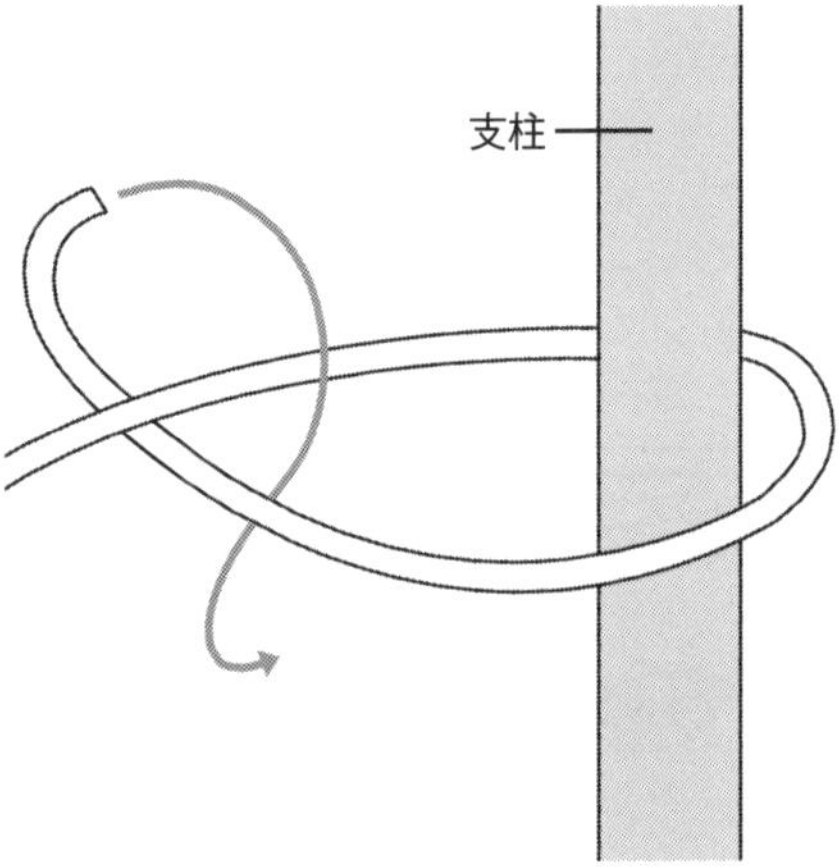

1 支柱にひもを掛けてできた輪の中に先端を通します。

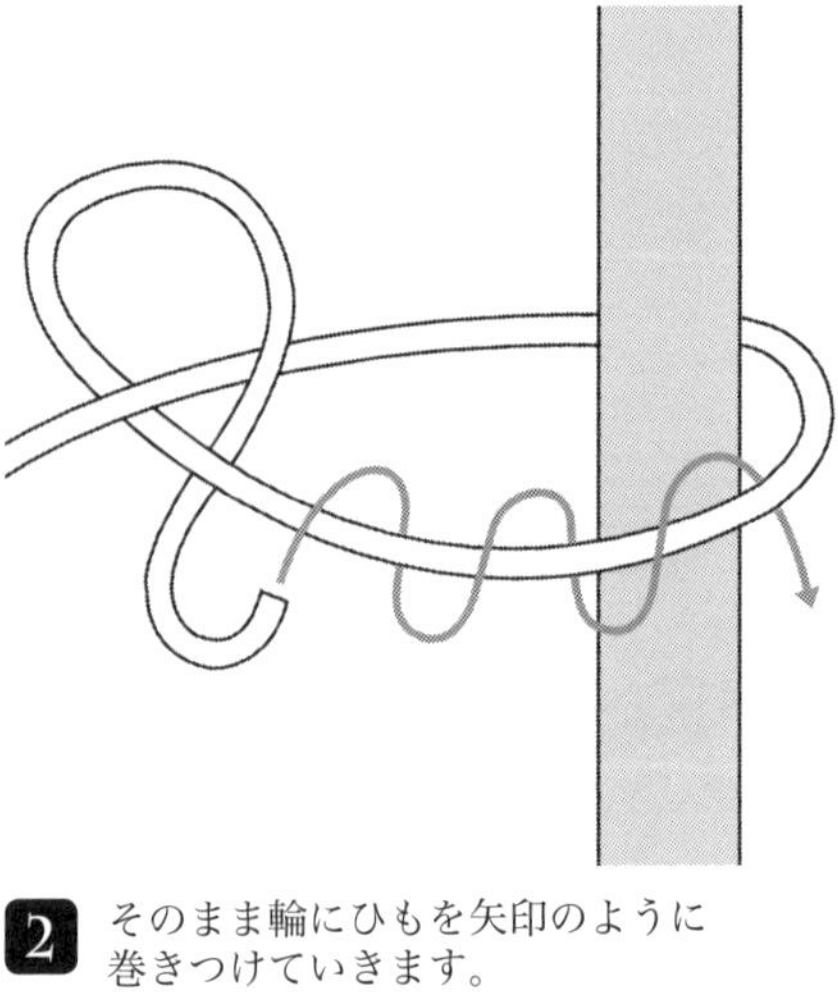

2 そのまま輪にひもを矢印のように巻きつけていきます。

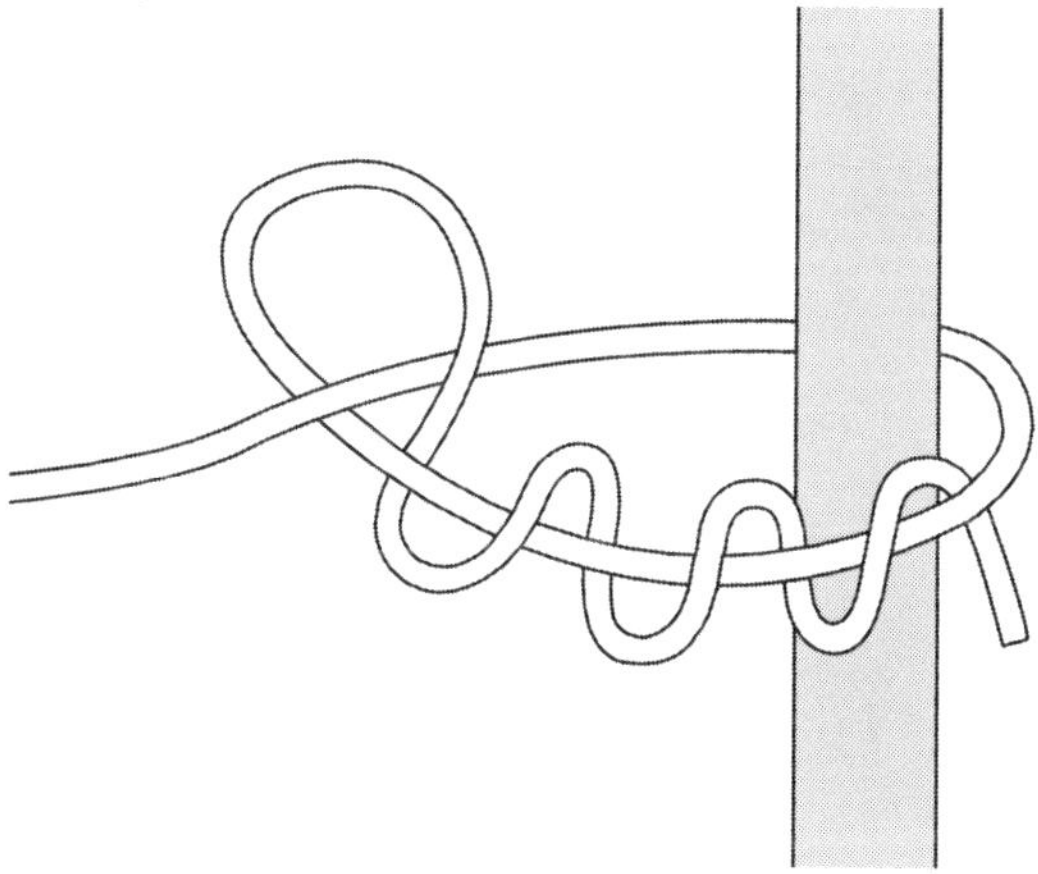

3 2〜3回巻きつけます。

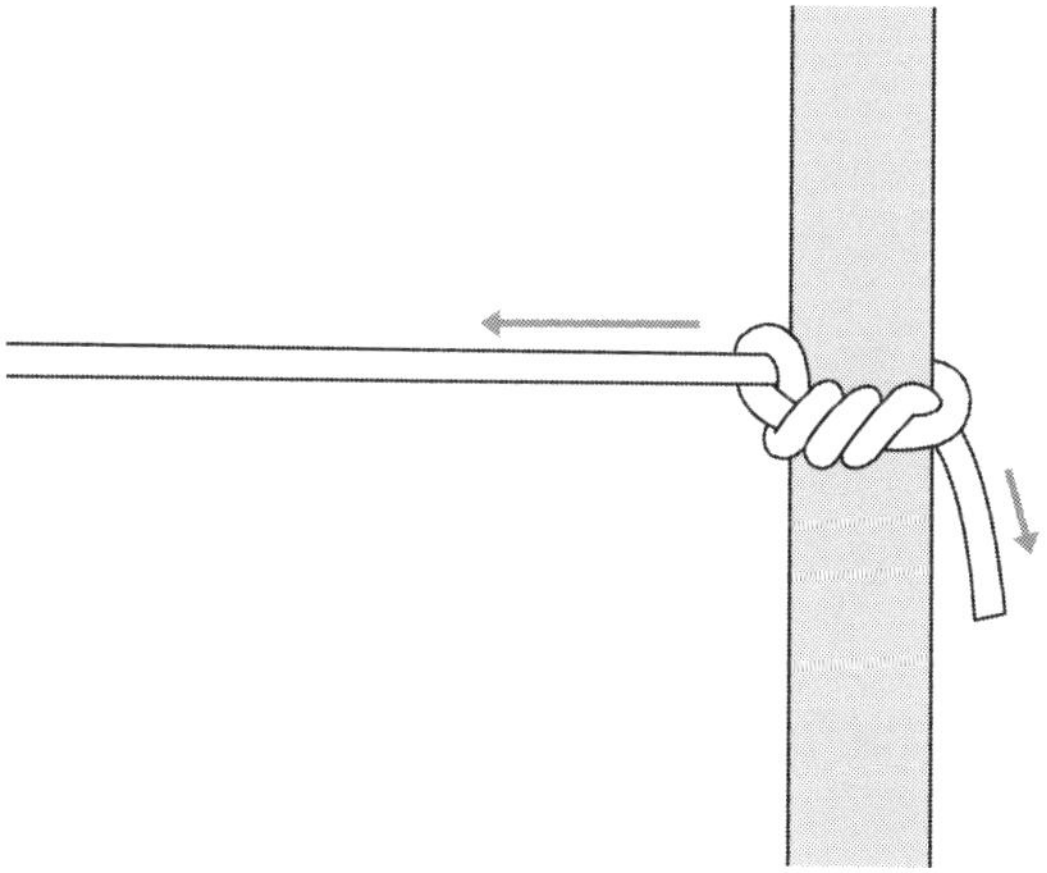

4 両端を引いて結び目を引き締め、完成です。

支柱にひもを固定する、簡単でほどけにくい結び方

一見簡単に見えますが、じつはほどけにくい結び方で、「巻き結び」と呼ばれています。植物側は「もやい結び」（P96参照）で結びます。

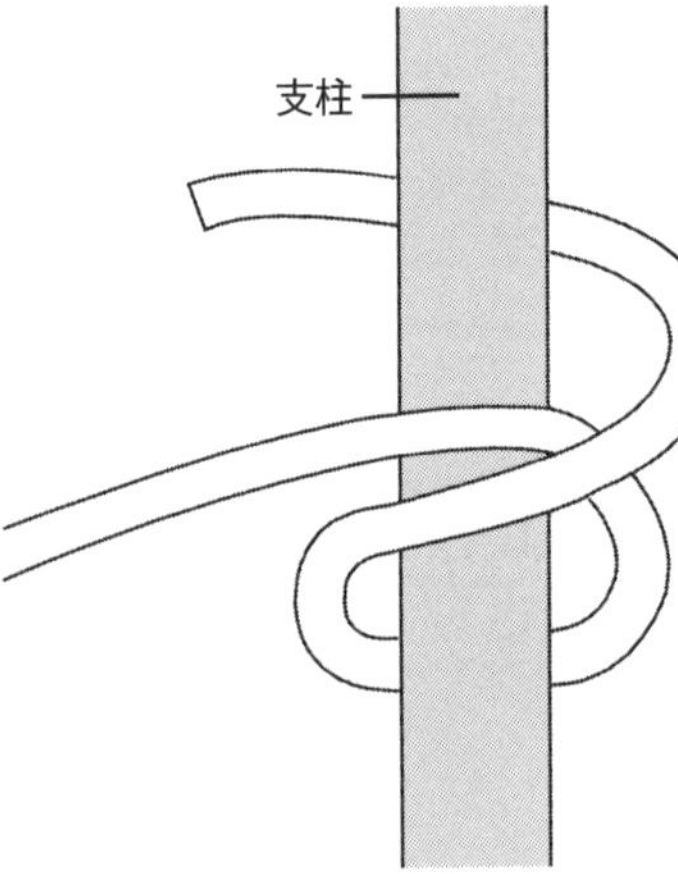

1 ひもが交差するように、2回巻きつけます。

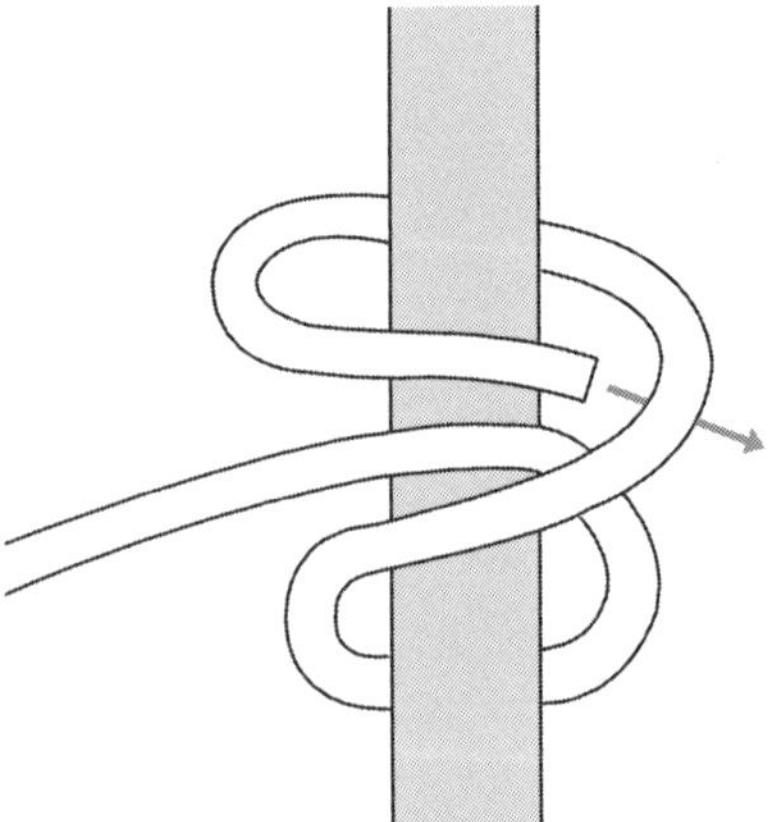

2 先端を、2回目に巻きつけたひもの内側に通します。

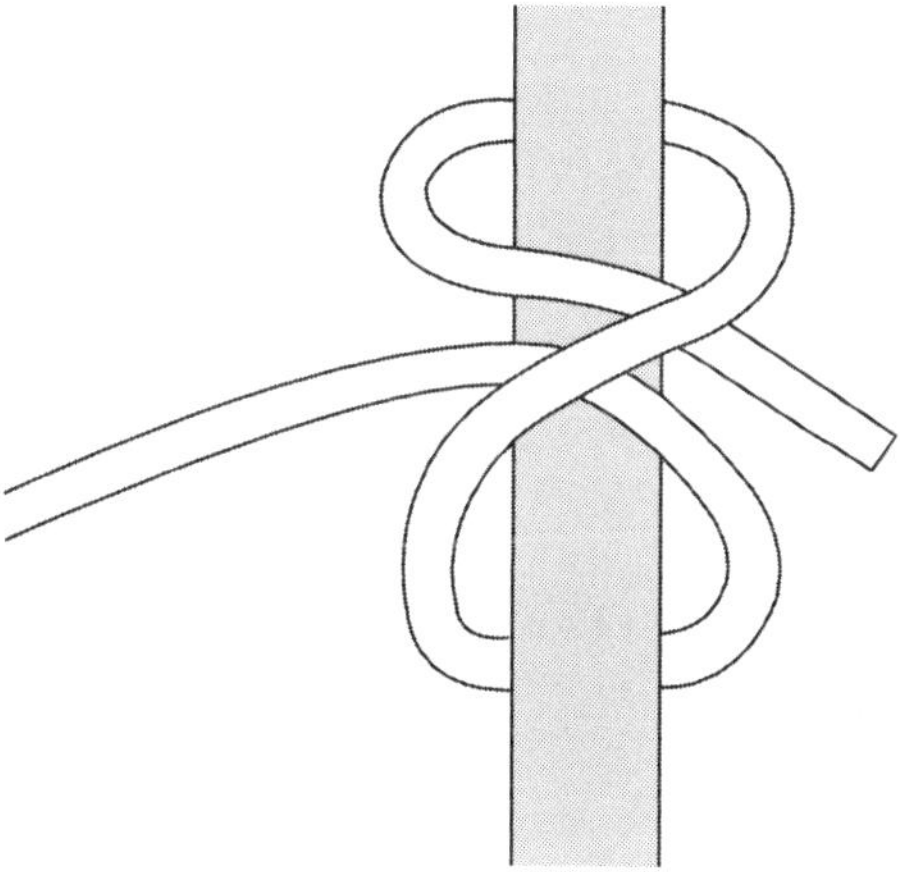

3 数字の8の字のようになります。

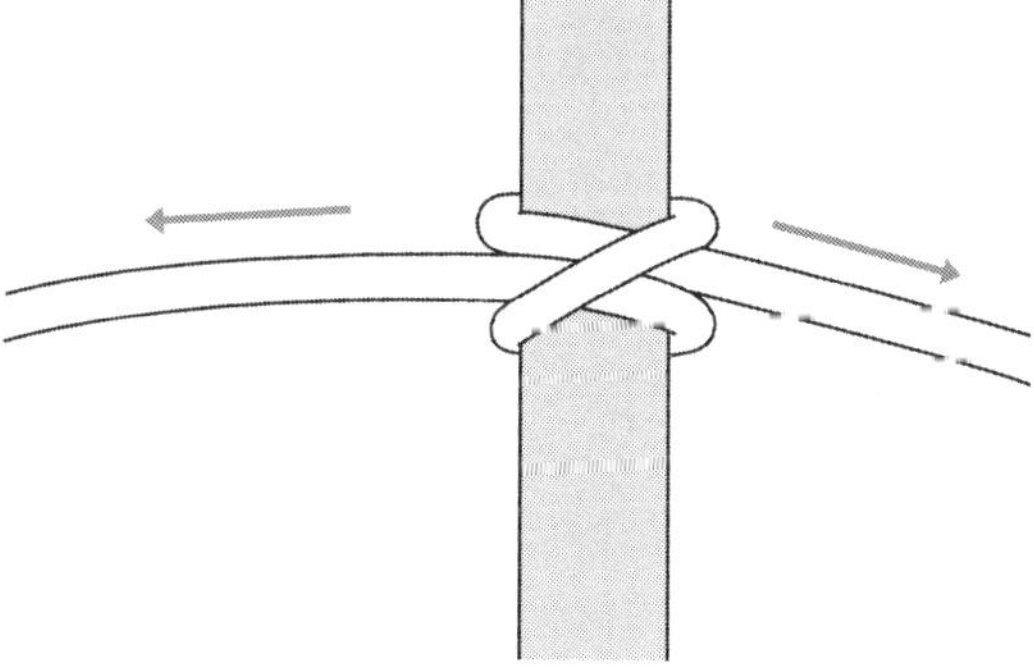

4 両端を左右に引いて、完成です。

成長しても植物にひもが食い込まない結び方

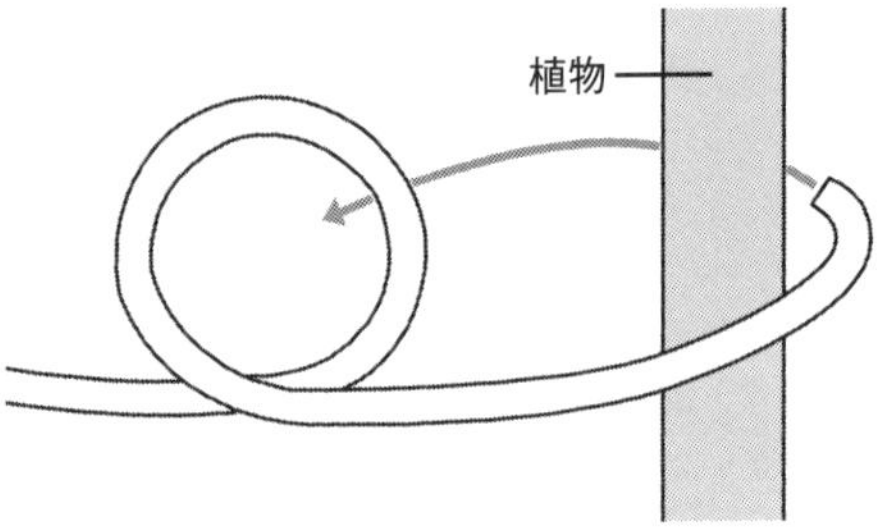

1 手前で輪を作り、
先端を植物に1回巻きつけます。

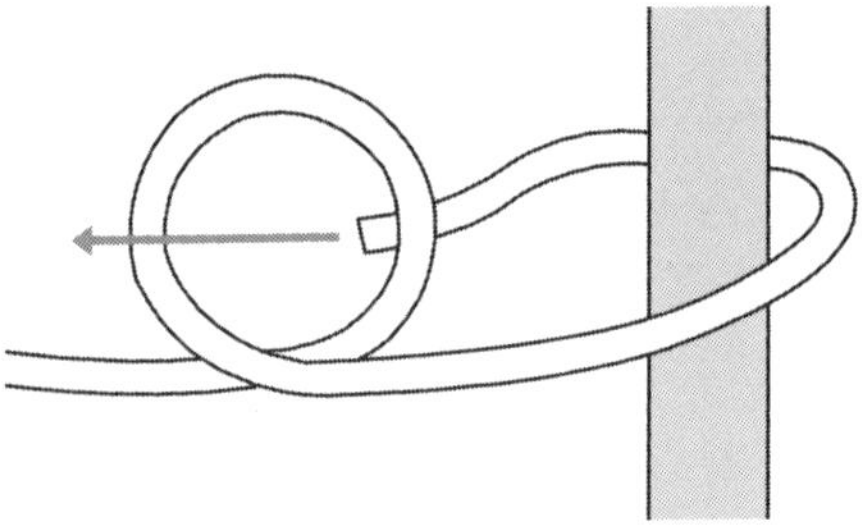

2 手前の輪の中に、
ひもの先端を通します。

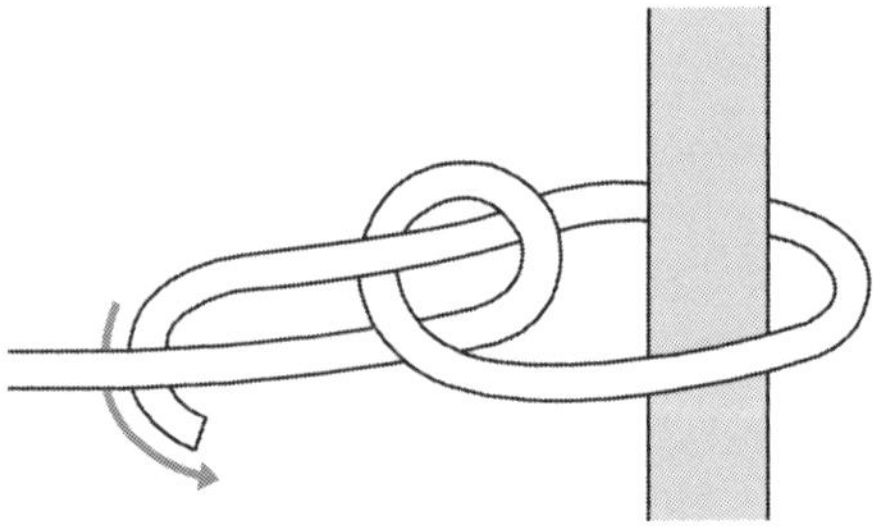

3 通したひもの先端を、
矢印のように下に重ねます。

植物が成長しても、輪を大きめに固定しておける「もやい結び」なら大丈夫です。支柱側は、P92～95の方法で結んでください。

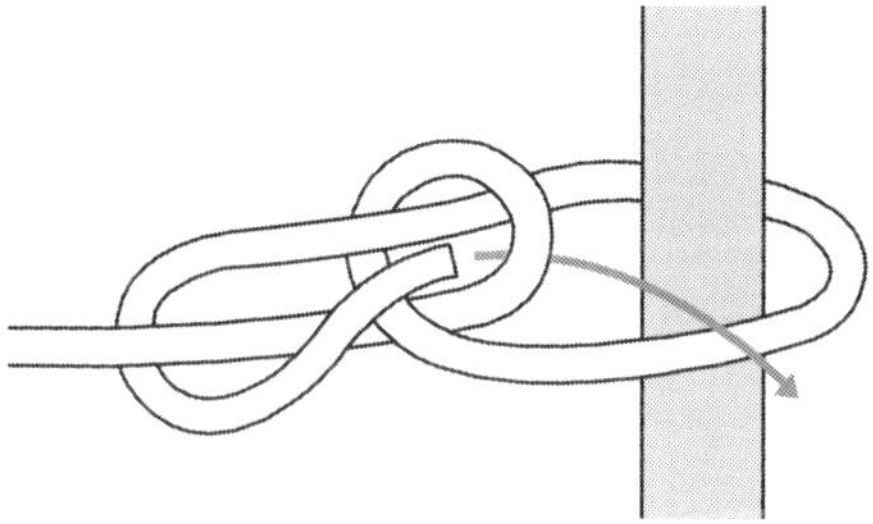

4 輪の中に再び通します。

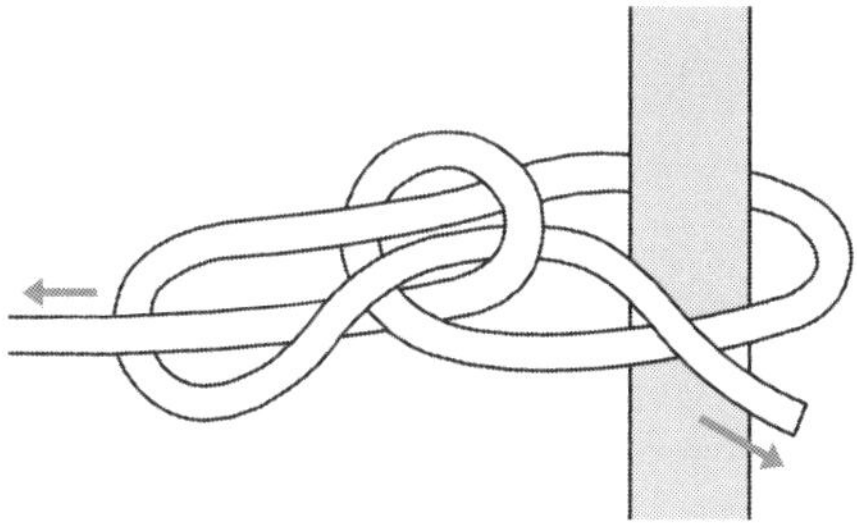

5 両端を引いて結び目を引き締め、完成です。

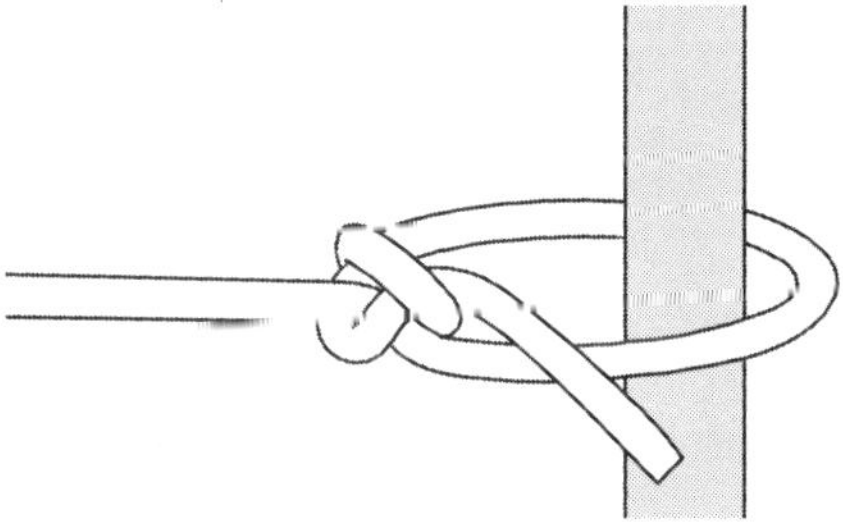

6 輪を大きく固定しておけます。

柵を作るときの結び方

ロープなどを使って、並べた杭同士を結びつけ、柵を作るときのやり方です。杭の間隔を狭めれば花壇の囲いなどにも。

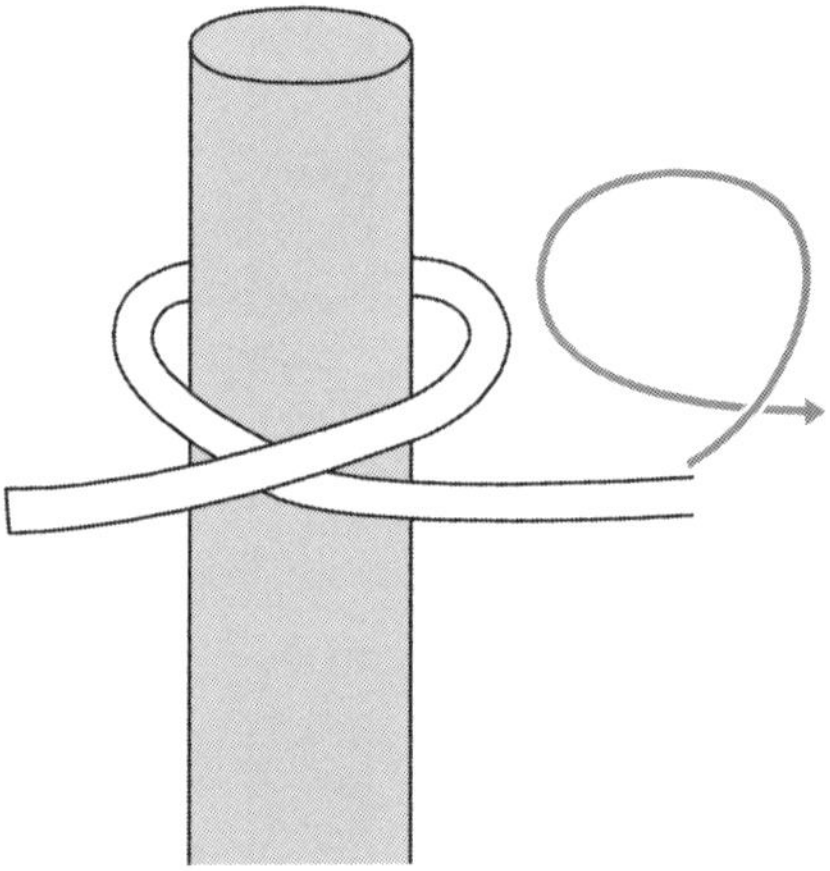

1 地面に打ち込んだ杭に、ロープを1回巻きつけます。下になった方のロープをひねって輪を作ります。

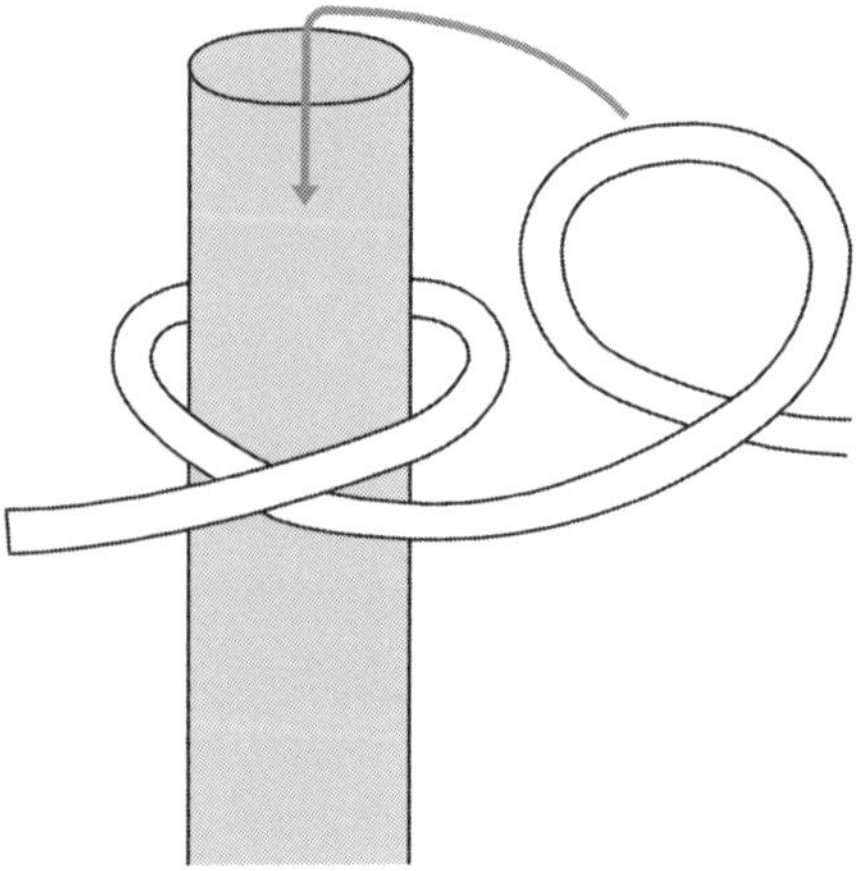

2 作った輪を杭の上からかぶせます。

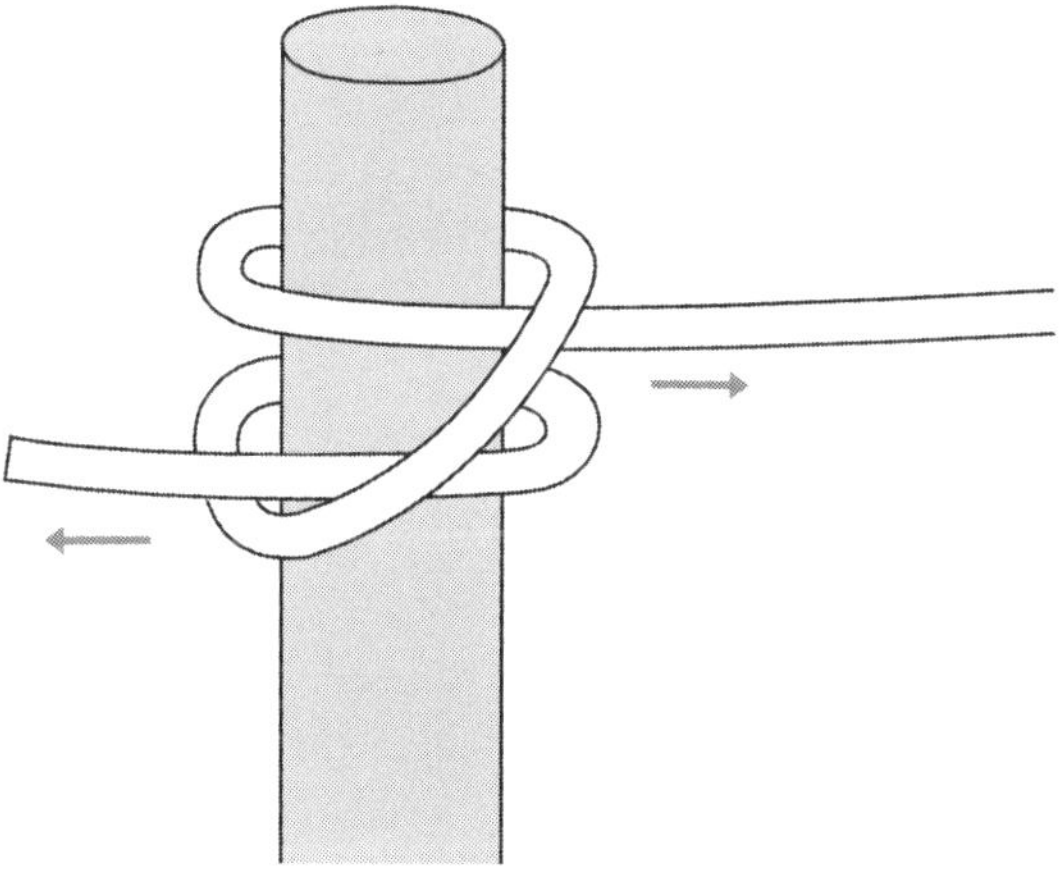

3 両端を引いて結び目を引き締めます。

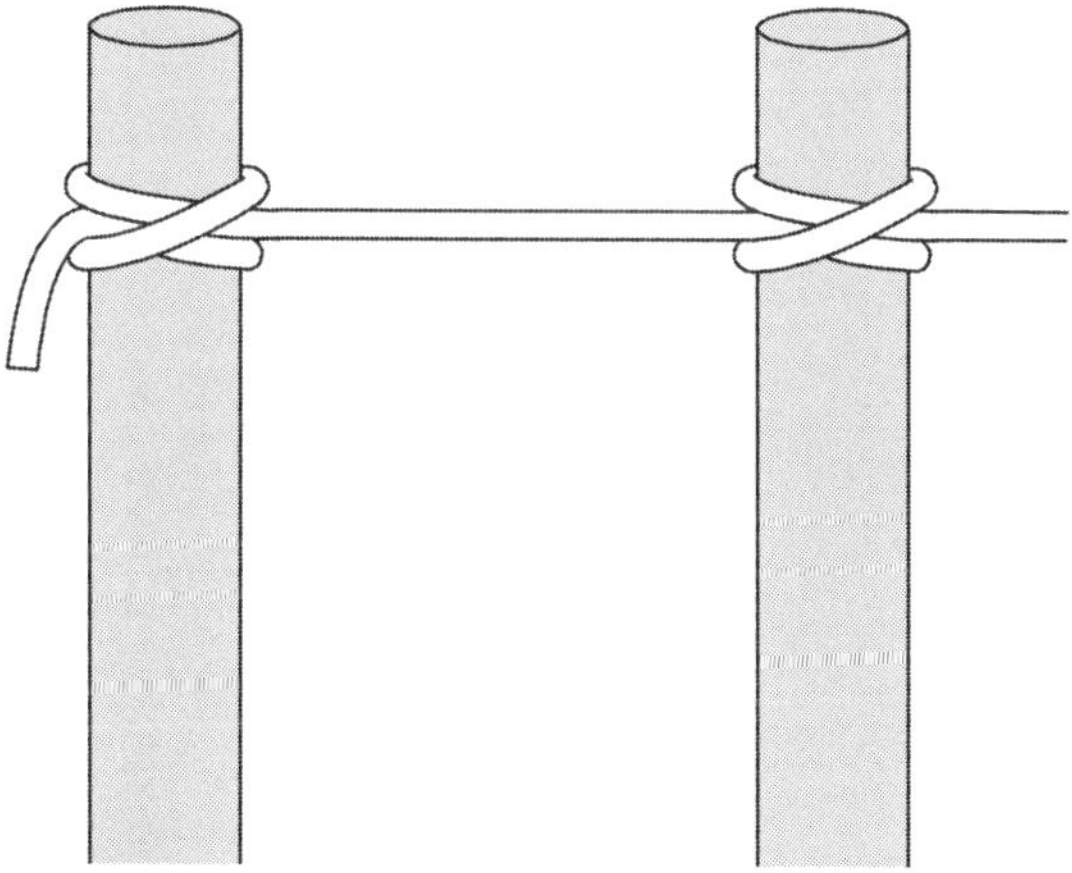

4 並べた杭に順に結びつけていきます。

垣根を固定する簡単な結び方

直角に交差する垣根を固定する結び方で、「垣根結び」「男結び」などと呼ばれる、日本の伝統的な結び方です。

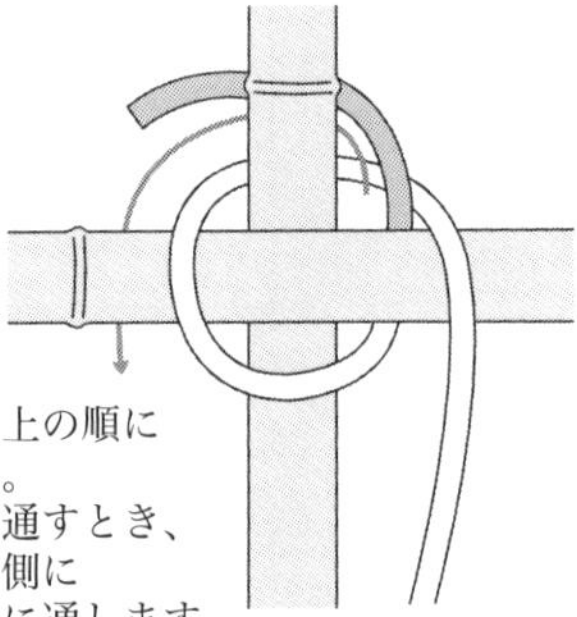

1

図のように、
垣根の交点に
右上〜左上〜
左下〜右下〜右上の順に
ひもを通します。
右下から右上に通すとき、
最初のひもの内側に
先端がくるように通します。

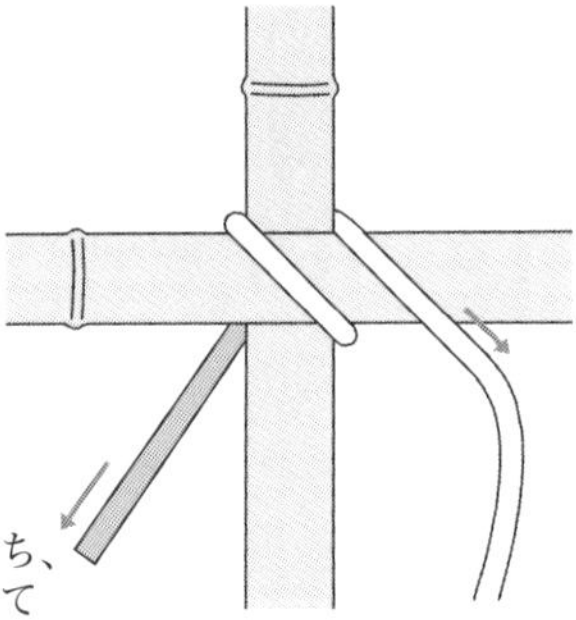

2

交点の左下から
手を入れて、
ひもの先端を持ち、
左下に強く引いて
結び目を引き締めます。

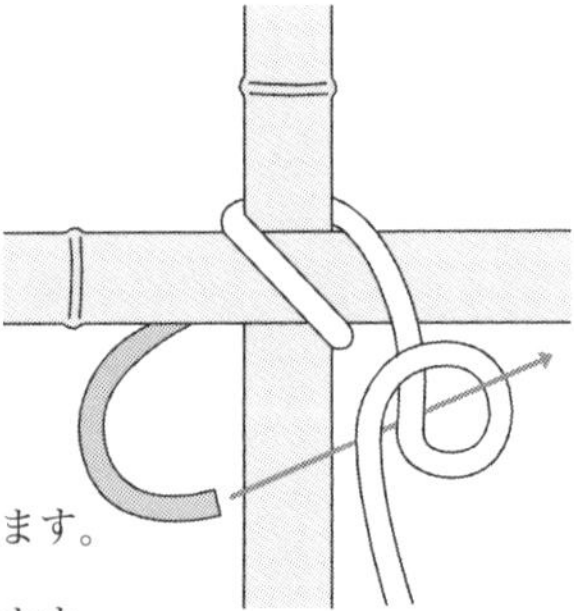

3

図のように
手前に輪を作ります。
ひもの先端を
下から輪に通します。

4 通した先端を、
同じ輪の中に
もう一度通します。

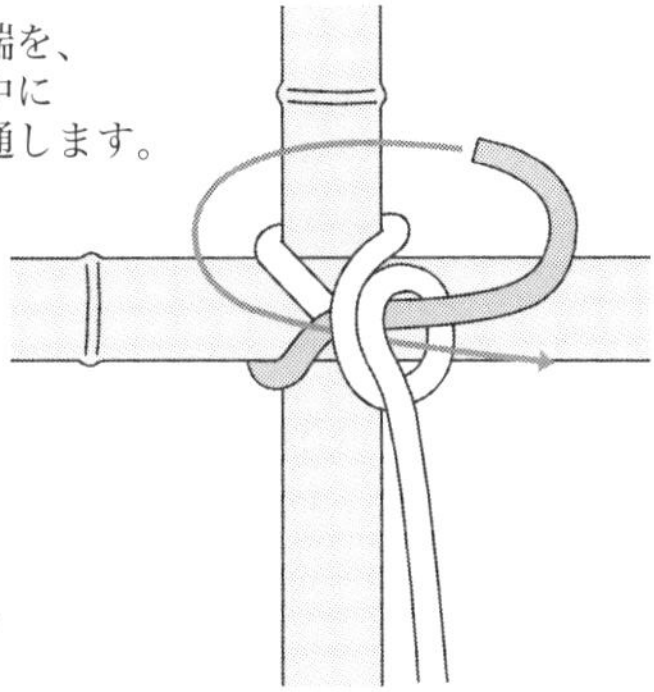

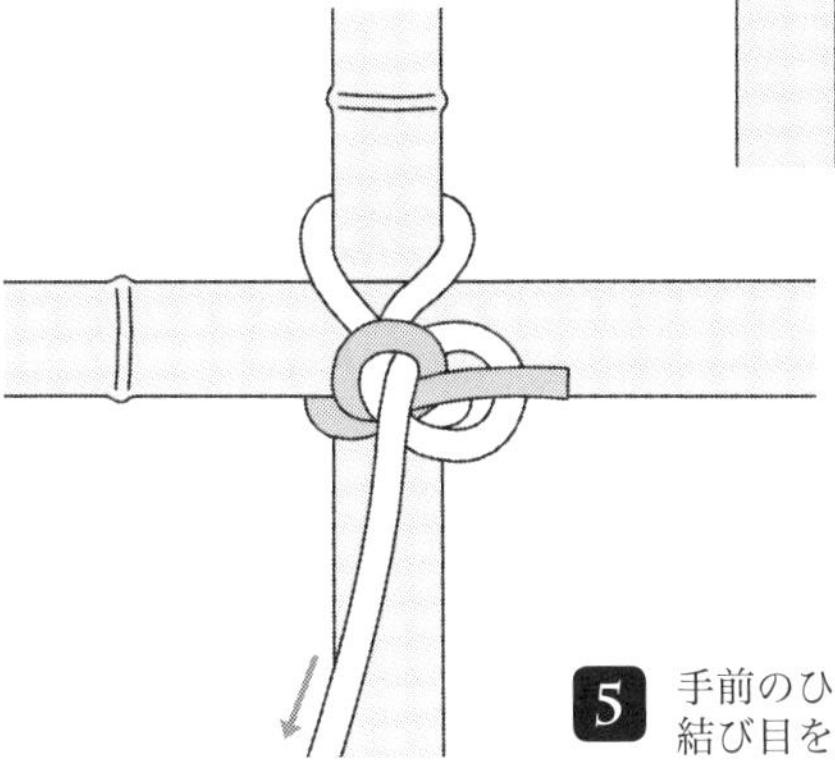

5 手前のひもを引いて
結び目を引き締めます。

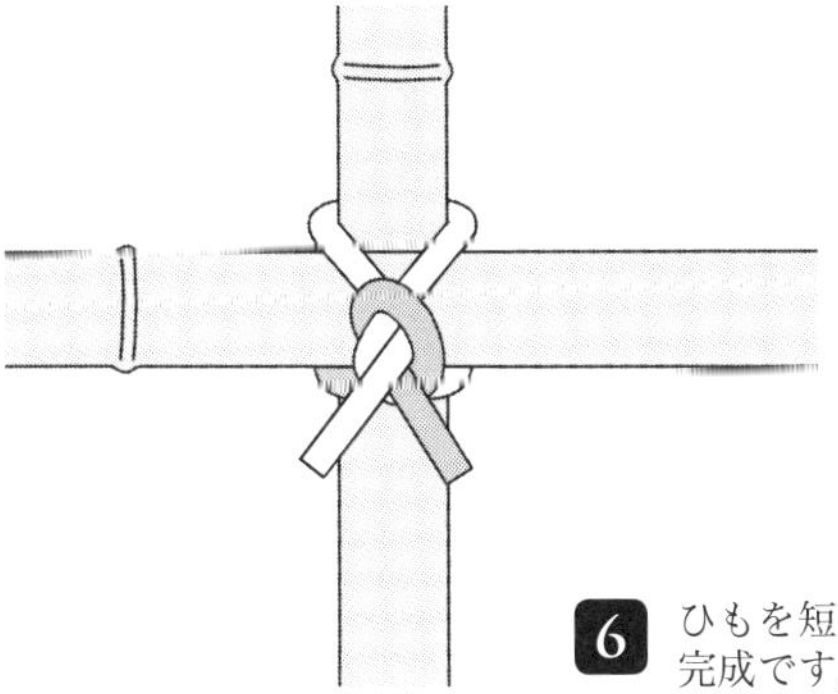

6 ひもを短く切って、
完成です。

竹垣などをしっかり組むときの結び方

竹を組み合わせた垣根作りなど、強度が必要なときの結び方です。最初に「巻き結び」（P94参照）で結んでからスタートです。

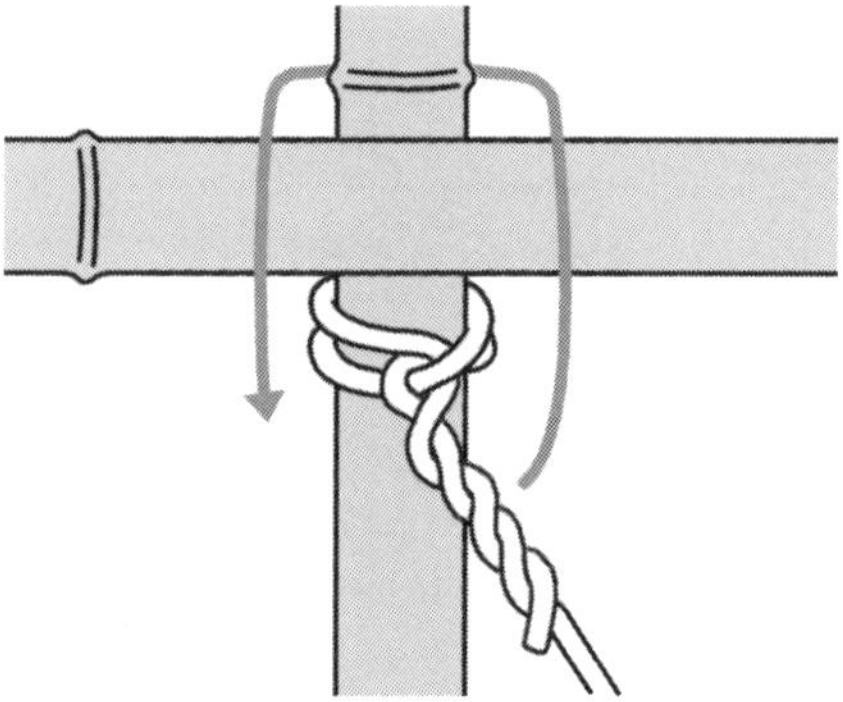

1 竹垣に巻き結び(P94参照)でひもを結びます。結んだのひもの両端を３回ほどねじり、矢印のように１回巻きつけます。

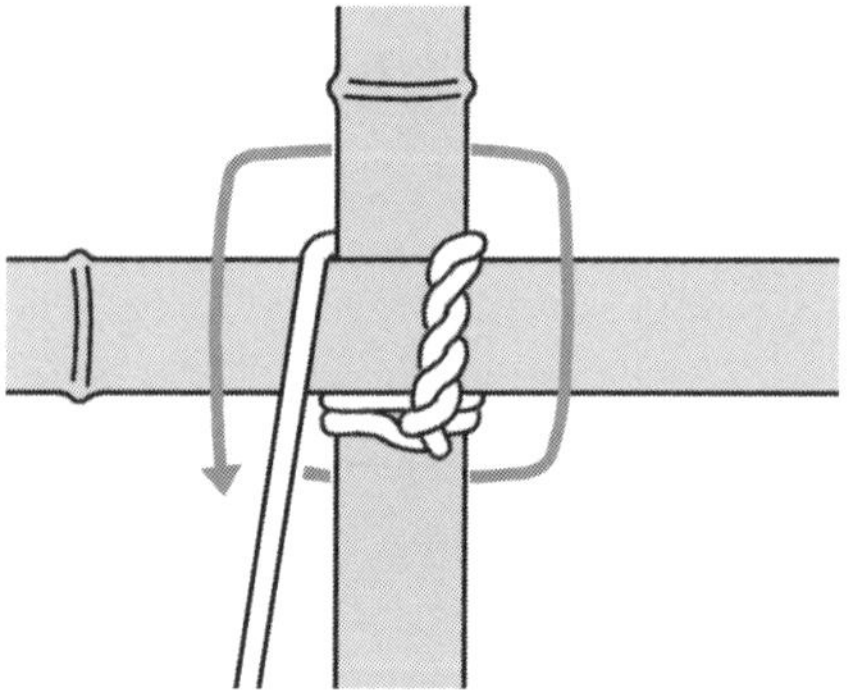

2 矢印のように竹の前後を交互に通るように巻きつけていきます。

3

同じように3回ほど、
ゆるまないよう
引き締めながら
巻きつけます。

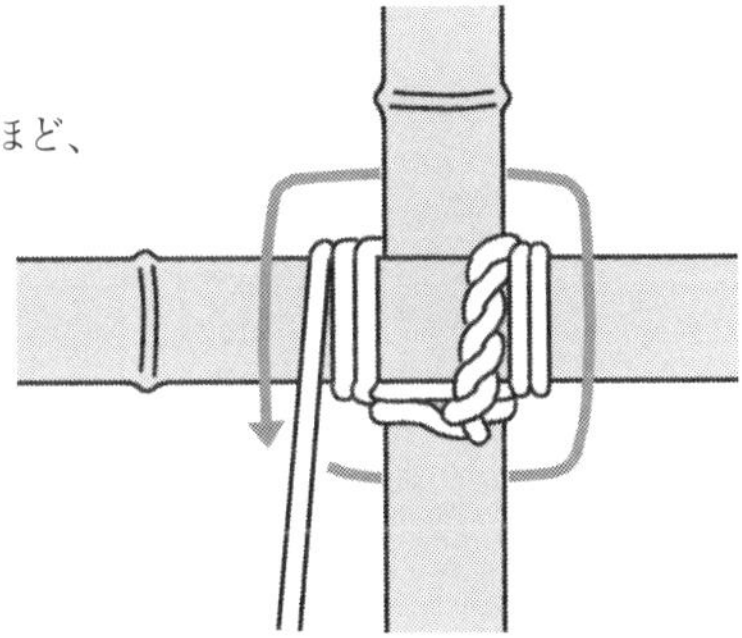

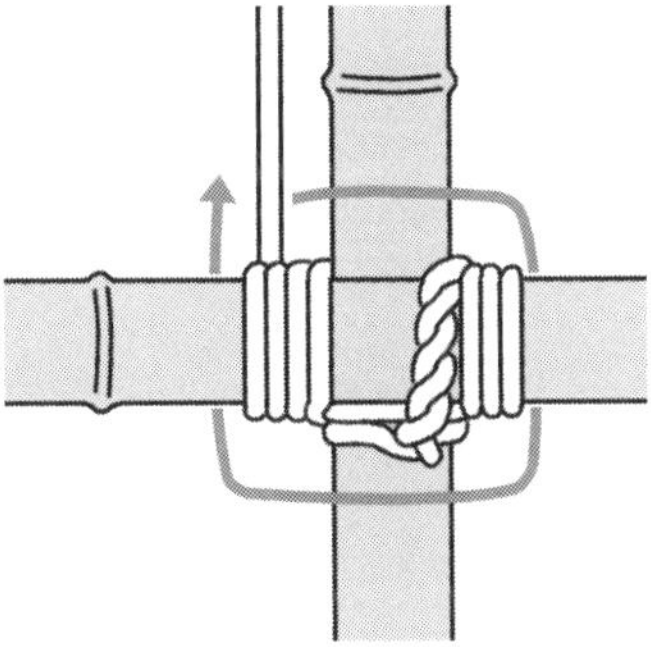

4

矢印のように縦と横の
竹の間にひもを2回ほど
ぐるぐる巻きます。

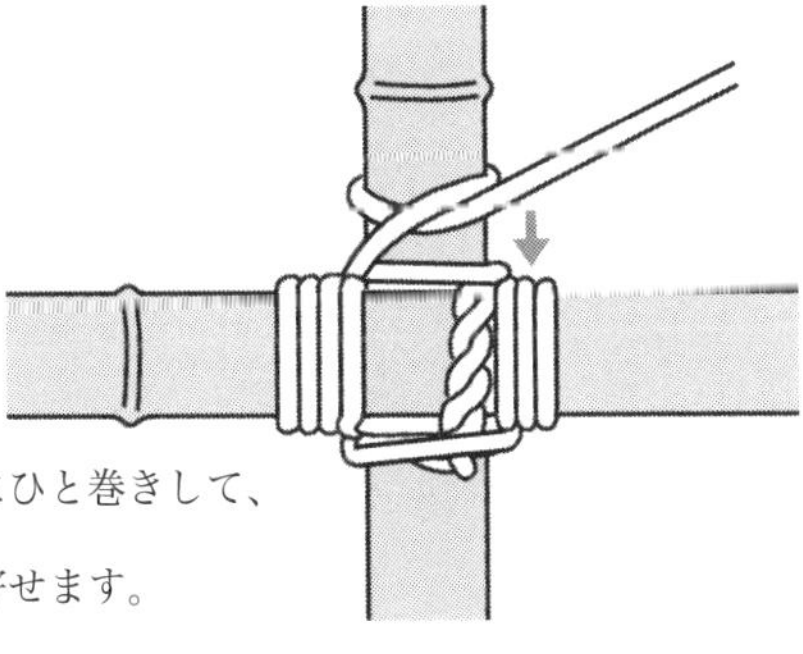

5

図のように竹にひと巻きして、
巻いた場所を
矢印の方向に寄せます。

※次のページへ続きます。

※前のページからの続きです。

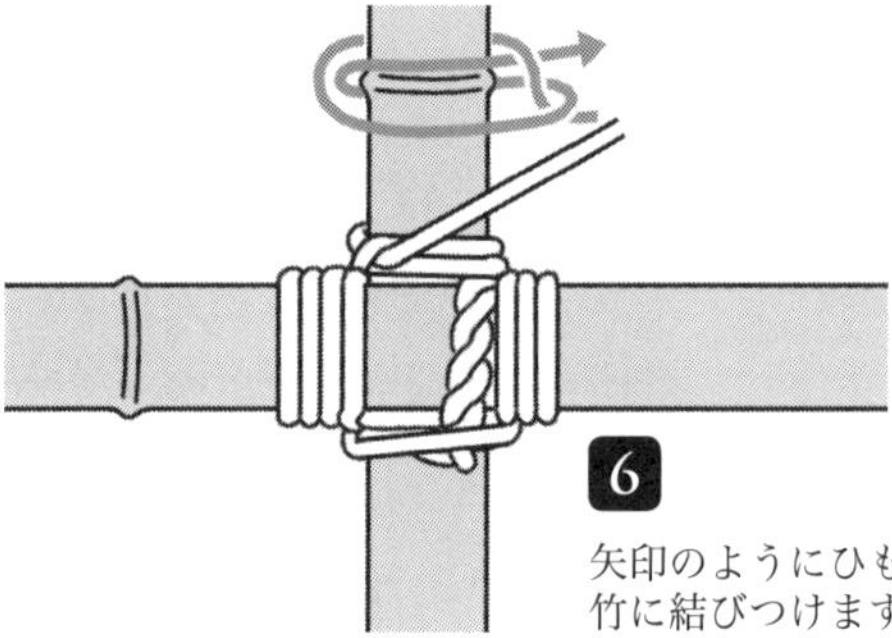

6

矢印のようにひもを
竹に結びつけます。

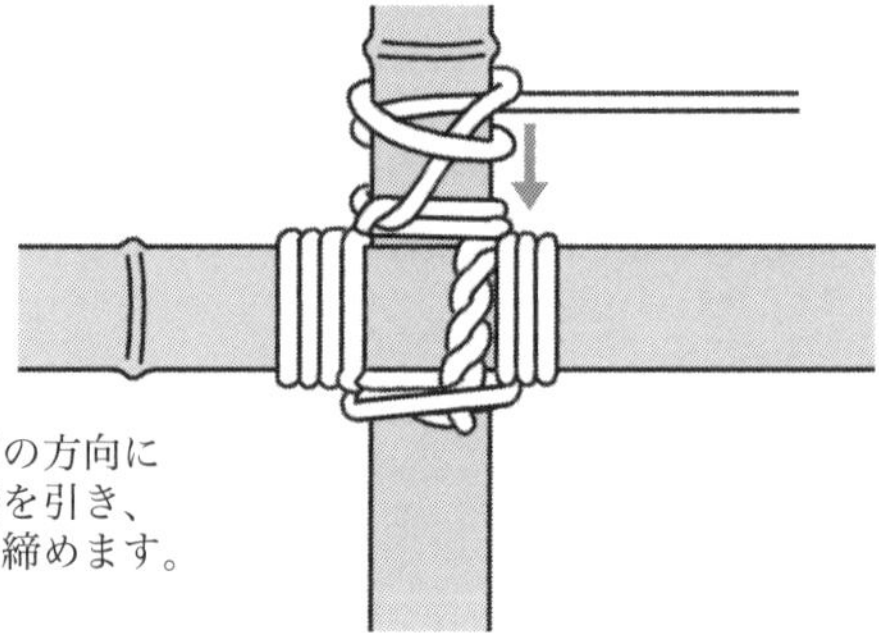

7

6でできた
結び目を矢印の方向に
寄せて、先端を引き、
結び目を引き締めます。

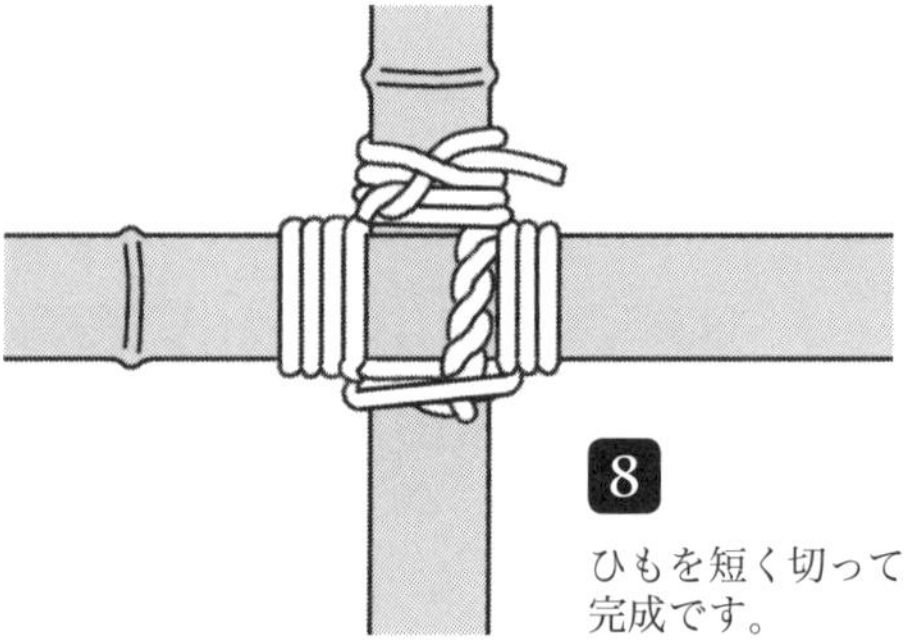

8

ひもを短く切って、
完成です。

第五章

料理で役立つ

チャーシューを作るときの
かたまり肉のしばり方から、
昆布の結び目を
一度にたくさん作る結び方まで、
料理を手際よく、仕上がりをキレイに
見せるための結び方を紹介します。

煮崩れしない かたまり肉のしばり方

煮豚や焼豚を作るときにかたまりの肉が煮崩れしないよう、あらかじめタコ糸でしばっておくときの、ひものしばり方です。

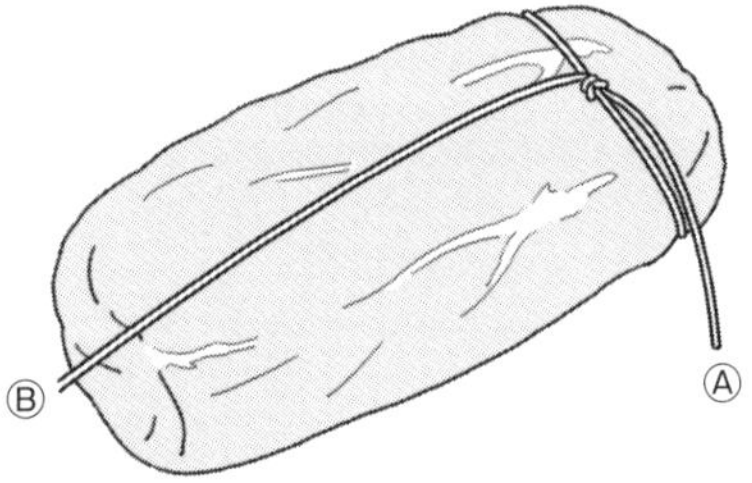

1 タコ糸でかたまり肉の先端から約２㎝ぐらいのところを巻いて本結び(P12参照)で留めます。Ⓐを短く、Ⓑを長くとっておきます。

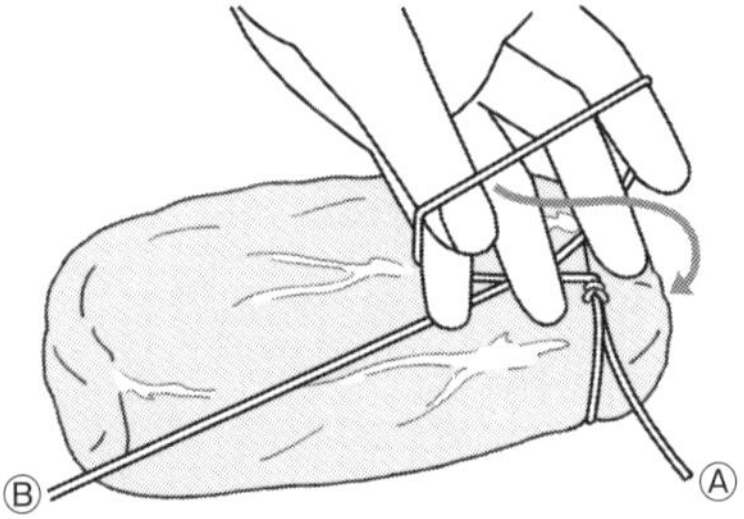

2 輪を作るように、左手に糸Ⓑをかけ矢印の方向に輪を動かします。

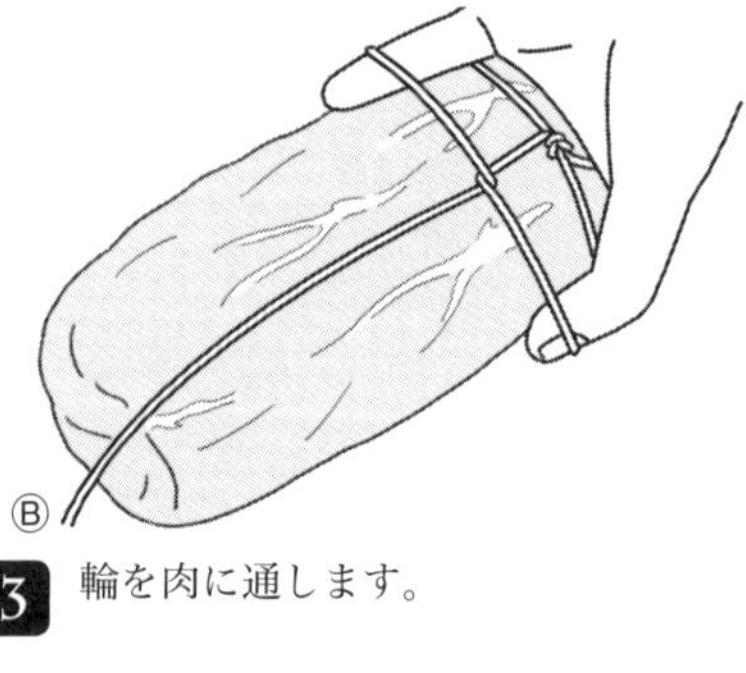

3 輪を肉に通します。

4

糸が交差したところが
十字になるよう、
調節しながら、
２㎝程度開けて
等間隔で同じように
糸を掛けていきます。

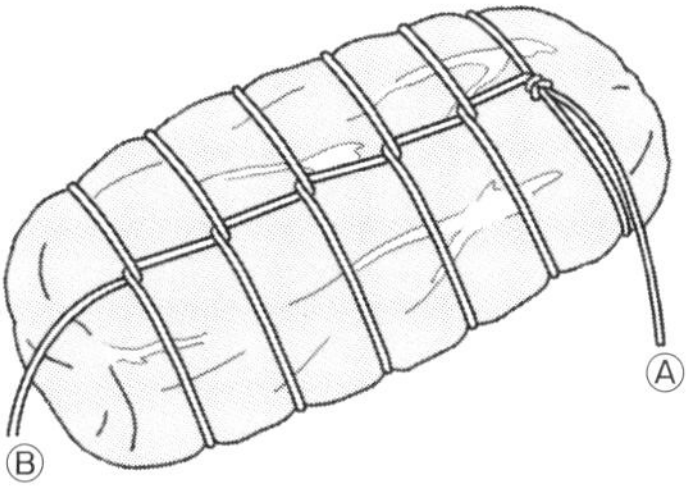

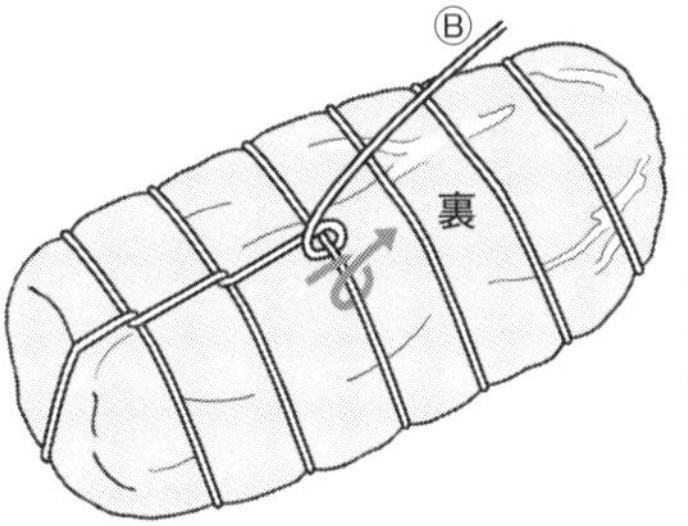

5

肉を裏返して、平行に
かかっているタコ糸に、
矢印のようにⒷを十字に
掛けていきます。

6

一番上まで
糸を掛けたら、
肉を表に返し、
ⒶとⒷのひもの両端を
本結び(P12参照)で
留めます。

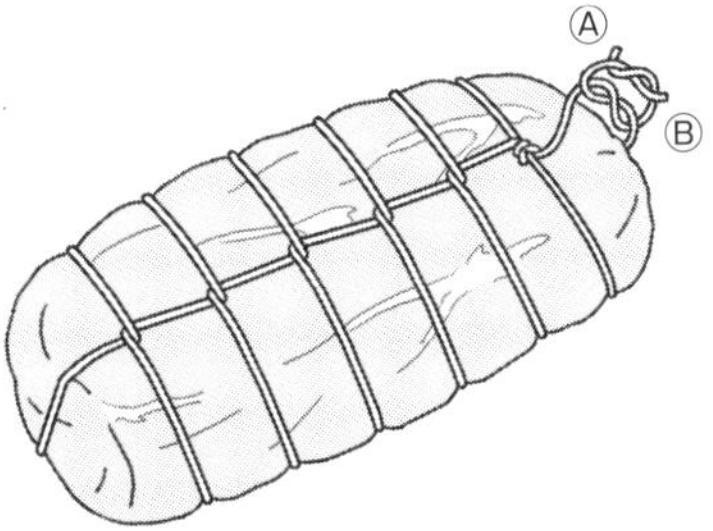

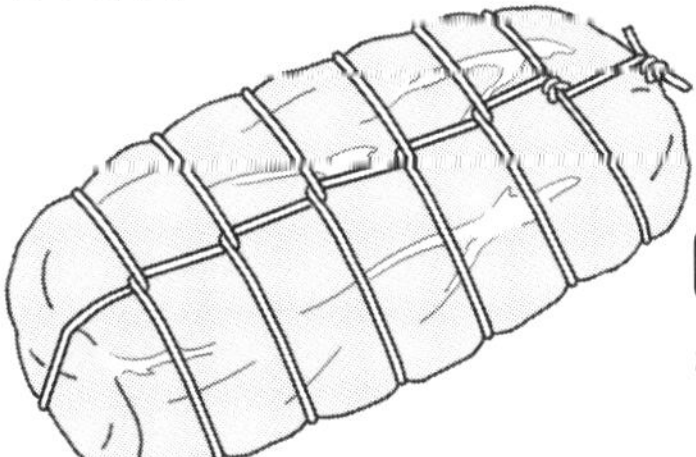

7

結び目のところで
少し長さを残し、
糸を切って完成です。

ブーケガルニのバラバラにならないしばり方

肉の煮込み料理などに使われるブーケガルニ。ローリエ1～2枚で、パセリの茎やタイムなどの香草類を巻いてタコ糸でしばります。

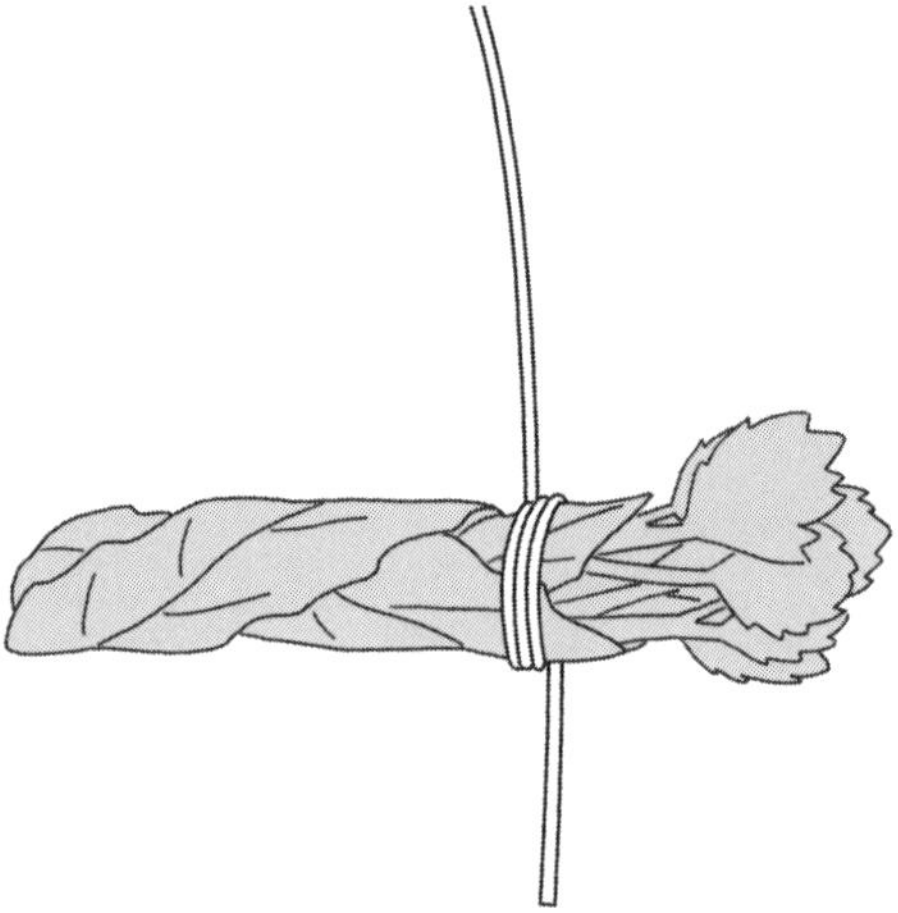

1 ローリエで香草を巻いたブーケガルニの右側を、タコ糸で3回巻きます。

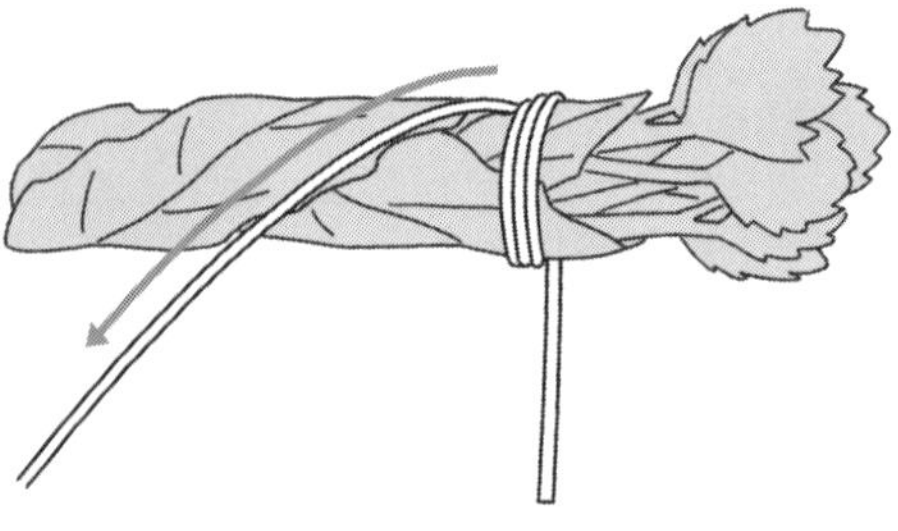

2 左側に向かって、斜めにタコ糸を掛けます。

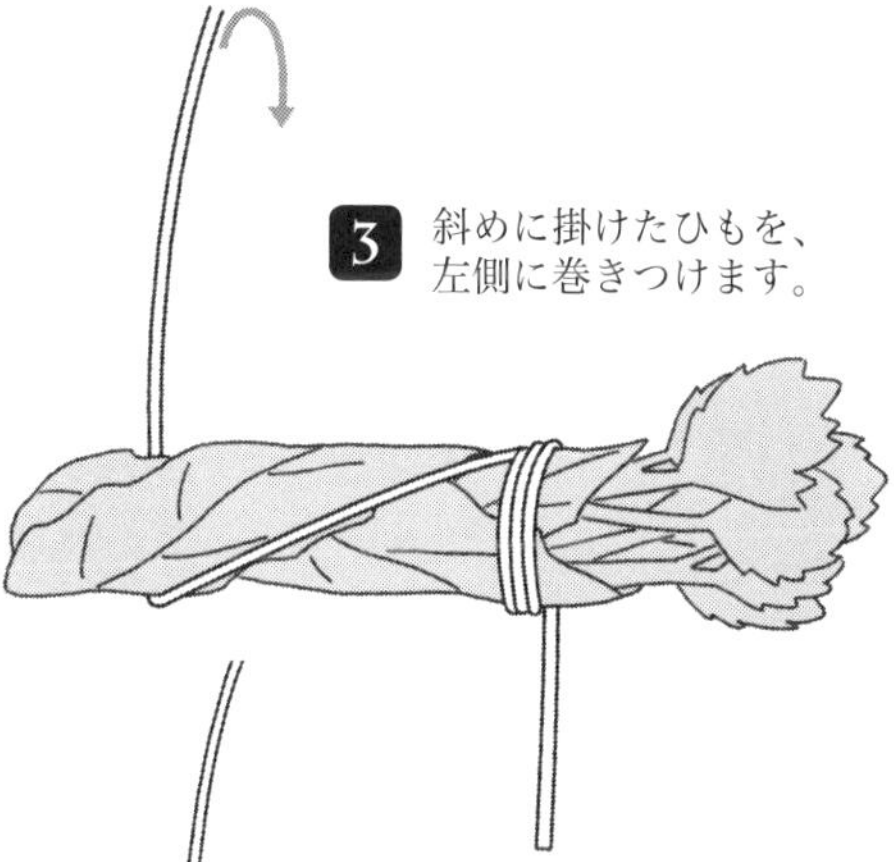

3 斜めに掛けたひもを、
左側に巻きつけます。

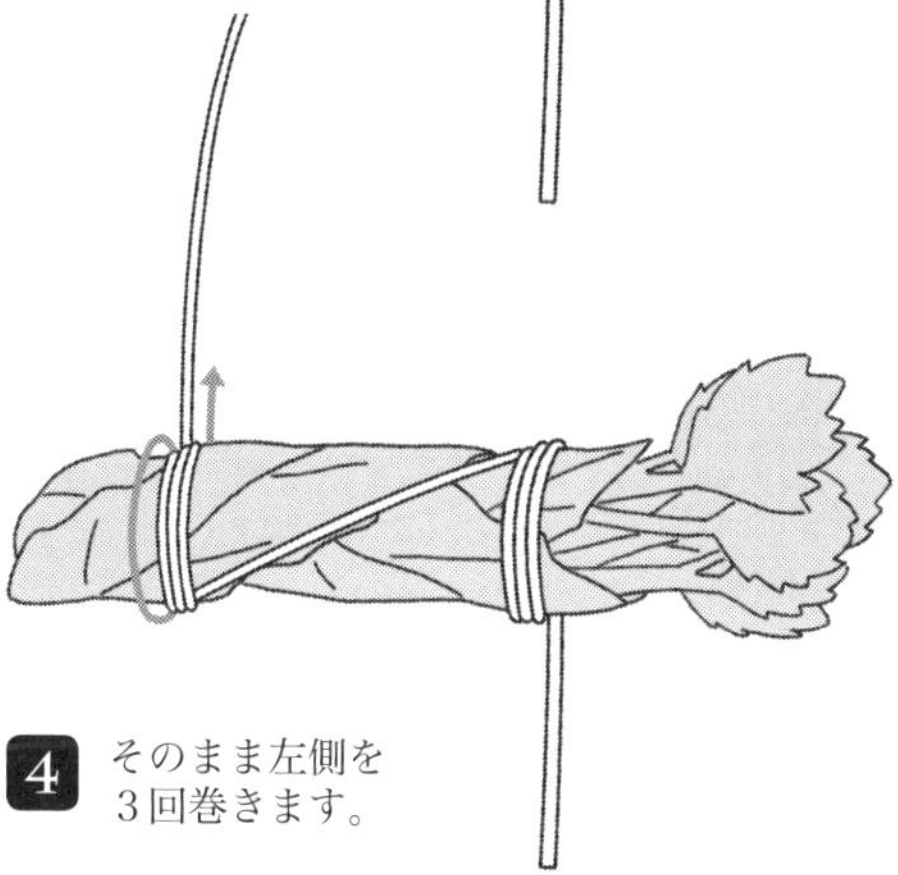

4 そのまま左側を
3回巻きます。

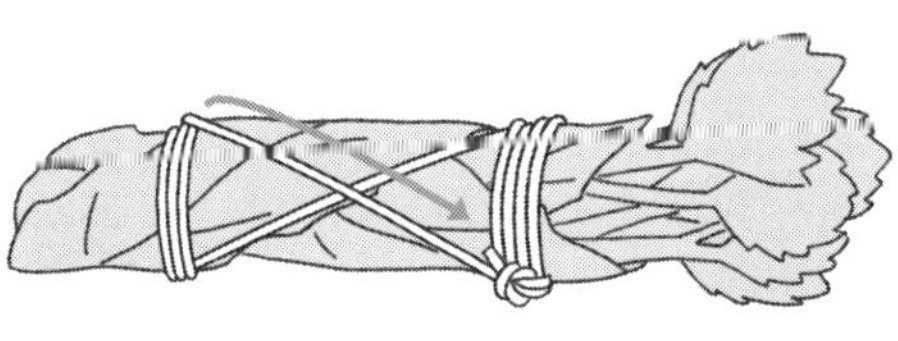

5 右側に向かって斜めにタコ糸をかけ、
両端を本結び(P12参照)で留めて完成です。

昆布の結び目を一度にたくさん作る結び方

料理に使う「結び昆布」は、先に結び目を作ってから切ると簡単。この結び方なら一度にいくつも結び目を作ることができます。

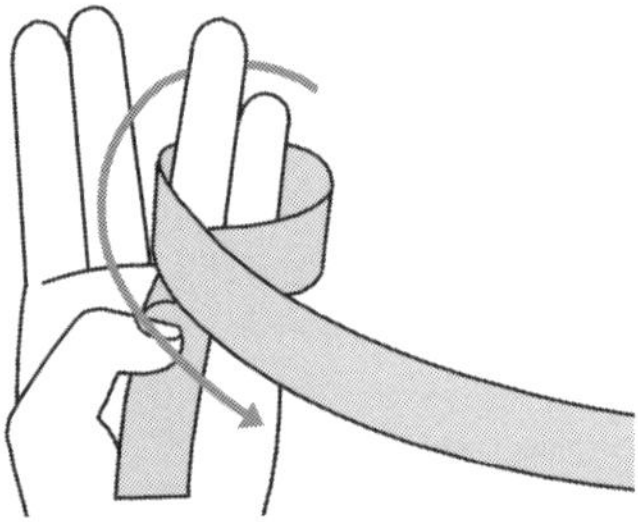

1 細く切った昆布の端を、
左手の親指で押さえ、
薬指と小指に図のように巻きます。

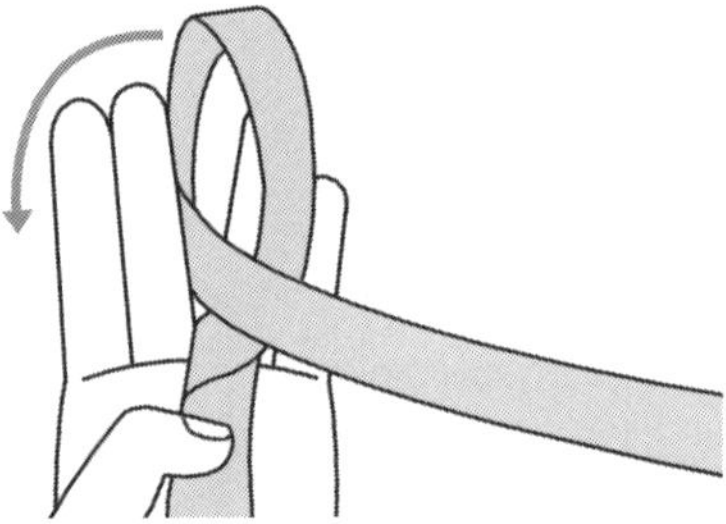

2 1でできた輪を右手でつまんで、
人差し指と中指に移します。

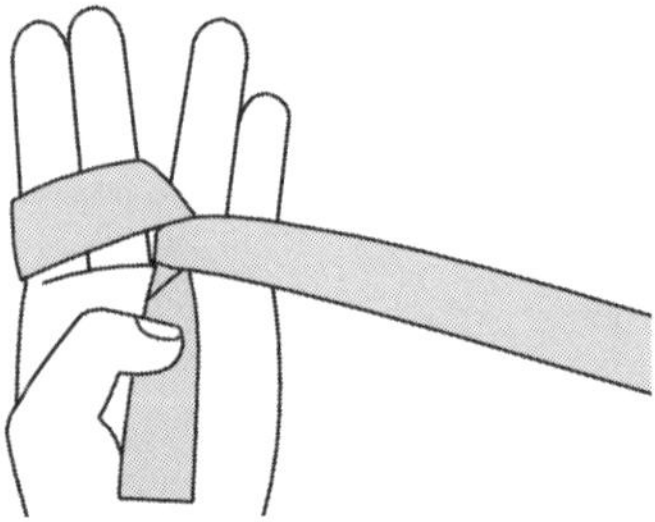

3 このように、昆布が人差し指と
中指に巻かれた状態になります。

4

さらに昆布を
薬指と小指に
巻きます。

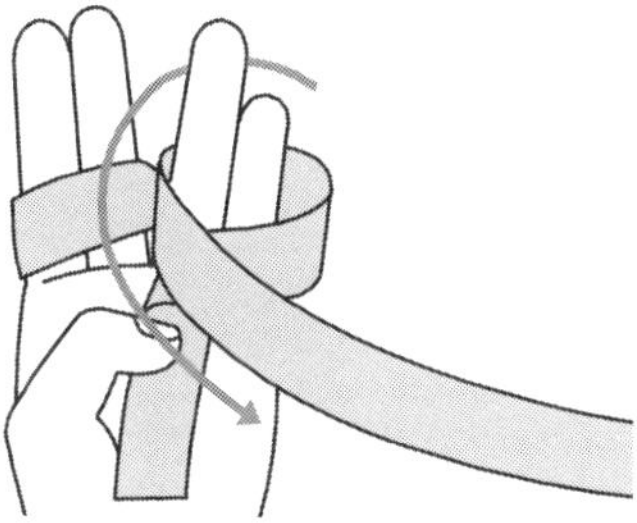

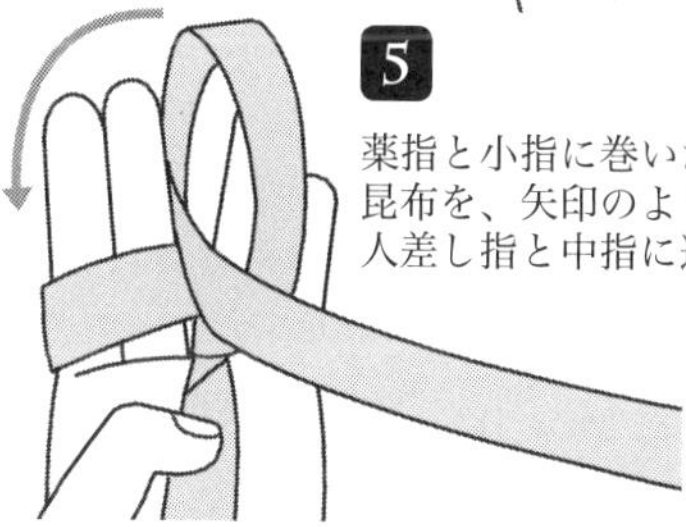

5

薬指と小指に巻いた
昆布を、矢印のように
人差し指と中指に通します。

6

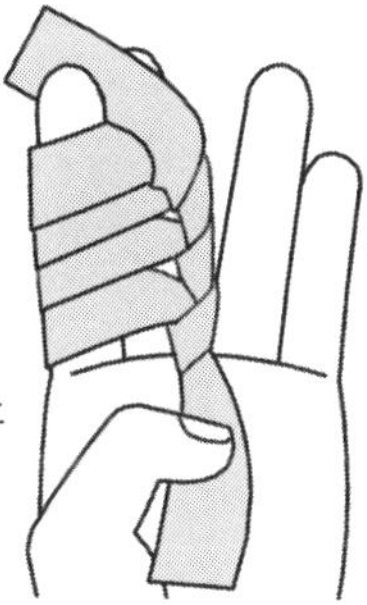

1～5を繰り返し、人差し指と
中指に昆布を巻きつけていき、
昆布の端を人差し指と中指で
しっかりつまみます。

7

左手の親指で押さえていた端を右手で持ち、
左手の人差し指と中指でつまんでいる反対の端は
しっかりつまんだまま、巻きつけた輪が２本の
指から抜けるように、指先の方向へ
引っ張ると、巻きつけた数だけ
結び目ができます。
手でしごくようにして
結び目の位置を整え、
結び目と結び目の
間を切り離して、
完成です。

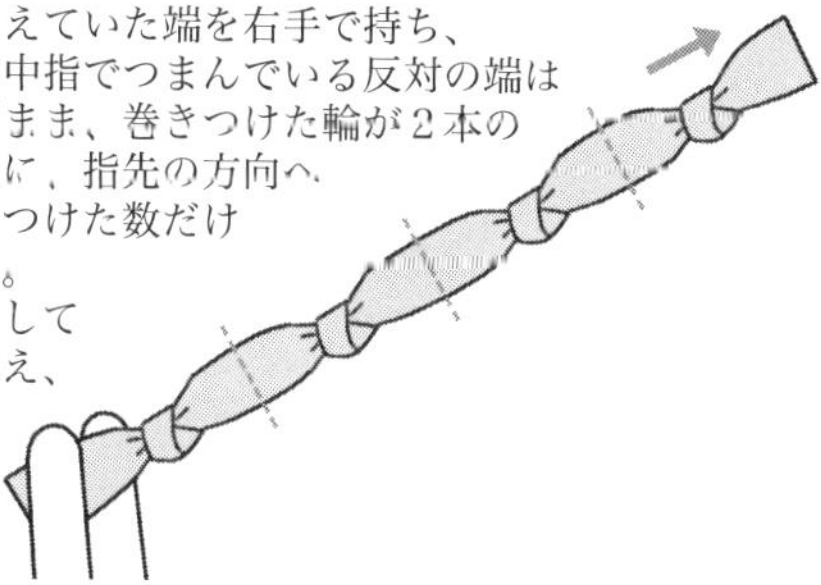

昆布巻きのかんぴょうの美しい結び方

昆布巻きを作るときに、水で戻したかんぴょうで、くるくる巻いた昆布を結ぶ方法です。

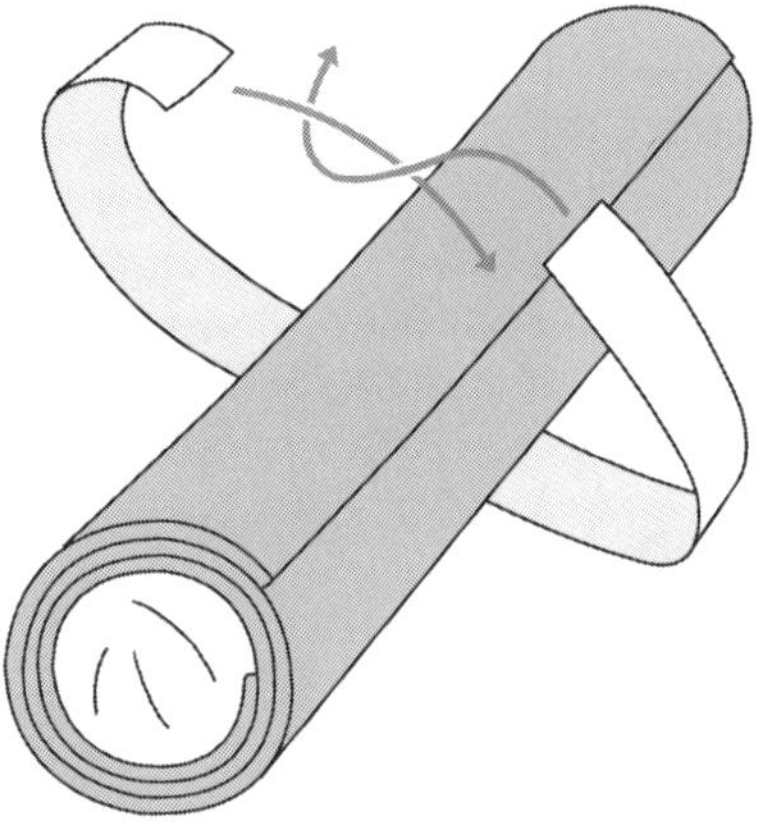

1 巻いた昆布の中央に、かんぴょうを１回巻きつけ、先端を矢印のように通します。

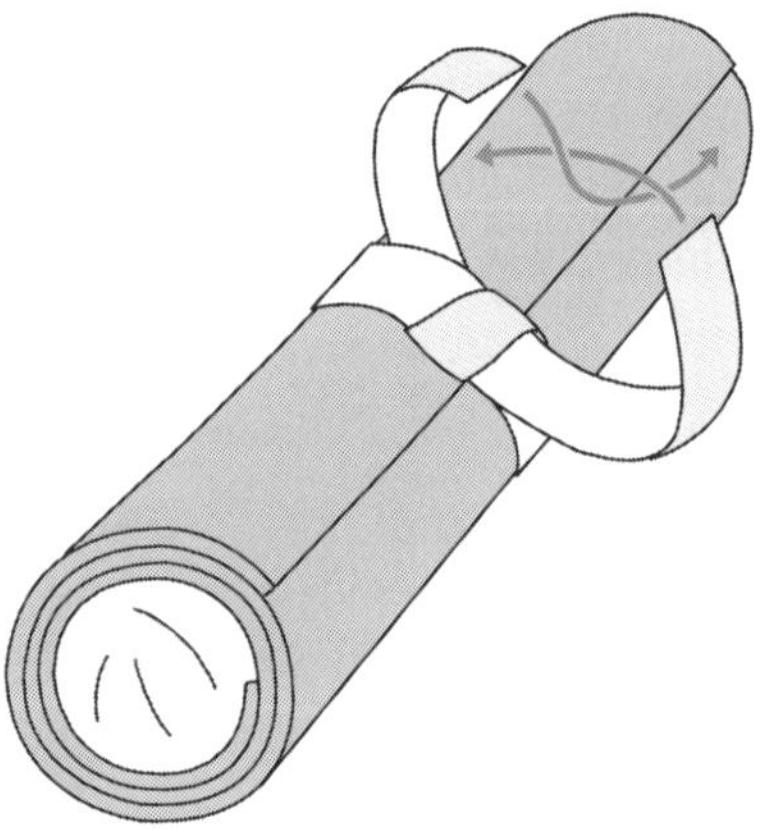

2 本結び(P12参照)の手順で矢印のようにひもを結びます。

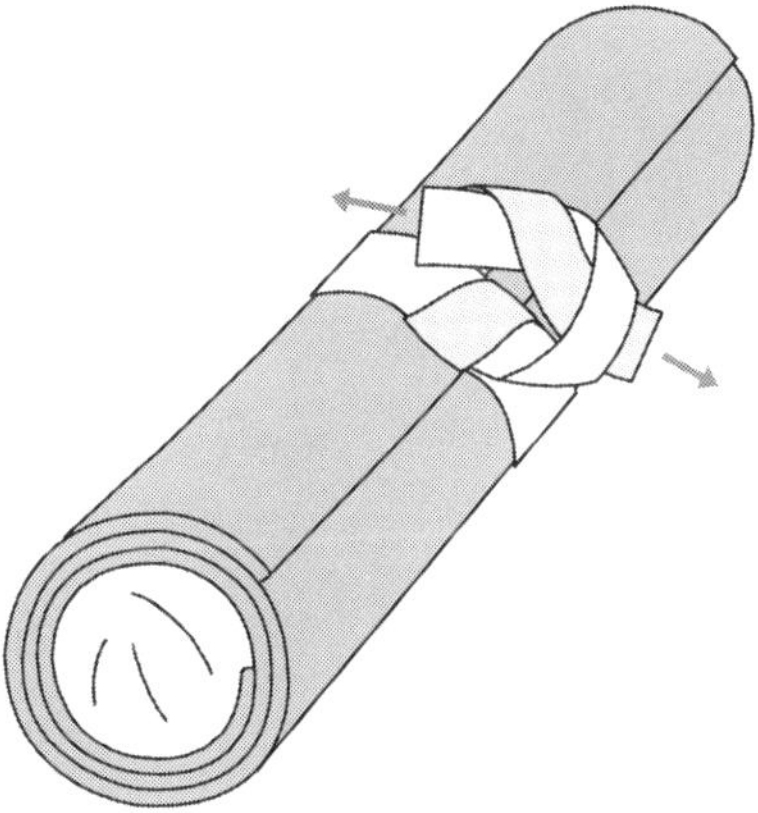

3 引っ張って結び目を締めます。

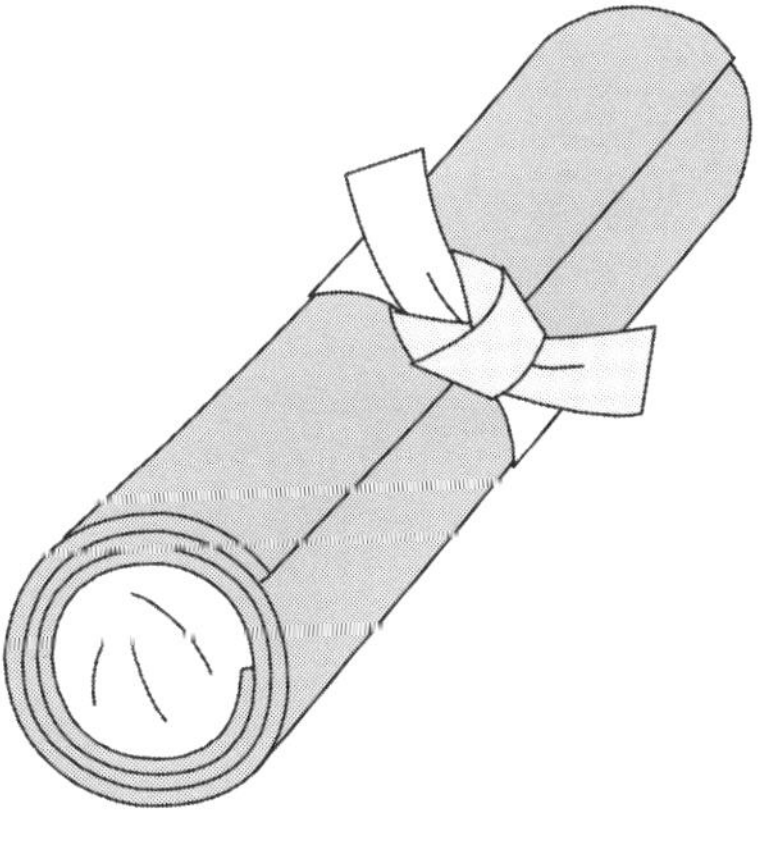

4 完成です。

タマネギ・ニンニクを軒先に吊るすときの結び方

タマネギやニンニクが、家庭菜園などでたくさん収穫できたとき、風通しの良い場所に吊るしておくと長持ちします。

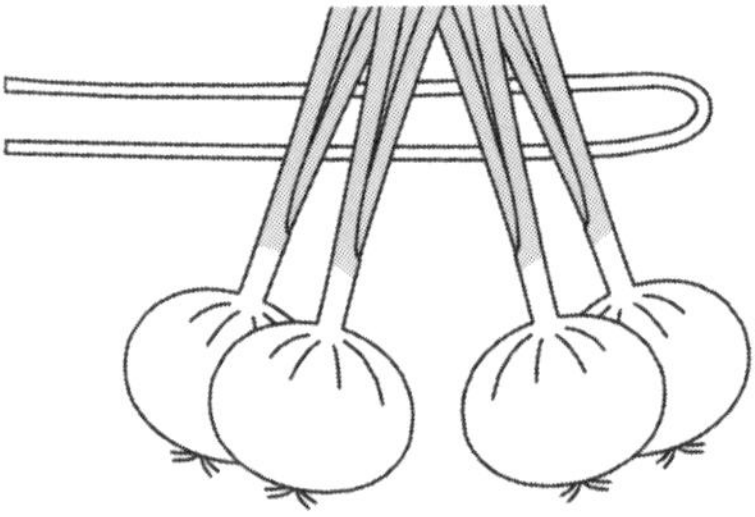

1 ひもを二つ折りにして
タマネギの下に通します。

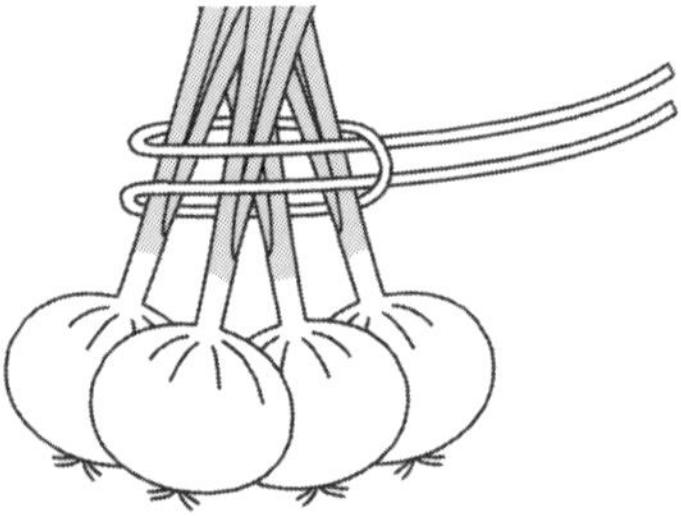

2 ひもの端を、
折って輪になった部分に通します。

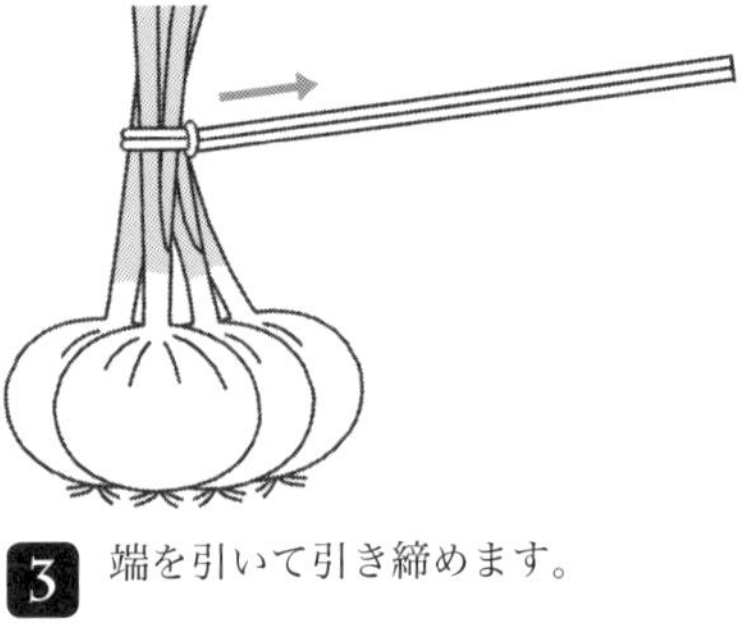

3 端を引いて引き締めます。

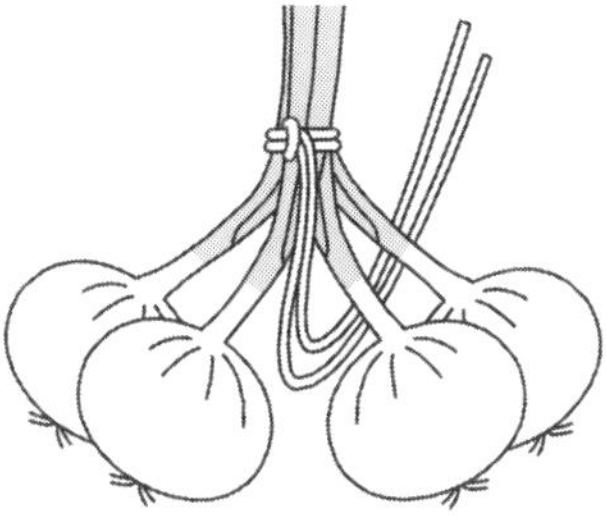

4 タマネギの間に通し、
ひもの端が上を向くようにします。

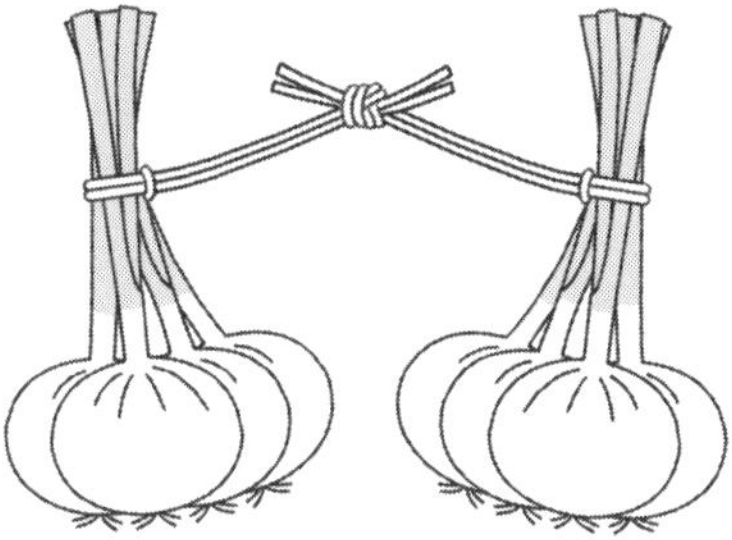

5 同じように、もう一組タマネギをひもで結びます。
ひもの端同士を本結び(P12参照)で結びます。

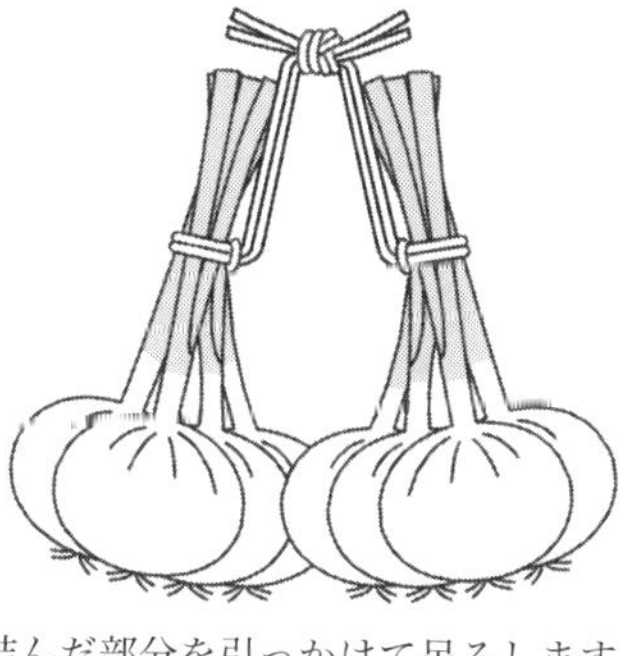

6 結んだ部分を引っかけて吊るします。

トウガラシを吊るして干すときのしばり方

トウガラシを吊るして干し、乾燥させて保存するときに役立つしばり方です。生のトウガラシをたくさん収穫したときなどに便利です。

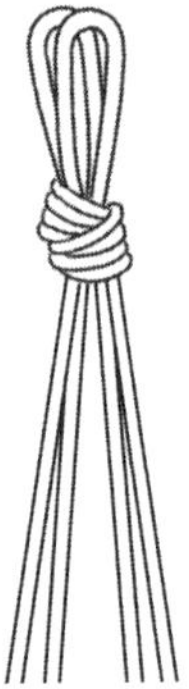

1

２本束ねたひもを
二つ折りにして
輪を作り、
１回結びます。

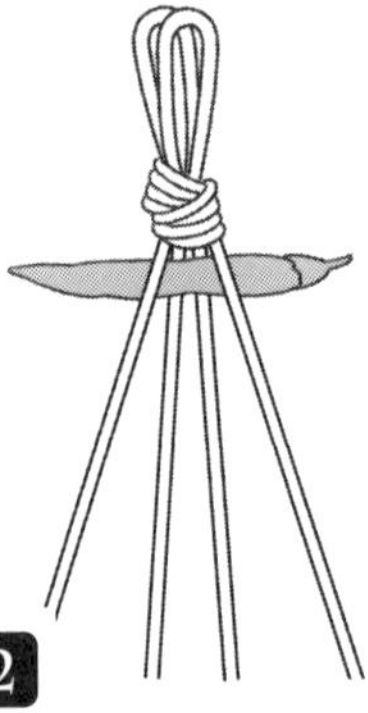

2

中央の２本のひもの上に
トウガラシを置き、
両端の２本のひもは
トウガラシの
上に置きます。

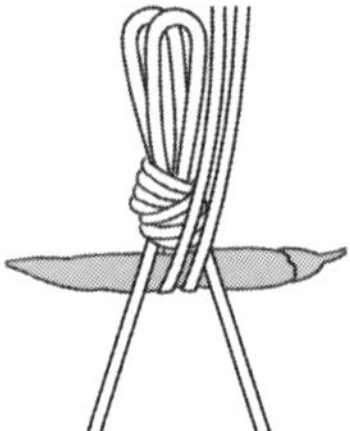

3

中央のひもを
持ちあげます。

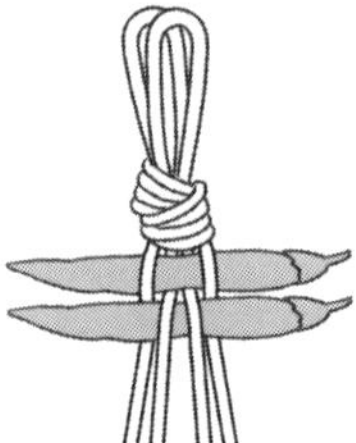

4

今度は、
両端のひもの上に
トウガラシを置き、
中央の２本のひもは
トウガラシの上に
置きます。

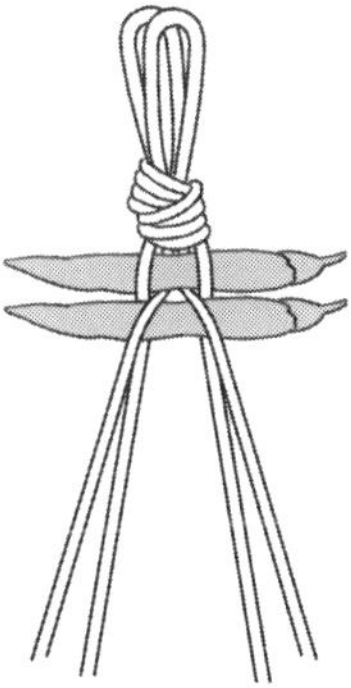

5

中央の２本を、
左右それぞれ両端の
２本の外に出します。

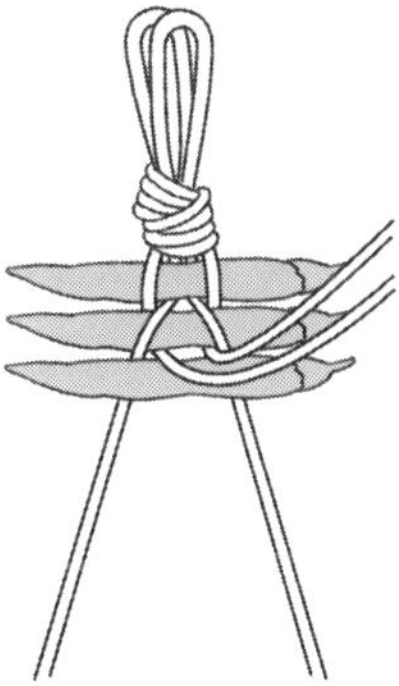

6

3のように中央のひもを
持ちあげ、4と同様に
トウガラシを置きます。

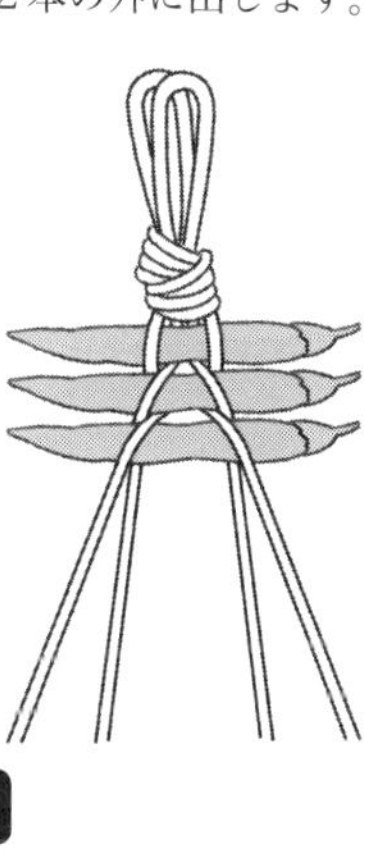

7

中央の２本を、
左右それぞれ両端の
２本の外に出します。
繰り返してトウガラシを
しばっていきます。

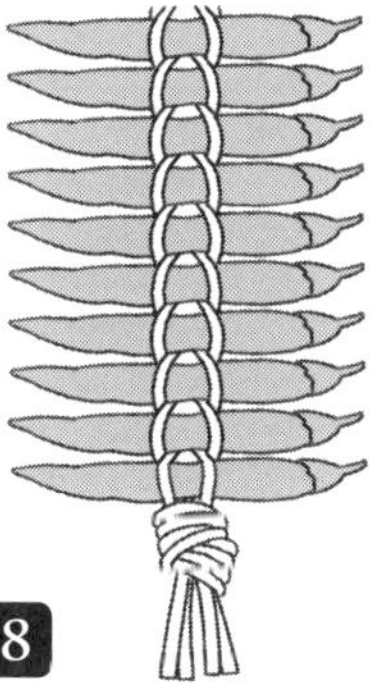

8

好きな長さまで
同じようにしばり、
先端を４本揃えて
１回結んで完成です。

たくあん大根を吊るして干すときの結び方

たくさん採れた大根を、たくあん用に干すときの結び方。作った輪を重ねるだけですが、落ちないように結べます。

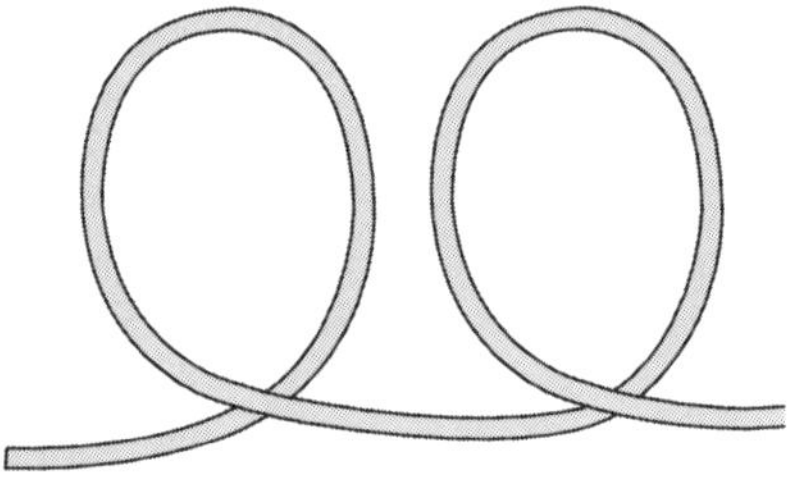

1 先に左の輪を作り、次に右の輪を作ります。

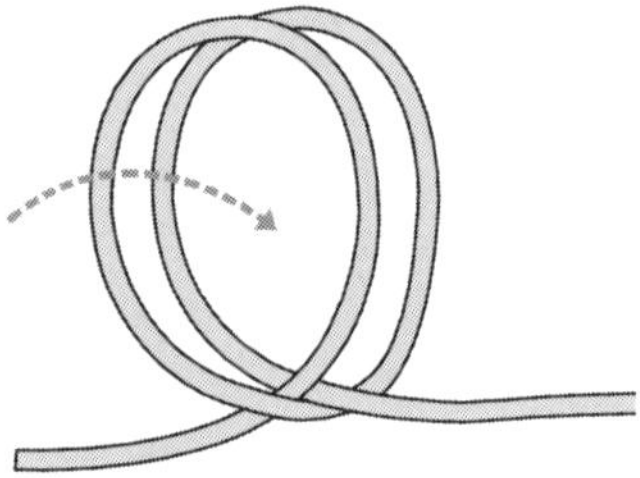

2 先に作った左側の輪を、後から作った右側の輪の上に重ねます。

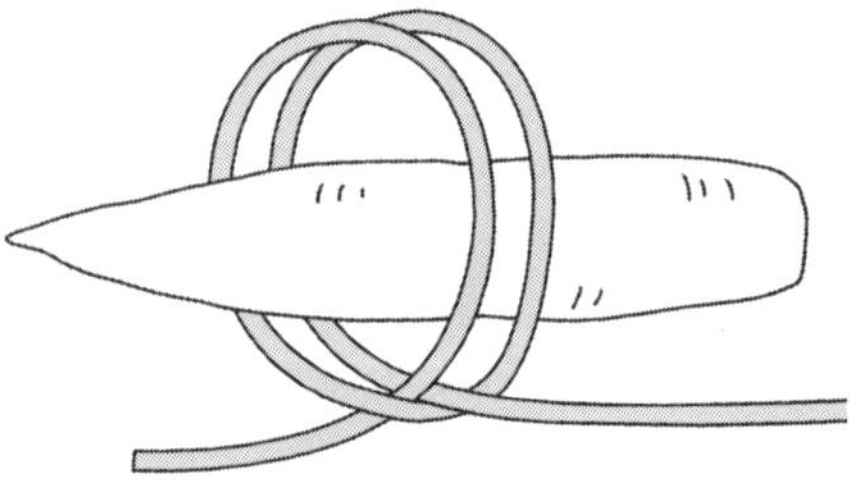

3 輪の間に大根を通します。

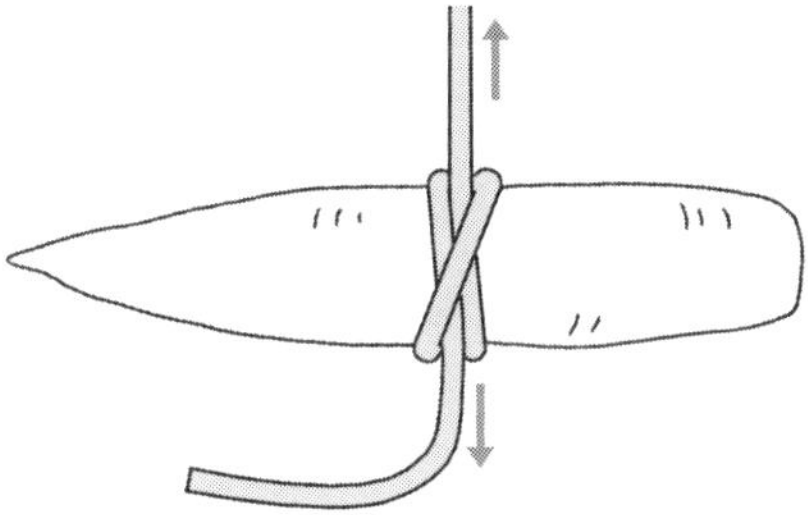

4 ２つの輪がくっつくように、
ひもの両端をギュッと引っ張ります。

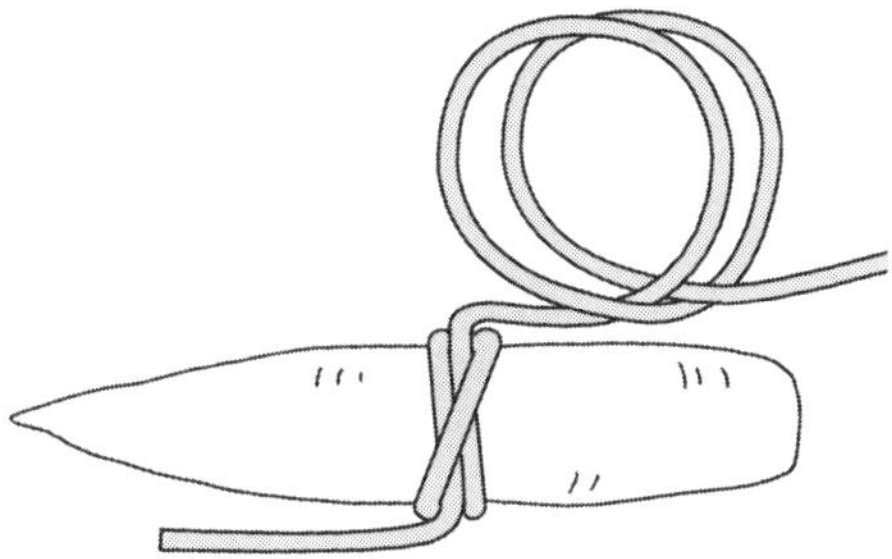

5 同じようにして輪を作り、大根を入れます。

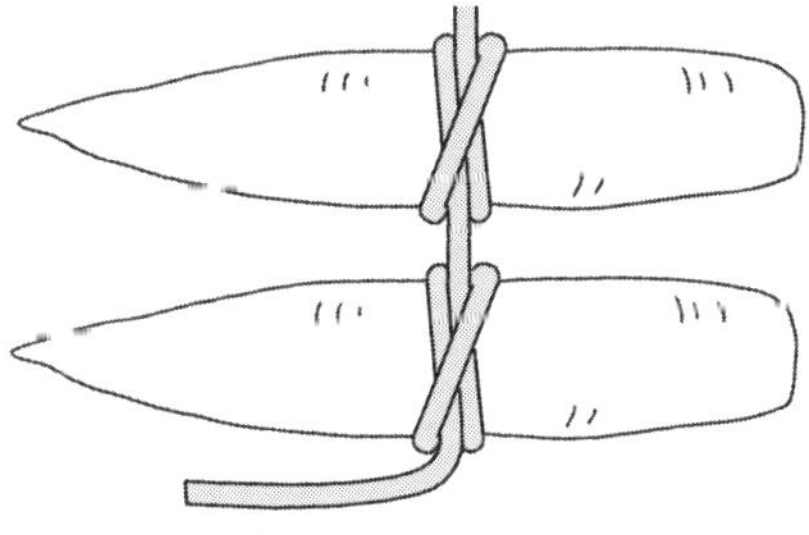

6 続けて結んでいくと、
縦にずらりと並べて干すことができます。

実を傷めにくい干し柿の結び方

柿を吊るすときは、ひもを結びつけるのではなく、よったひもの間に茎を通すようにすると簡単です。

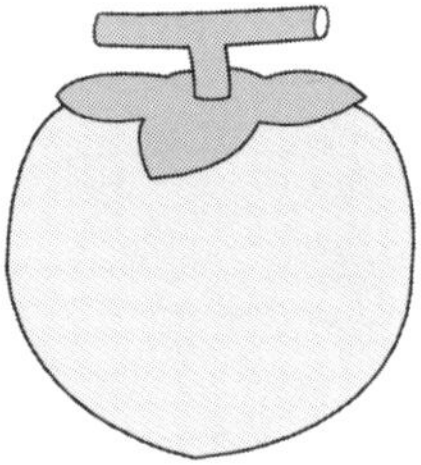

1 柿は、ヘタの先の茎を
T字になるように切り揃えておきます。

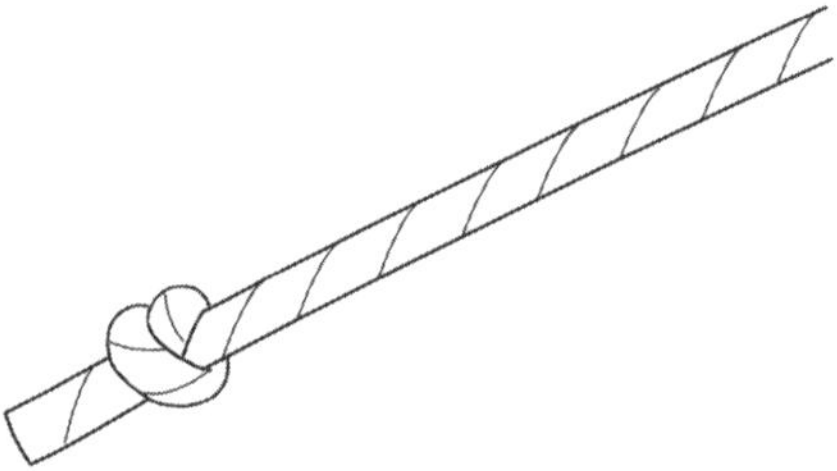

2 ひもは、ビニールひもなど
よりあわせているものを用意。
先端を1回結びます。

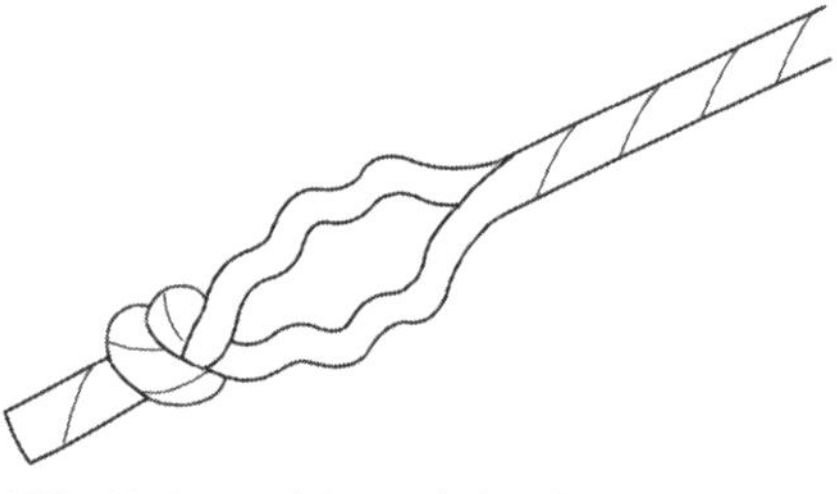

3 結び目の近くのよりをほどいて、
すき間を作ります。

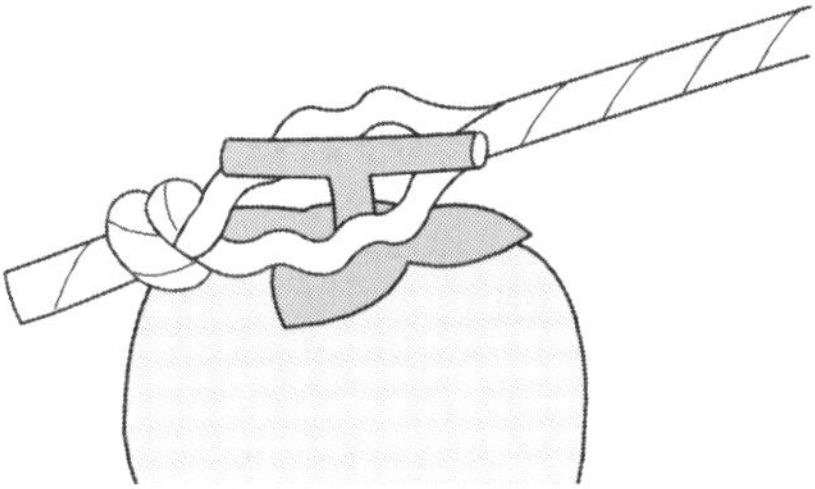

4 できたすき間に柿の茎を入れて、
よりを戻して固定します。

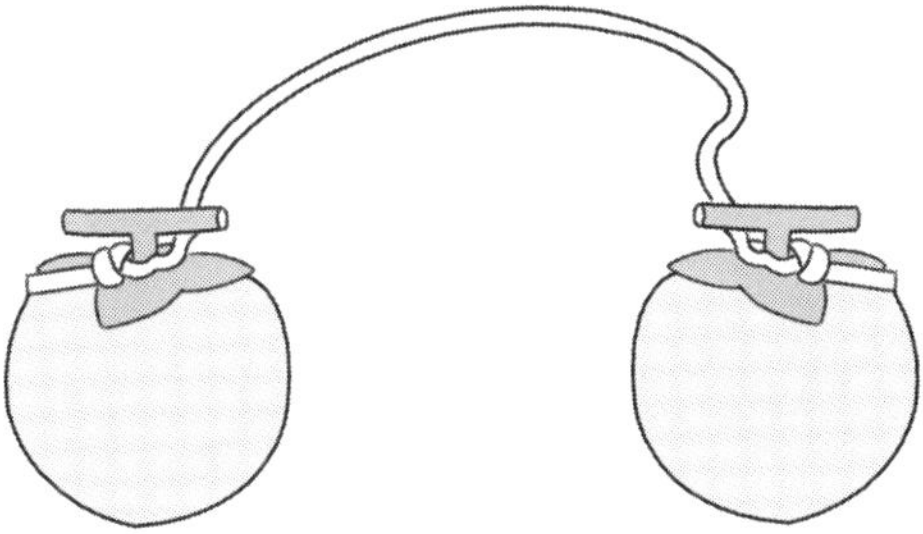

5 ひもの反対側の端に、
同じように柿を固定します。

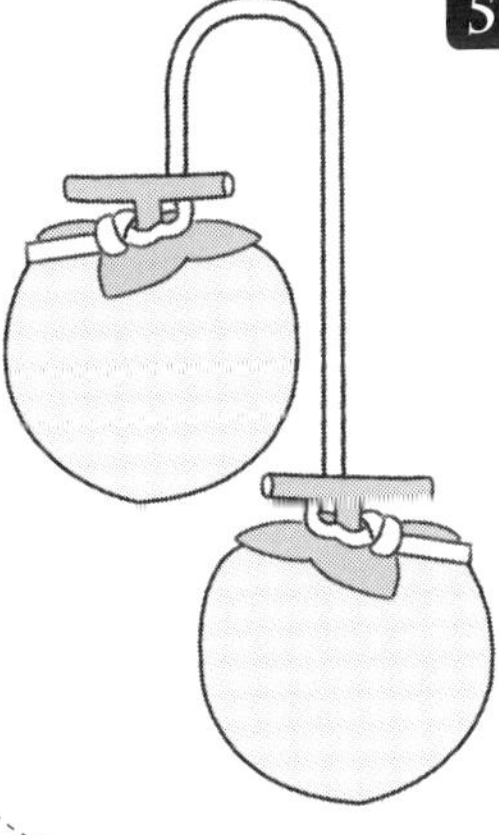

6 2つの柿が接触しないよう、
段違いになるようにして
吊るします。

お吸い物に入れる三つ葉の結び方

お吸い物に三つ葉を入れるときはこの方法でちょっと結ぶだけでグッと美しく。
細切りのゆずの皮も、この方法で結んで浮かべて。

1 三つ葉を２本重ねます。

2 軽く１回結びます。

第六章

イベント・行楽のときに役立つ

浴衣の帯や鉢巻きなど、
夏祭りや花火大会に役立つネタから、
着物を着たときのたすき掛けの方法、
テントを張るときに
役立つ情報などを集めました。

浴衣の帯のシンプルな結び方

浴衣の帯結びで一番基本の「文庫結び」と呼ばれる結び方です。シンプルで一人でも結びやすく、覚えておくと便利です。

1

帯の先端を二つ折りにし、前のところで持ちます。
二つ折りにして短く持ったほうを「手」、長く残したほうを「たれ」と呼びます。
手は約40㎝残しておきます。

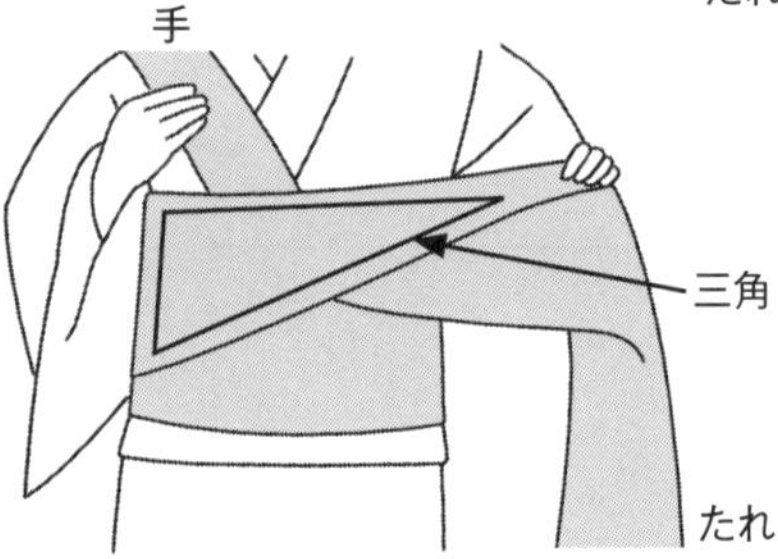

2 手を肩にかけ、たれを胴に２回巻きつけ、２回目は、前で三角に折ります。

3 手が上にくるようにして、手とたれを１回結びます。

4 体の幅より少し広めの幅で、
たれの先を持ちます。

5 矢印のように、たれの先を内側に巻き込むようにして、結び目の根元まで折りたたみます。

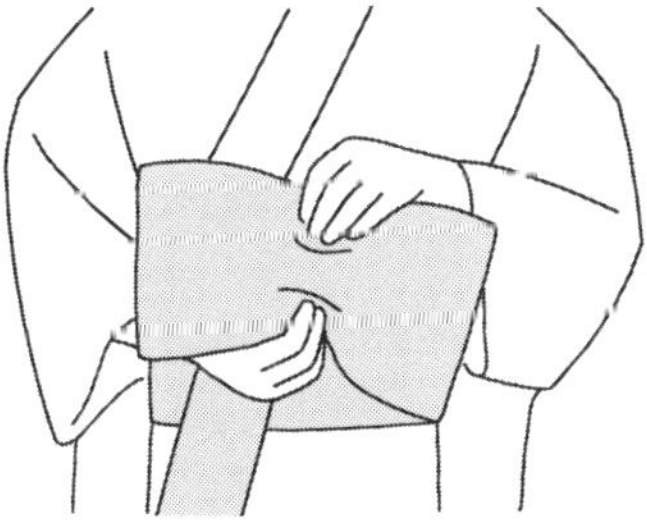

6 たたんだ帯の中央をつまんで、
リボンの形にします。

※次のページに続きます。

※前のページからの続きです。

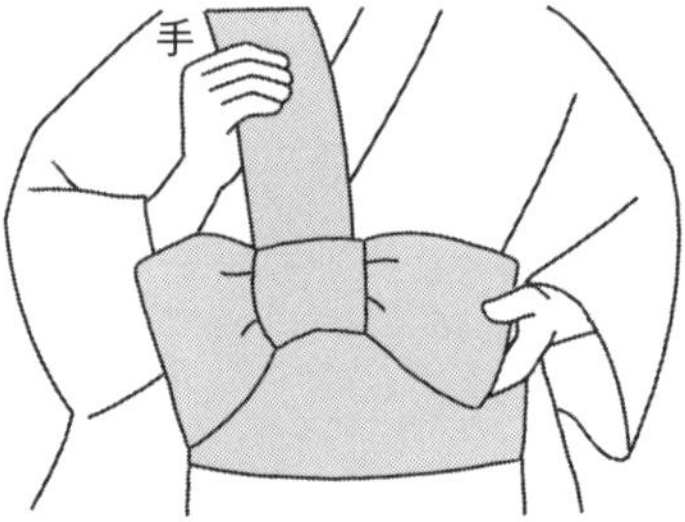

7 手をたたんだ帯の中央に、
上から何回か巻きつけます。

8 手の巻き終わりを、
胴に巻いた部分に入れ込みます。

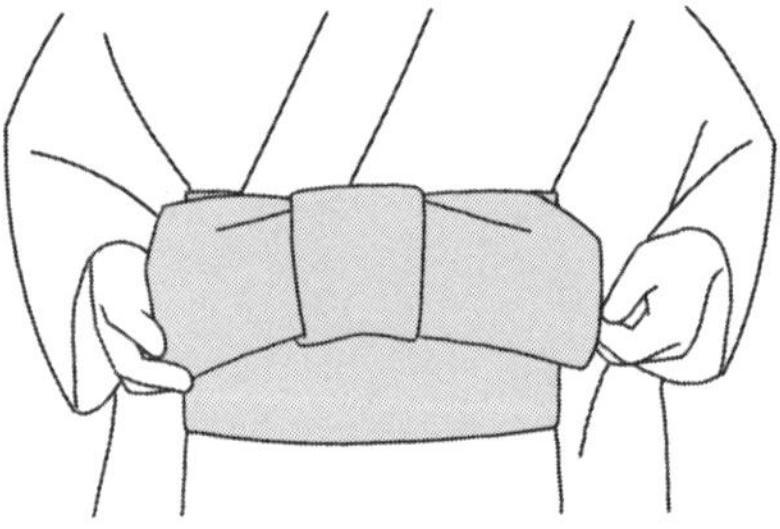

9 リボンが胴の部分に覆いかぶさるようにして、
形を整えます。

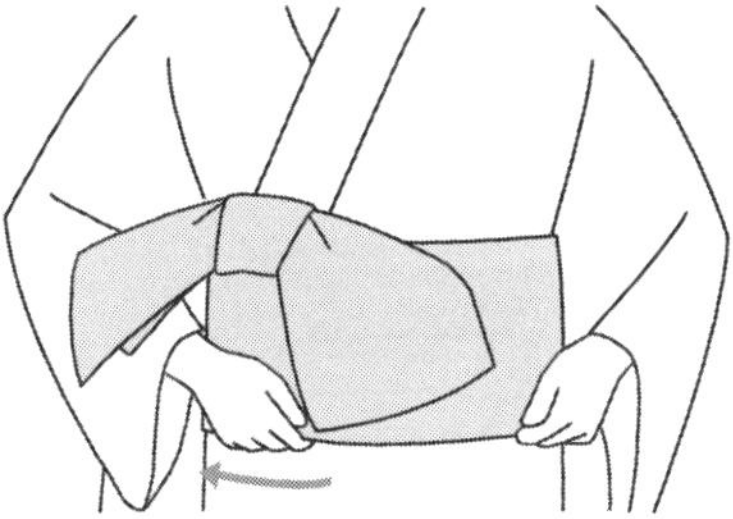

10 帯の形を崩さないように、
右回りで後ろに回します。

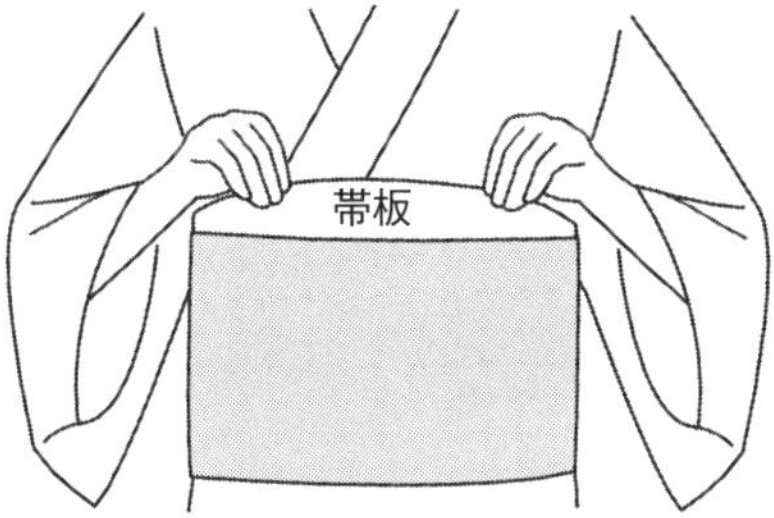

11 帯板があるときは帯板を入れ、
前の帯の重なりをきれいに整えます。

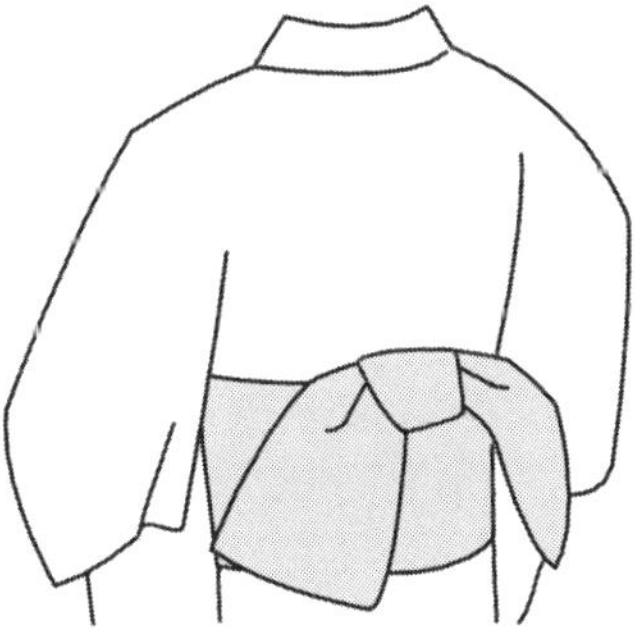

12 背中の真ん中に
バランスよく
配置できているかを
確認して、完成です。

浴衣の帯のアレンジした結び方

「文庫結び」を少しアレンジした、蝶々がダブルになる結び方です。帯が華やかになり、かわいらしい印象がアップします。

1

帯の先端を二つ折りにし、
前のところで持ちます。
二つ折りにして
短く持ったほうを「手」、
長く残したほうを
「たれ」と呼びます。
手は約40cm
残しておきます。

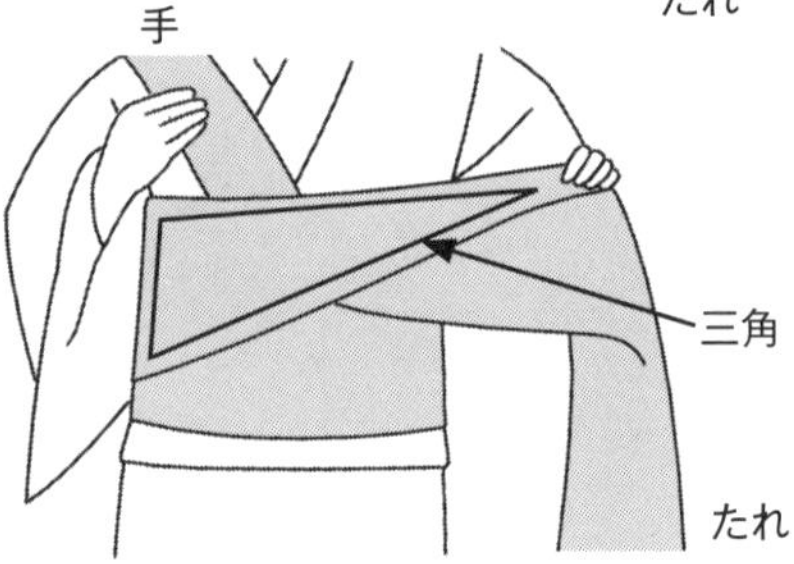

2 手を肩にかけ、
たれを胴に２回巻きつけ、
２回目は、前で三角に折ります。

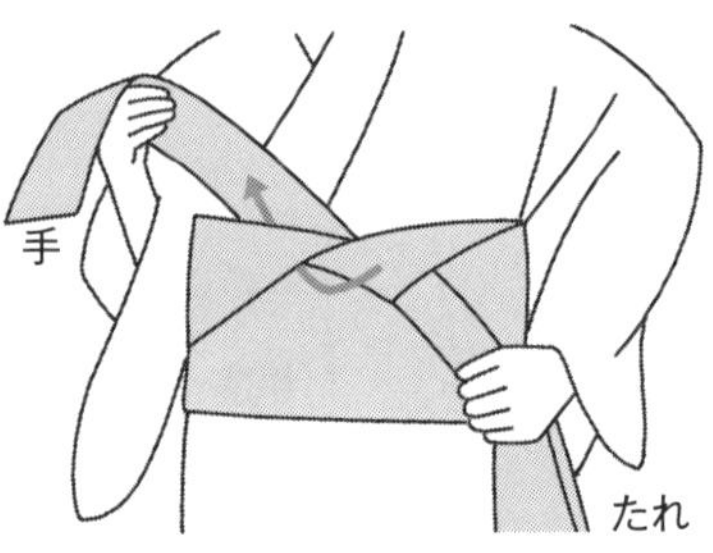

3 手が上にくるようにして、
手とたれを１回結びます。

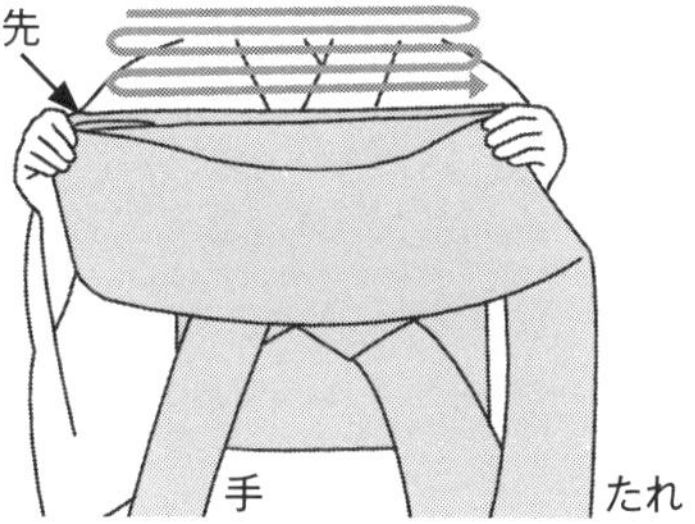

4 たれの先を右手で持ち、体の幅より少し広めの幅で
たれを交互に重ねて、帯を矢印のように
外側に向かって蛇腹折りにします。

5 結び目の根元まで折りたたみます。

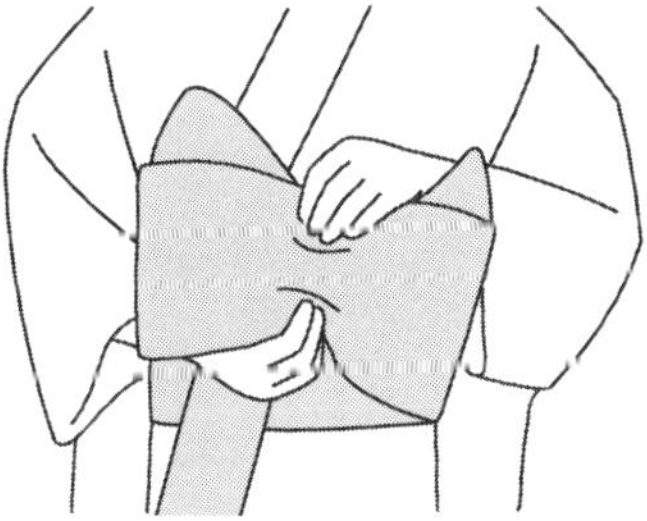

6 たたんだ帯の中央をつまんで、リボンの形にします。
このとき、リボンが２つになるように、
図のようにたたんだ帯の一部をずらします。

※次のページへ続きます。

※前のページからの続きです。

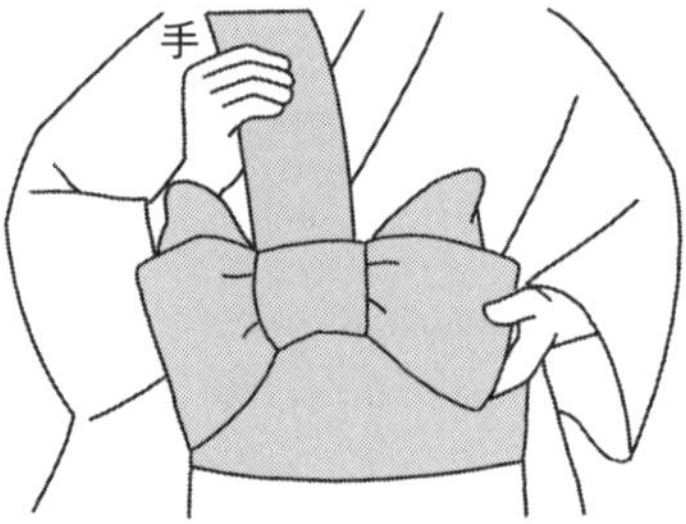

7 手をたたんだ帯の中央に、
上から何回か巻きつけます。

8 手の巻き終わりを、
胴に巻いた部分に入れ込みます。

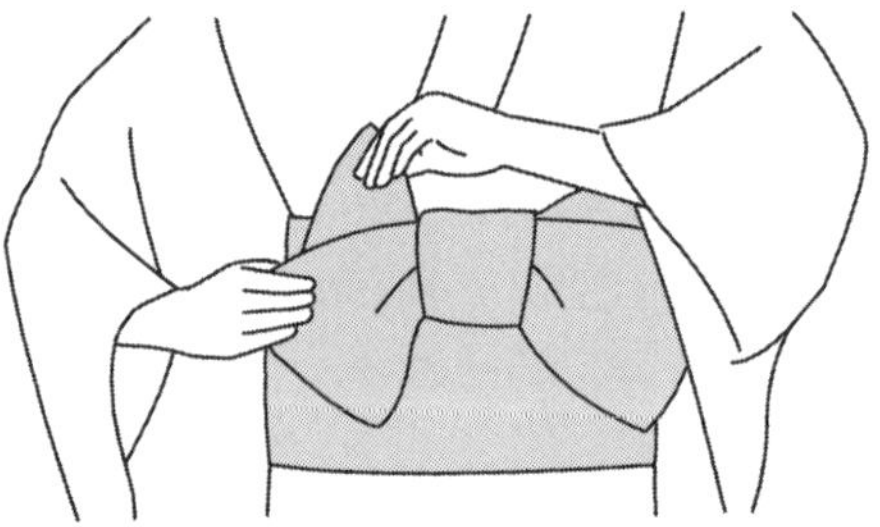

9 リボン２つが胴の部分に覆いかぶさるようにして、
形を整えます。

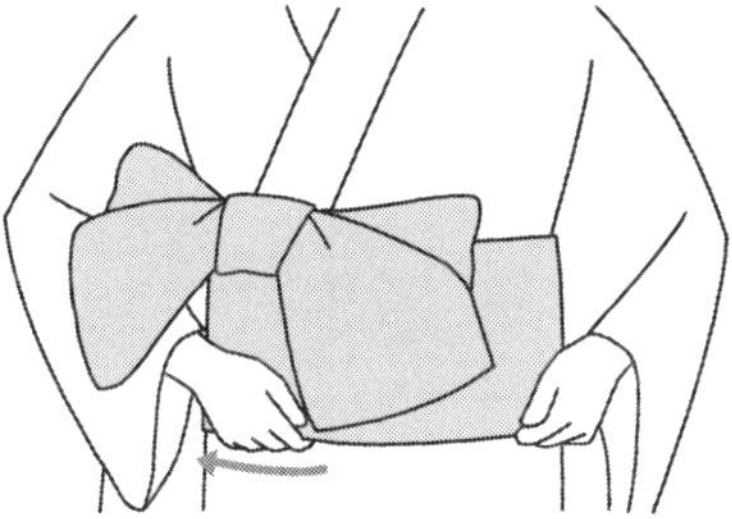

10 帯の形を崩さないように、
右回りで後ろに回します。

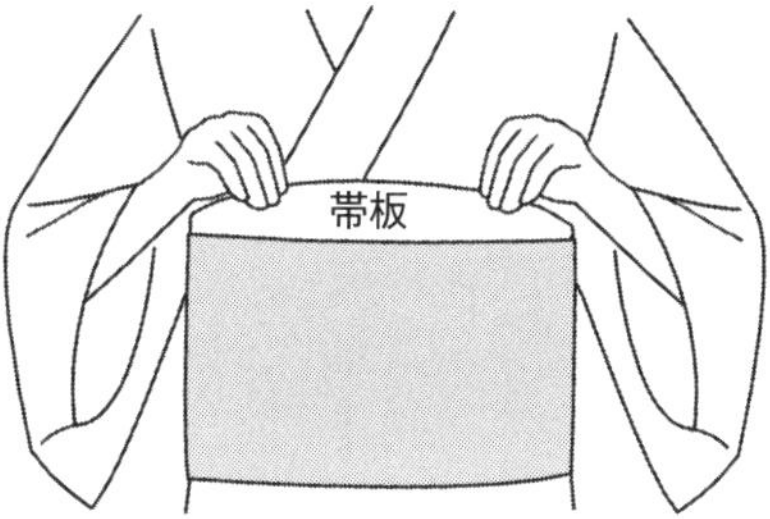

11 帯板があるときは帯板を入れ、
前の帯の重なりをきれいに整えます。

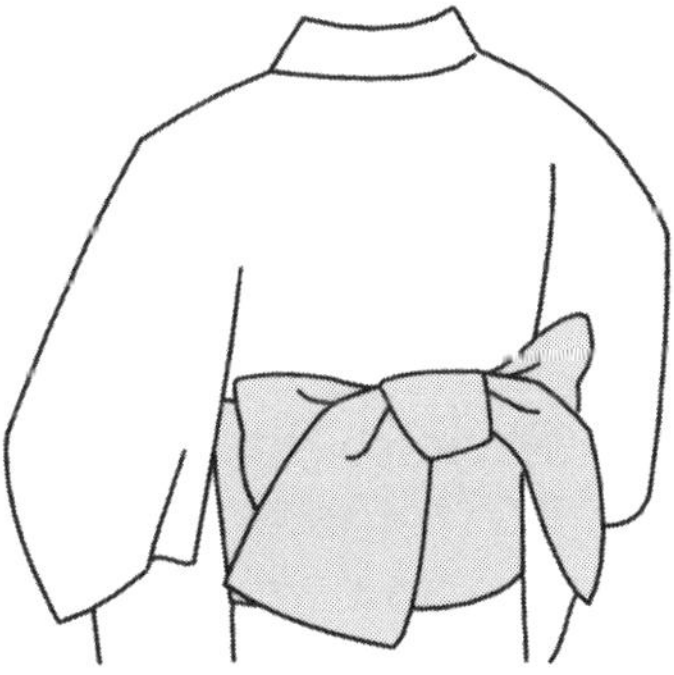

12

背中の真ん中に
バランスよく
配置できているかを
確認して、完成です。

羽織のひもの かっこいい結び方

着物の上にさらりと羽織った羽織のひもの、男性向けの結び方です。女性は「本結び」（P12参照）で結びましょう。

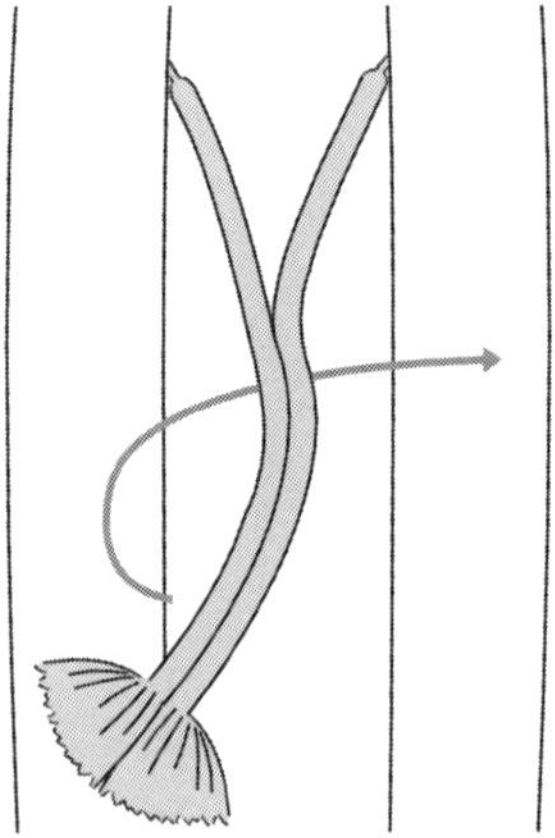

1 ひもの左右を揃えて１本にし、矢印のように輪を作ります。

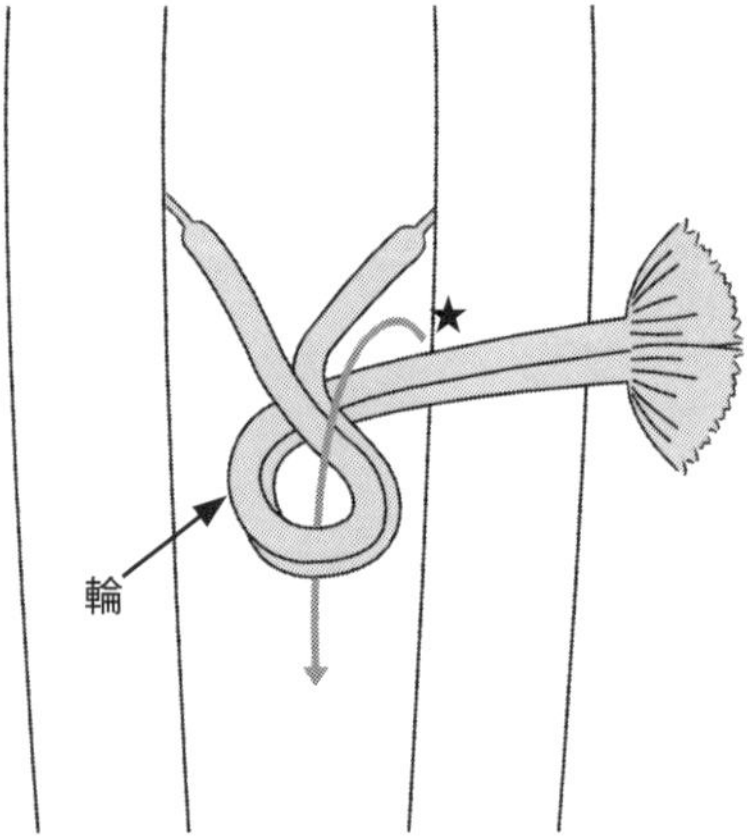

2 作った輪に、★印のところを二つ折りにして、さらに輪を作るように、ひもを通します。

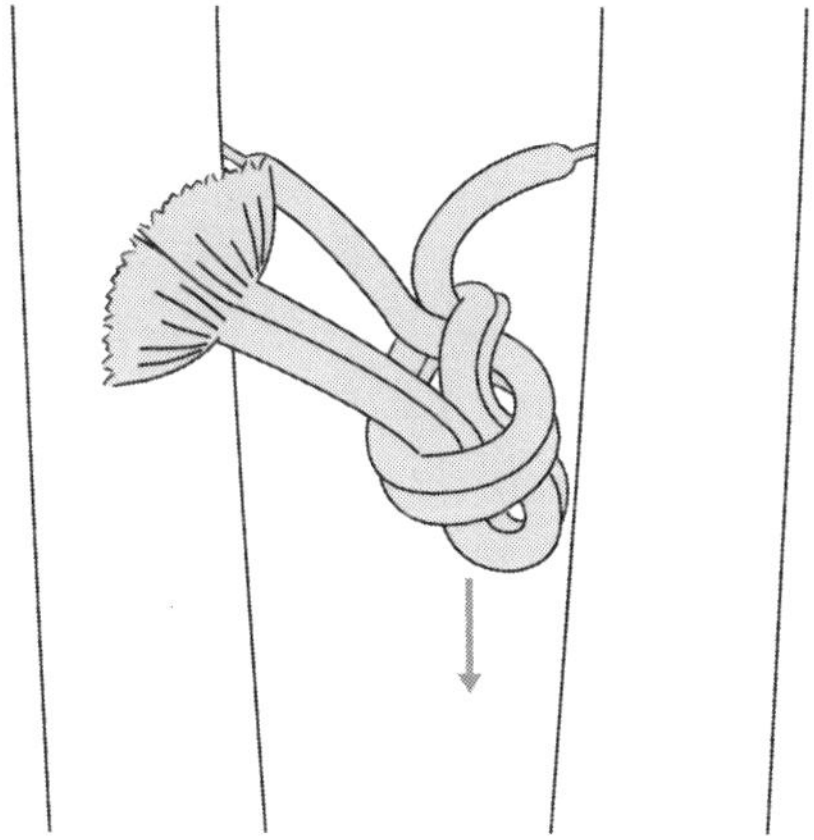

3 矢印のように②で作った輪を引っ張って結び目を締めます。

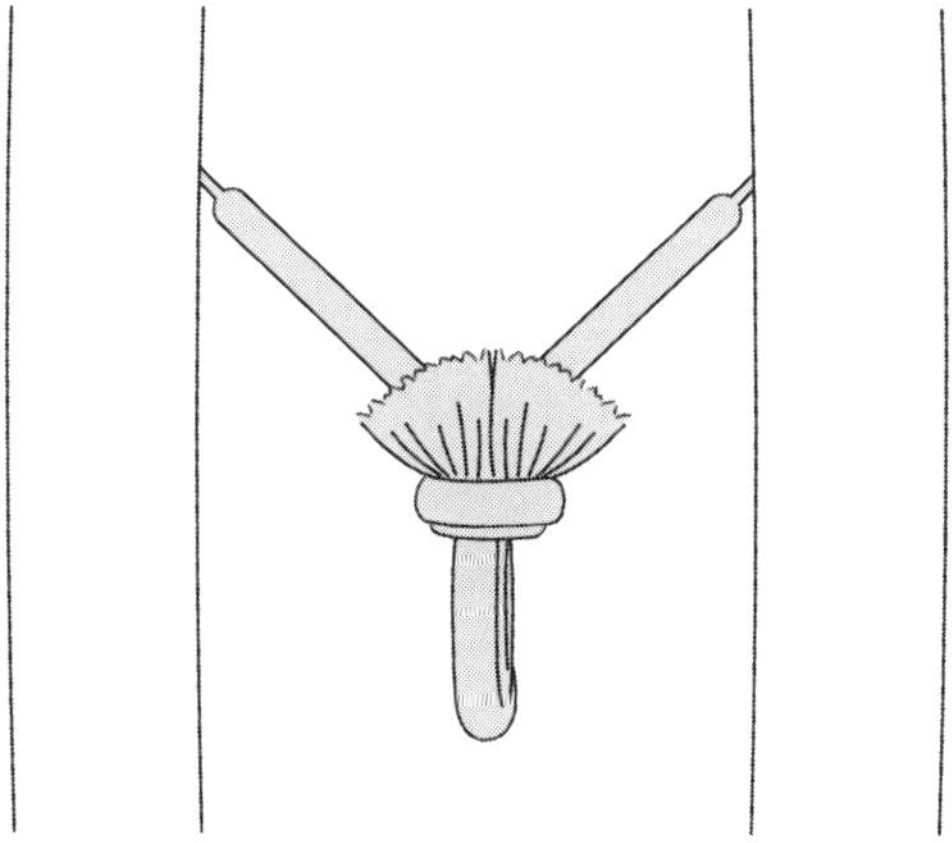

4 羽織ひもの先端の房のところまで引っ張って結び目を締めたら完成です。

たすき掛けの手早くできる結び方

着物を着たときに袖が邪魔にならないようにするたすき掛け。はっぴなどお祭りの装いにも使えます。

1

たすきの端を口でくわえ、左の袖の下に通します。

2

通したたすきを背中に回し、右肩にもってきます。

3

右肩から右袖の下に通します。

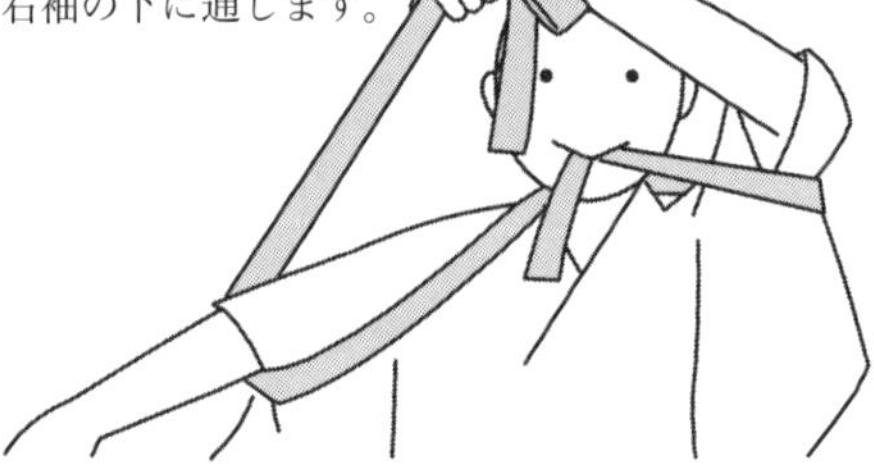

4 背中に回し、
左肩の上に
もってきます。

5 口でくわえていた端と、
左肩からもってきたひもを
片蝶結び(P15参照)にします。

6 完成です。

女性向けの粋な鉢巻きの巻き方

キレイな鉢巻きにするには、準備が大切。1～4の段階で、それぞれアイロンをしっかりかけると形が崩れません。

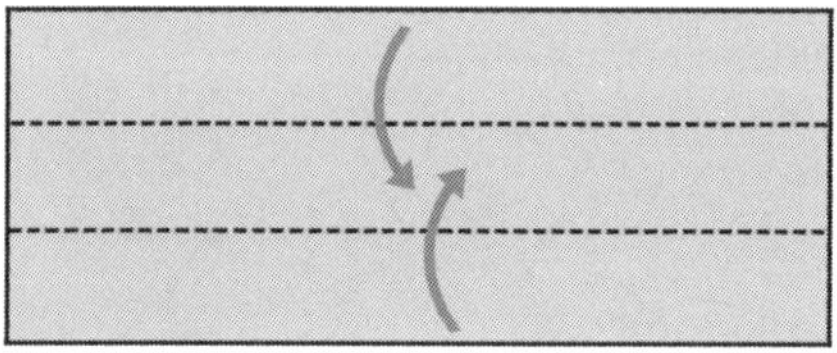

1 手ぬぐいを三つ折りにします。

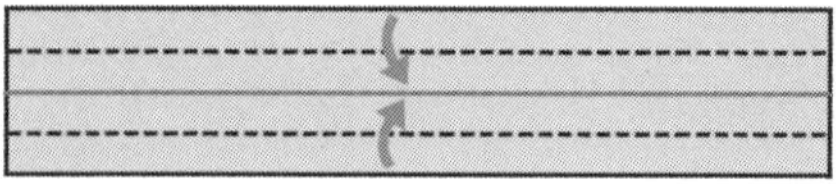

2 中心に向かって
矢印のように折りたたみます。

3 さらに半分に
たたみます。

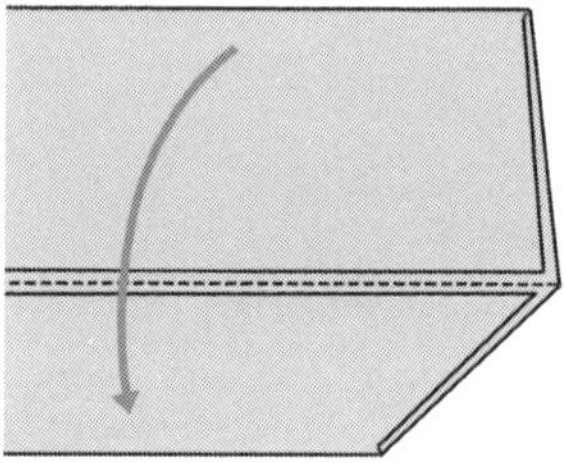

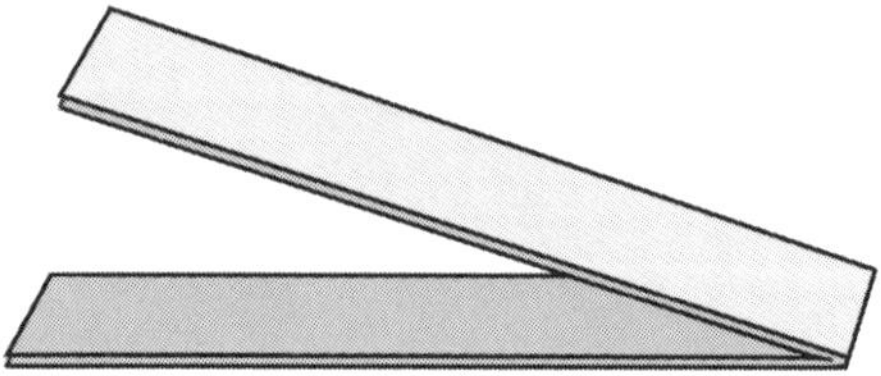

4 両端を合わせて、左右の長さが
半分になるように折ります。

5

額の中央に合わせて頭に乗せ、
両端を後頭部へ回します。
このとき後ろ上がりに
なるようにしましょう。

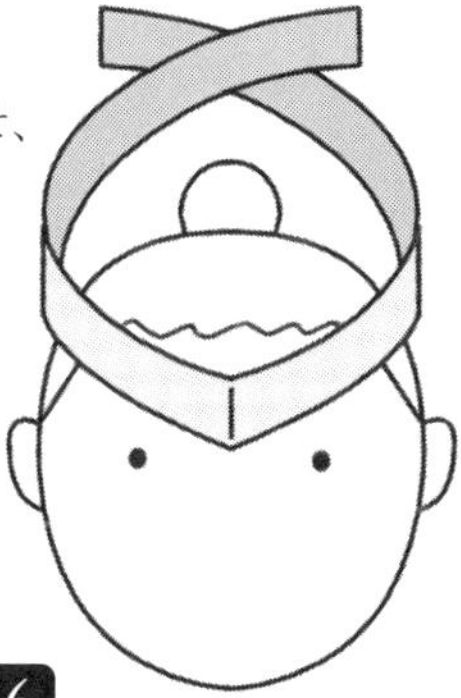

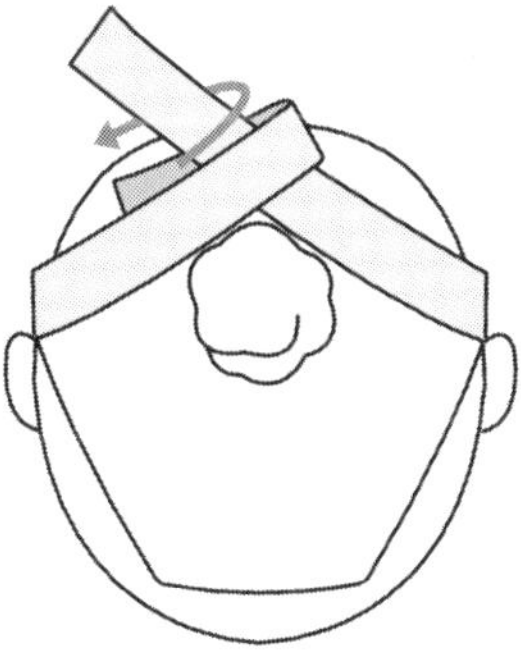

6

まとめた髪の上で
交差させ、
片方を内側に
差し込みます。

7

もう片方も
同様に内側に
差し込みます。

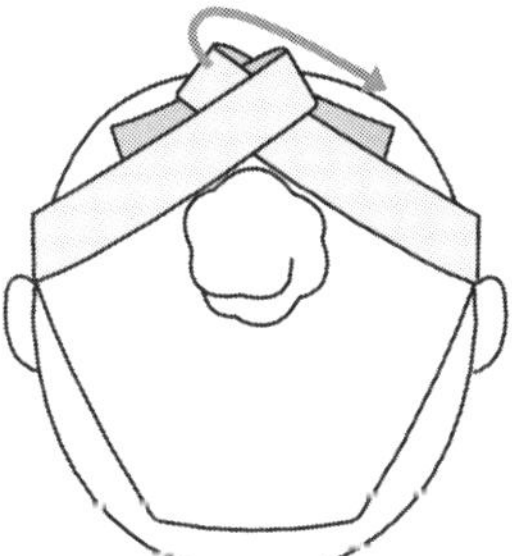

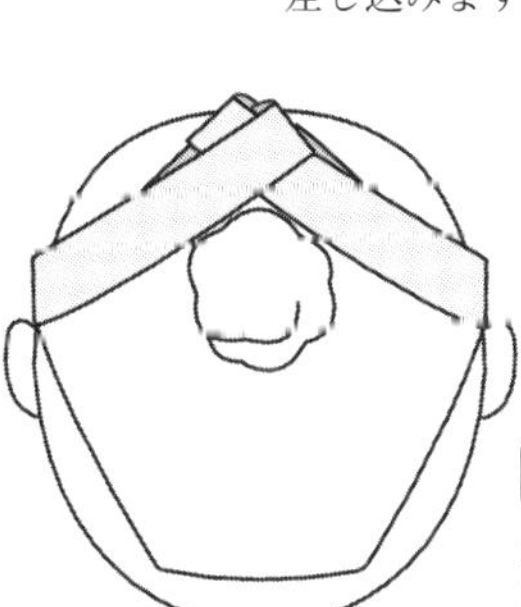

8

形を整えて
完成です。

男性向けのいなせな鉢巻きの巻き方

折りたたむのではなく、ねじって巻く男性向けの巻き方。ねじりすぎると手ぬぐいの途中がこぶになってしまうので注意。

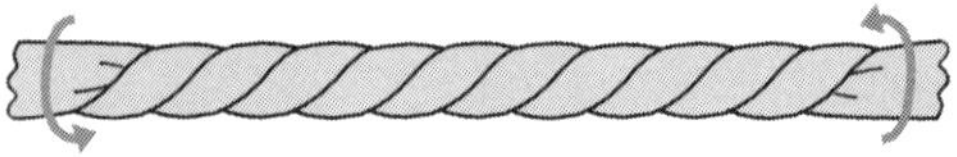

1 手ぬぐいの両端を持ってねじります。

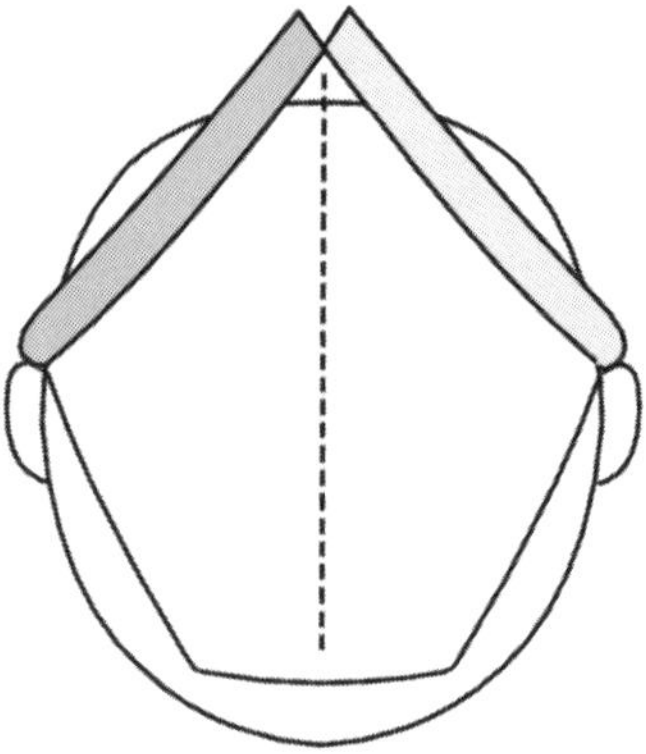

2 額に手ぬぐいの中央を合わせて、後頭部で左右の長さを調節します。

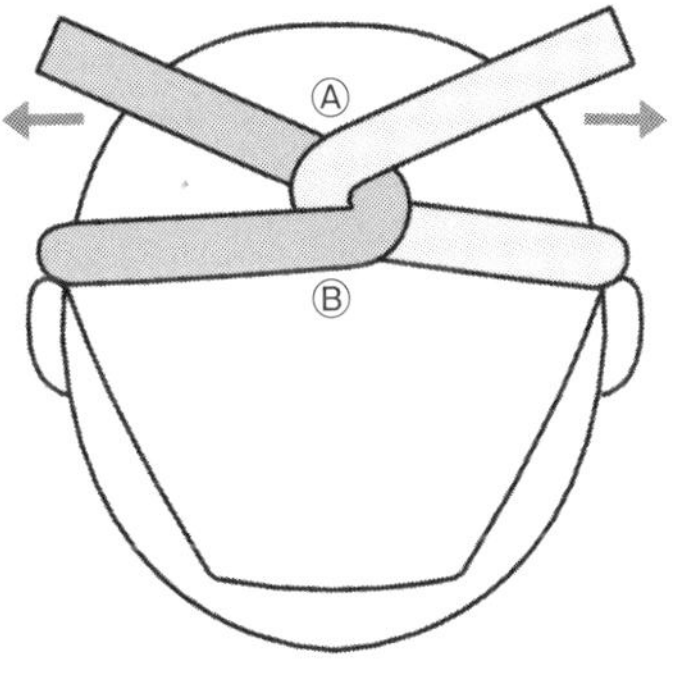

3

両端を交差させて、
左右に引っ張って
締めます。

4

締めたまま、
中央で交差
している部分を
内側に押し込むように
半回転させます。

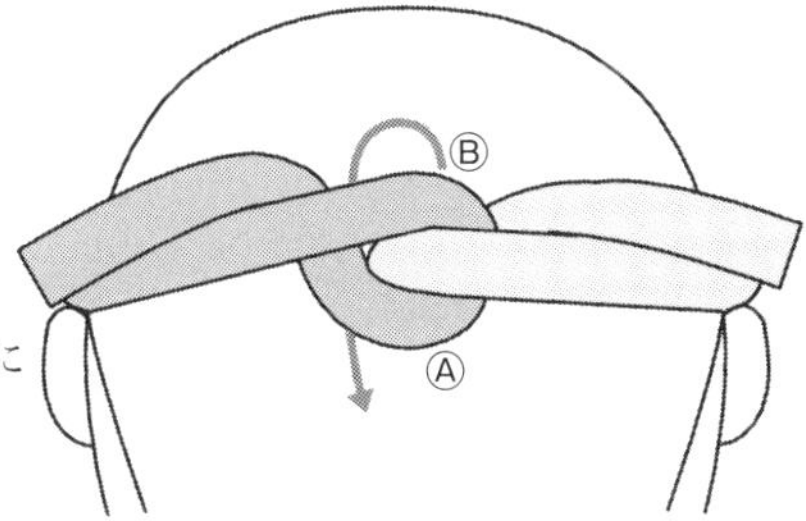

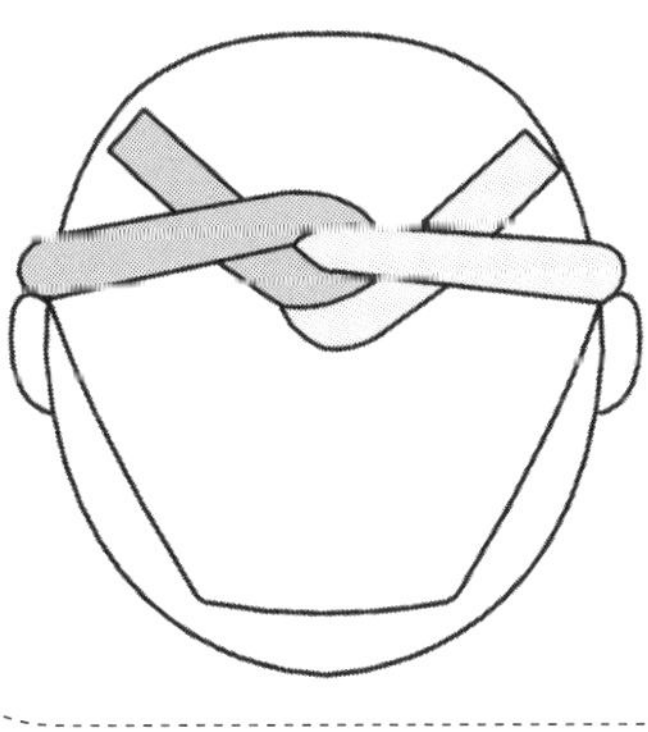

5

手を離しても
取れにくくなります。
頭になじませて
完成です。

テント・タープのグロメット（ハトメ）にしっかり留める結び方

「もやい結び」と呼ばれる、輪の大きさが変わらない結び方。力がかかっているときはほどけない結び方です。

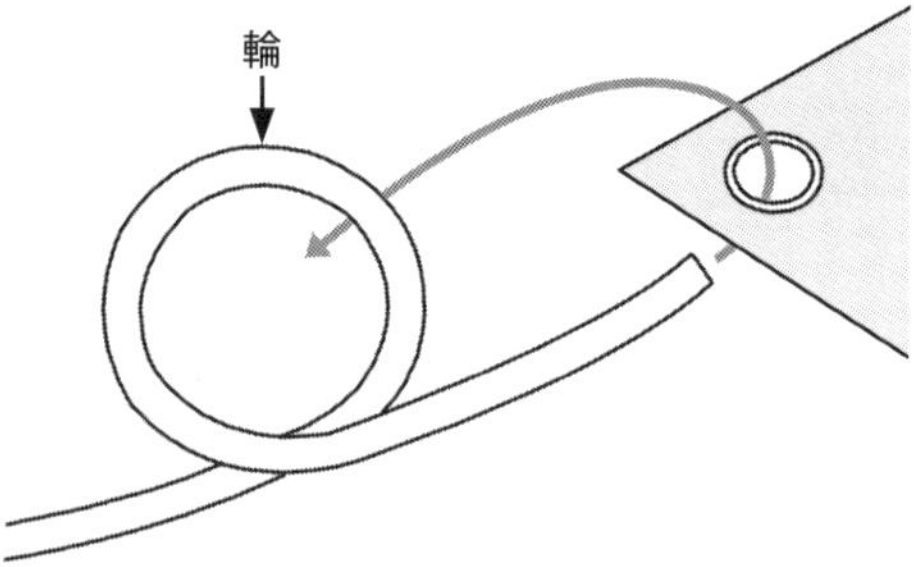

1 輪を作ってから、ひもの先端をテントのグロメット(ハトメ)に矢印の方向に通します。

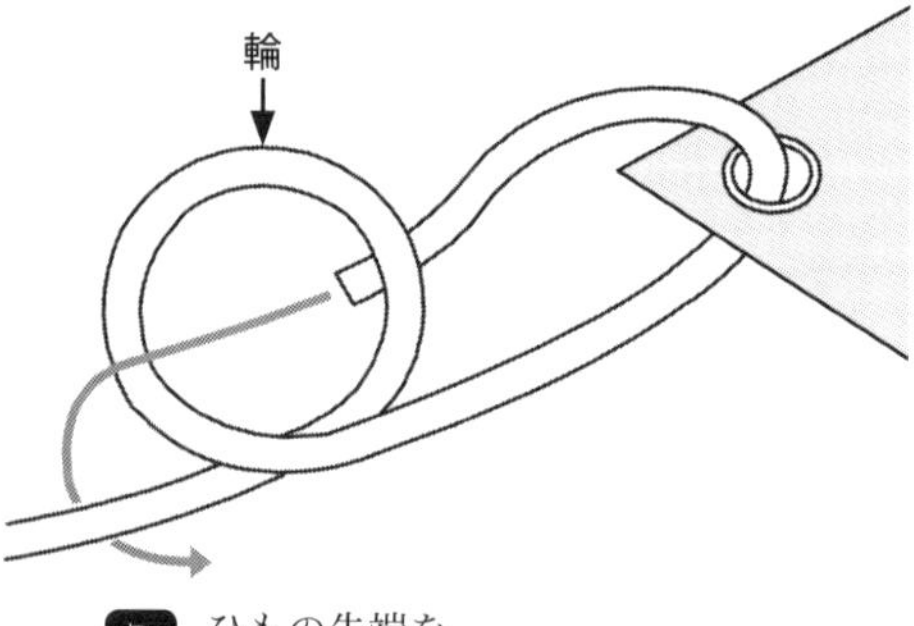

2 ひもの先端を、作った輪の中に通して、矢印のように左側の下にくぐらせます。

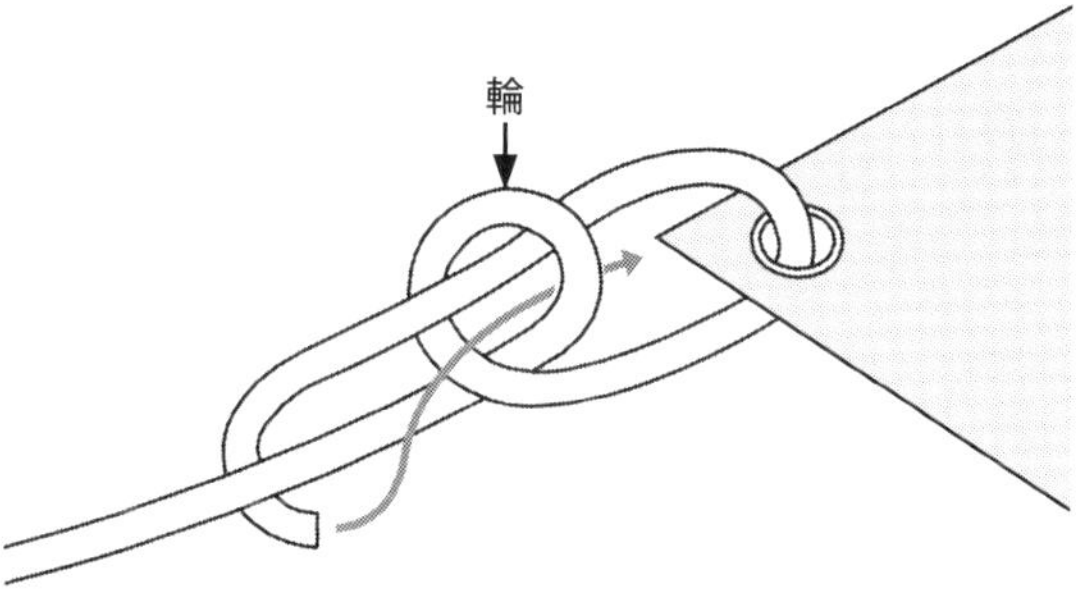

3 くぐらせたひもを、
さらに矢印のような手順で輪に通します。

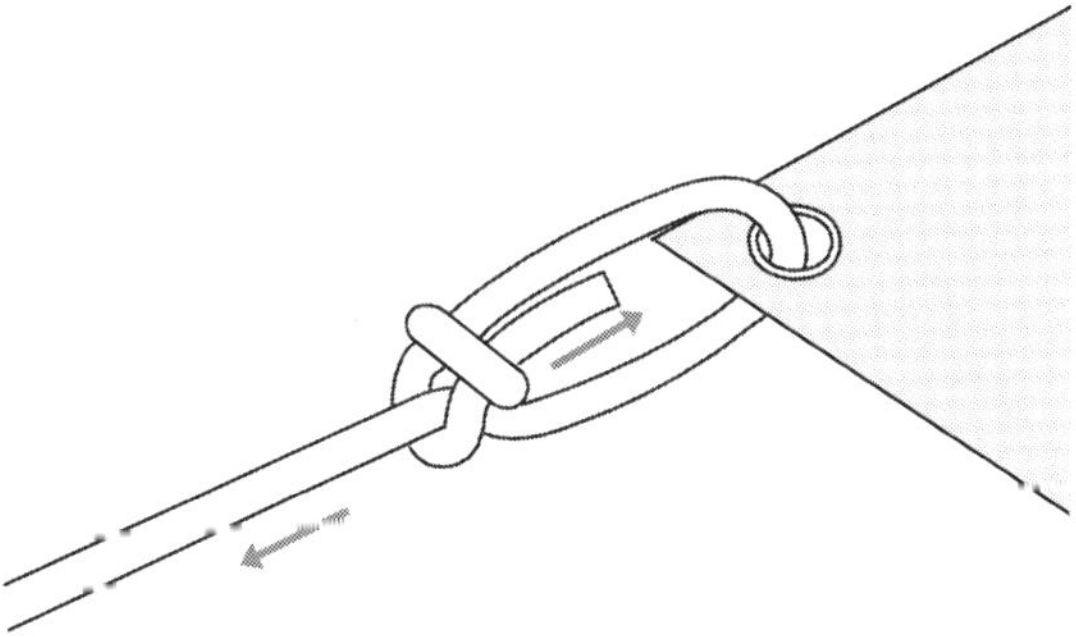

4 矢印の方向に引っ張り、
結び目を締めて完成です。

テント・タープの張り綱の結び方

テントやタープを張りたいときにポール先端に引っ掛けるときの結び方です。とても簡単なので覚えやすいのも利点です。

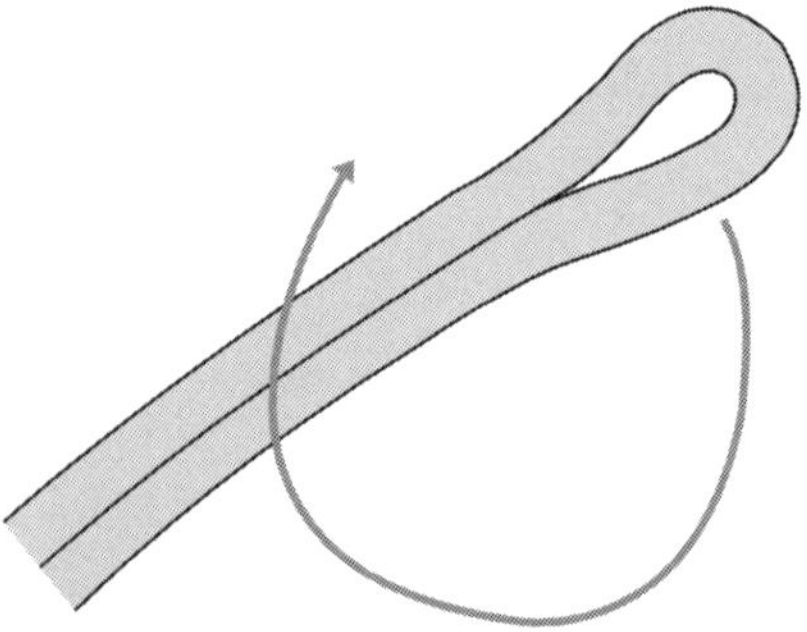

1 ひもの中央で二つ折りにして、図のように交差させて輪を作ります。

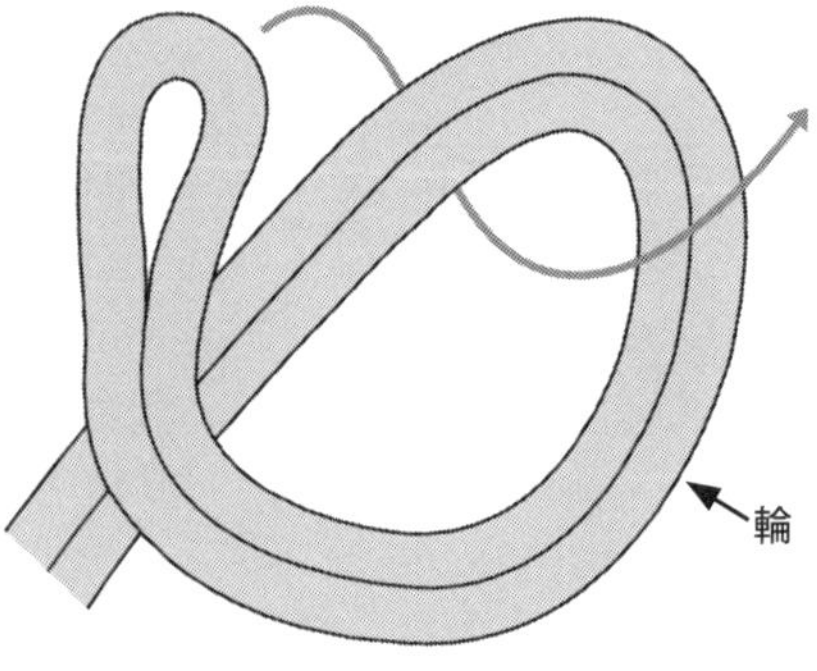

2 二つ折りにしたひもの先端を、矢印のように輪に通します。

3 二つ折りにしたひもの先端を引っ張って、
結び目を締めます。

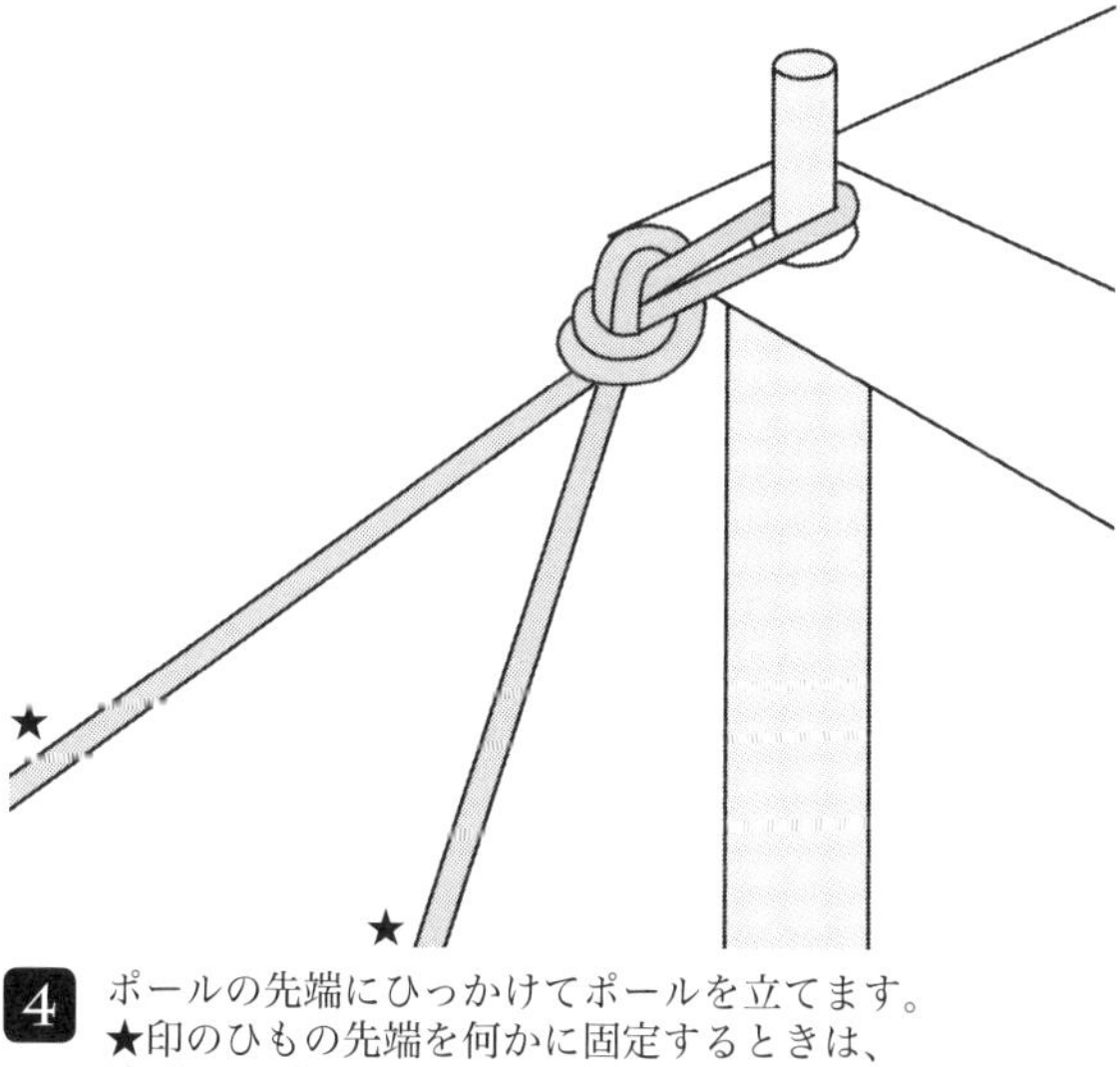

4 ポールの先端にひっかけてポールを立てます。
★印のひもの先端を何かに固定するときは、
洗濯ロープの緩まない結び方(P32参照)で結びます。

おみくじの結び方

引いたおみくじの結び方はさまざまのようですが、かわいらしく小さめに結べる方法をご紹介します。

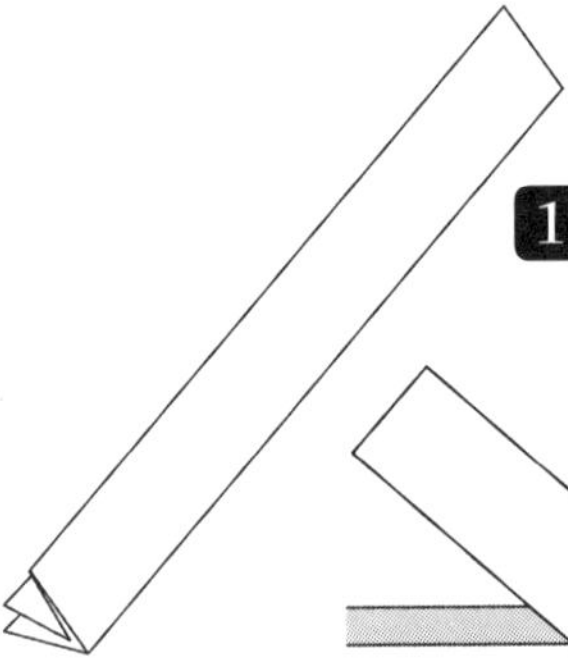

1 おみくじを
細長く折ります。

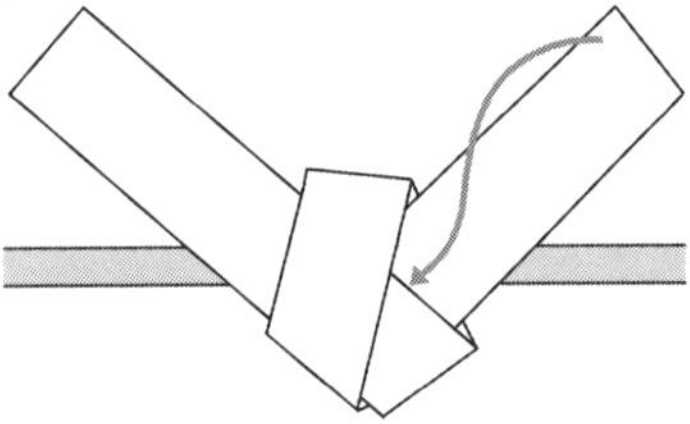

2 図のように、おみくじを結ぶ枝やひもに1回結び、
先端を結び目の中に折り込みます。

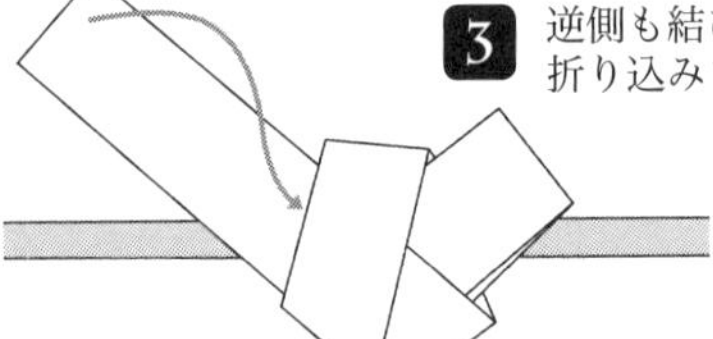

3 逆側も結び目の中に
折り込みます。

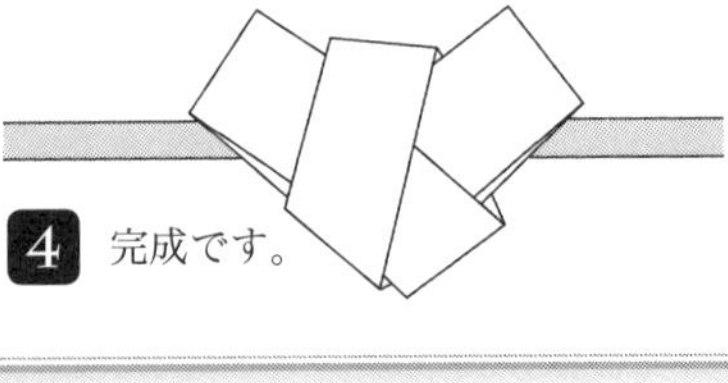

4 完成です。

第七章

子育てで役立つ

しっかり密着できる
兵児帯《へこおび》の抱っこ・おんぶは、
普段使いはもちろん、
災害時に子どもと
避難するときにも重宝します。
子どもの髪を簡単に
かわいく結ぶ方法もご紹介します。

兵《へ》児《こ》帯《おび》をおんぶひもとして使うときの結び方

兵児帯を用意しておくと色々なことに活用できます。専用のおんぶひもがなくても安定して子どもをおんぶできます。

1

子どもの脇に兵児帯を通し、背負います。

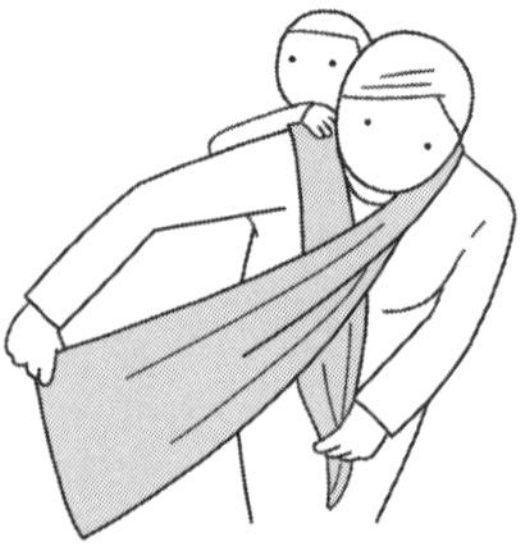

2

兵児帯を前で交差させます。左肩からきたほうを上になるように交差します。

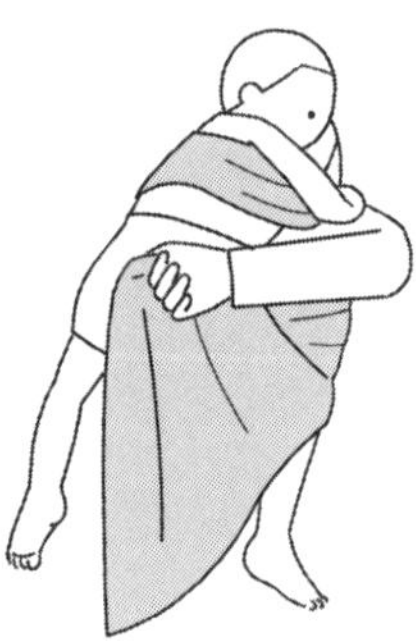

3

上に交差させたほうを後ろに回し、子どものお尻を巻き込みます。

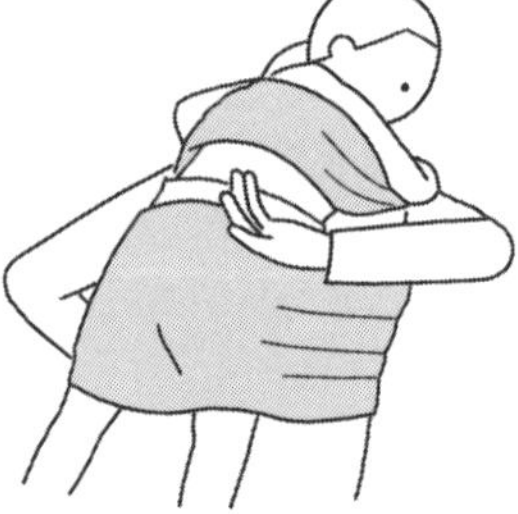

4

お尻を巻いて前までもってきます。

5

腰をまたぐように、
子どもの足を広げます。

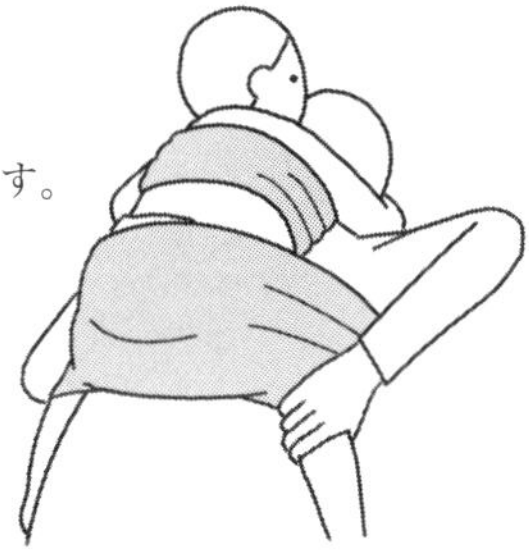

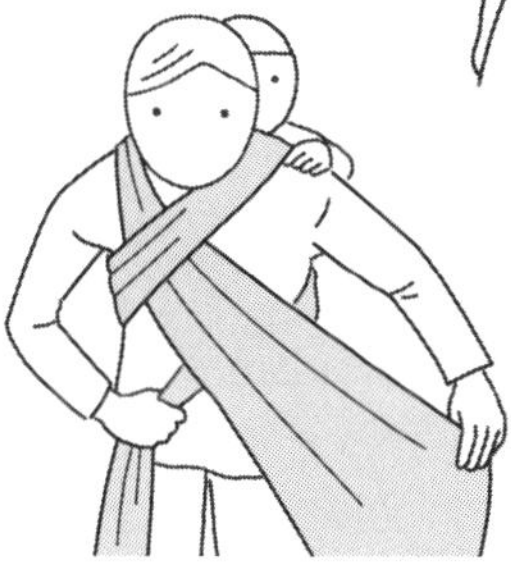

6

下に交差させたほうも
後ろに回します。

7

同じように
子どものお尻を巻いて、
前にもってきます。

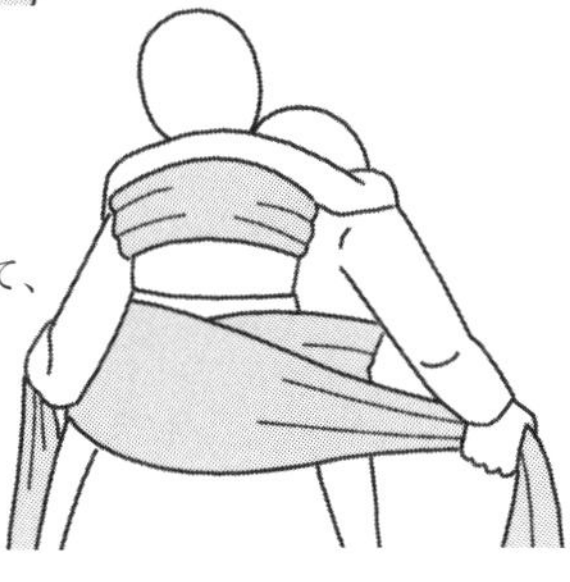

8

前で蝶々結び(P14参照)をして
留めます。

兵児帯を抱っこひもとして使うときの結び方

兵児帯を抱っこひもの代わりに使うこともできます。幅広に使って結ぶ方法でスリングのように安定させて。

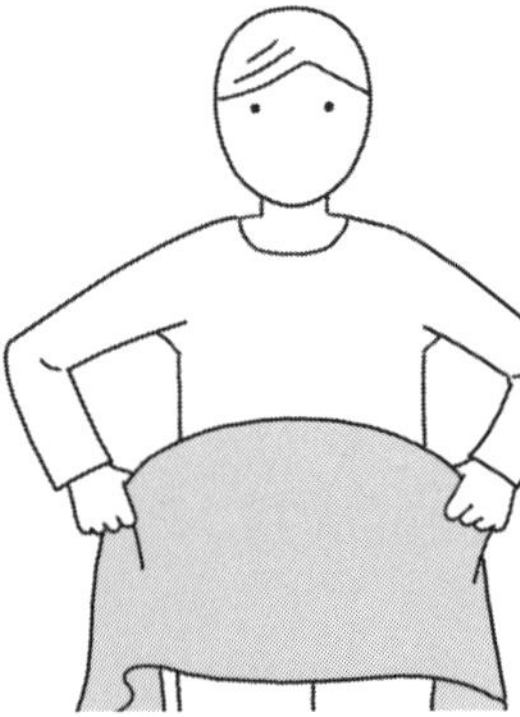

1

お腹に兵児帯を当てます。

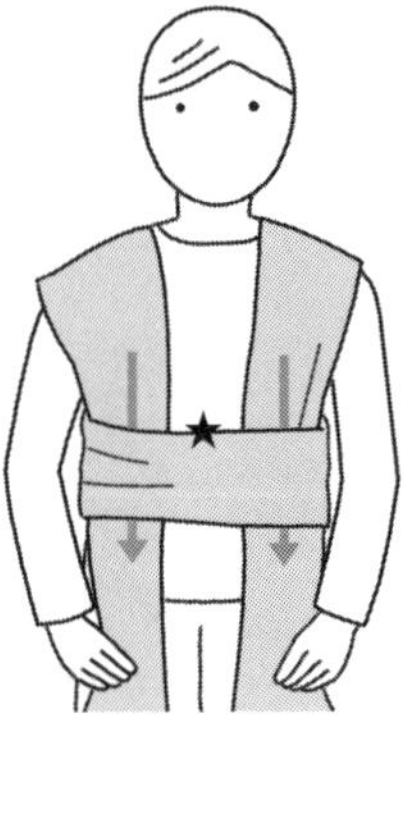

2

背中で兵児帯をクロスさせてから、肩から前に回し、矢印のようにお腹のところに入れ込みます。(★印は6で引っ張るところの目印です)

3

前でもクロスさせて、後ろで蝶々結び(P14参照)にして留めます。

4 前でクロスさせた部分に両側から手を入れ、内側に子どもの体を入れるためのすき間を作ります。

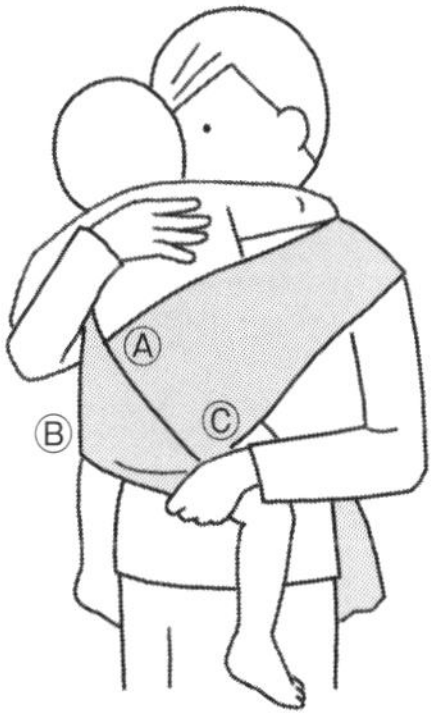

5 クロスさせたV字に開いたⒶから、子どもの体を入れⒷとⒸのところから子どもの足を出します。

6 帯の★印の部分を外側に引っ張って、子どもの両足を通して下から出します。

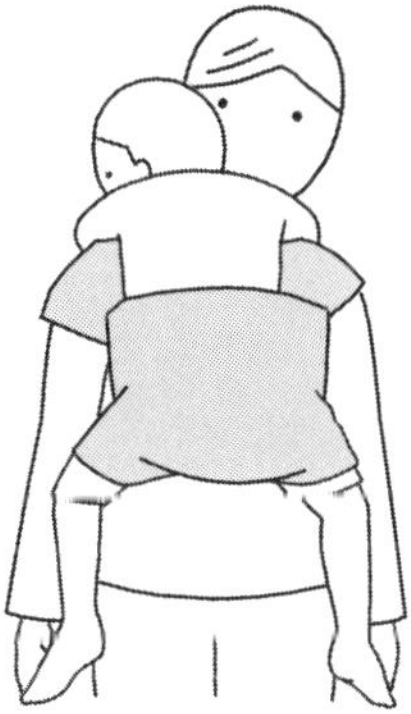

7 完成です。

髪が短くても結べるヘアリボンの結び方

横髪を後ろでひとつにまとめた髪にリボンをアレンジ。子どもの髪があまり長くなくてもできます。リボンは長さ約１ｍのものを使用。

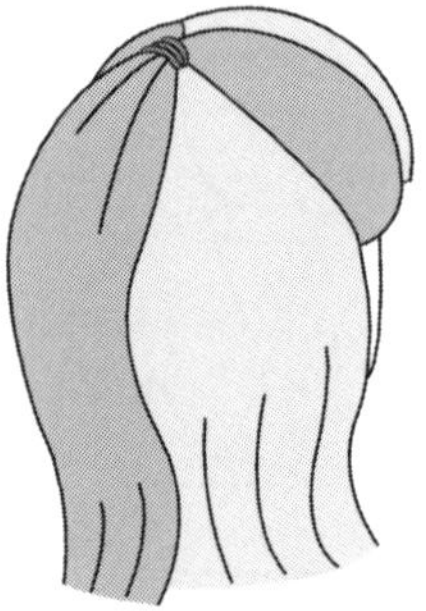

1

横髪を後ろにもっていき頭頂部でまとめて、ヘアゴムで束ねます。

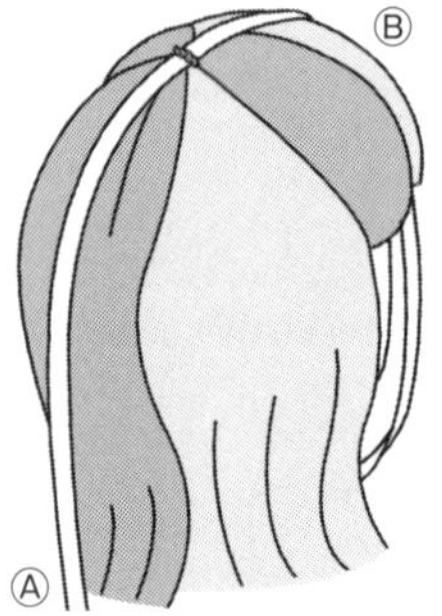

2

ヘアゴムにリボンを通します。リボンは中央がヘアゴムの位置になるようにして、前後にリボンを垂らします。前に垂らしたひもをⒷ、後ろに垂らしたひもをⒶとします。

3

後ろで束ねた横髪を３つの束に分け、そのうちの髪の１束とリボンⒶをいっしょに持って、三つ編みします。

ヘアリボン

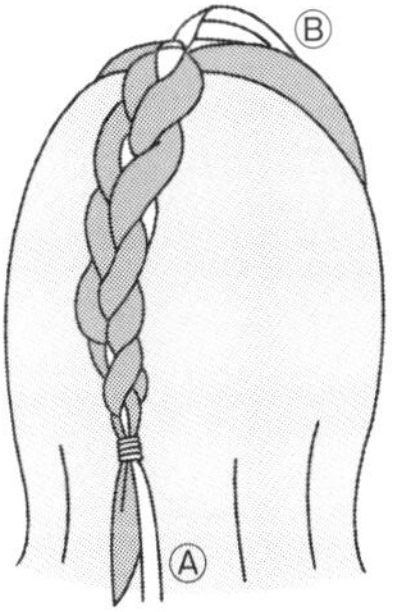

4 先端近くまで
三つ編みしたら髪と
リボンⒶをいったん
ヘアゴムで束ねます。

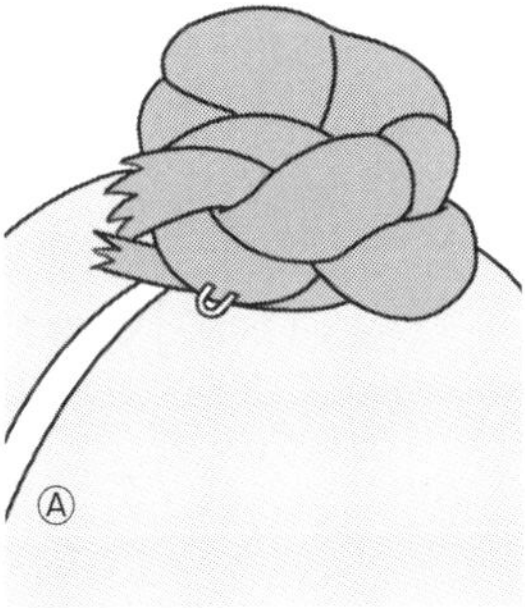

5 三つ編みした部分を
頭頂部でお団子状に
丸くまとめます。
編み込んだリボンⒶの
先端をお団子から
出しておき、
ピンで刺して
お団子を留めます。

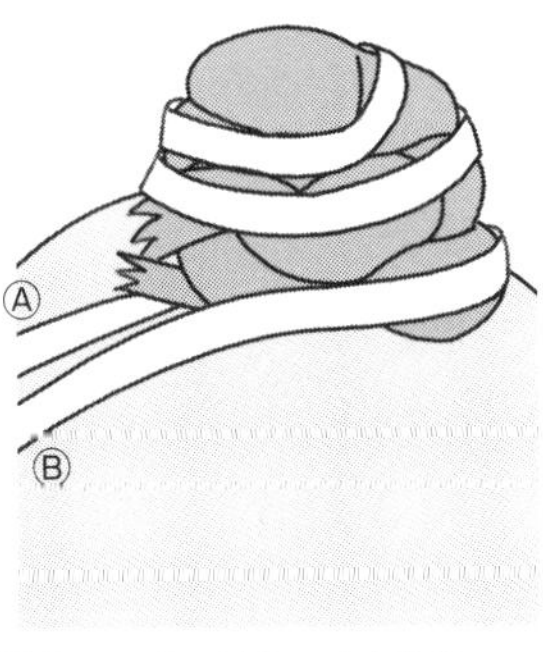

6 リボンⒷを、お団子に
ぐるぐると巻きつけます。

7 Ⓐの先端と、
Ⓑの先端を蝶々結び
(P14参照)にして
留めて完成です。

長めの髪にピッタリのヘアリボンの結び方

ポニーテールができるぐらいの長さがあるときにおすすめです。子どもが発表会に出るときなどに。リボンは長さ約１ｍのものを使用。

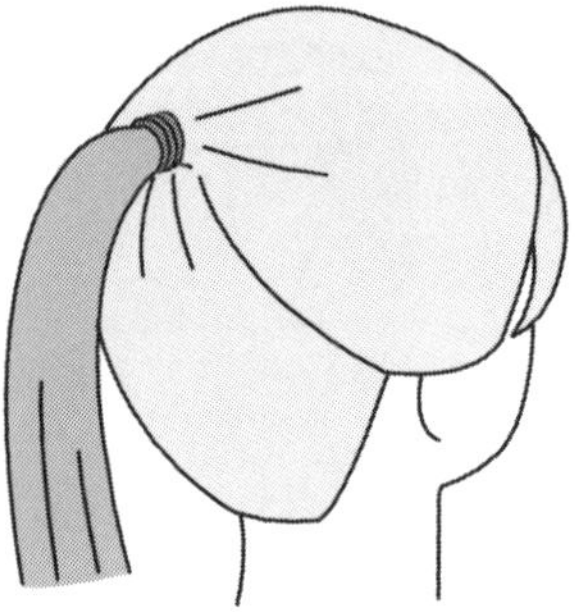

1

髪全体を、
耳から
45度ぐらいの
高さで、後ろに
ひとつにまとめて、
ヘアゴムで
束ねます。

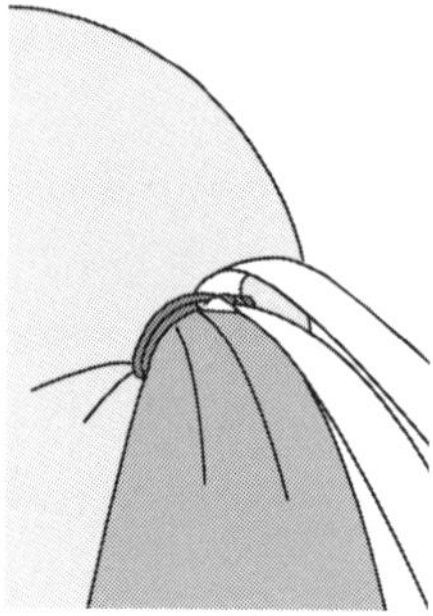

2

ヘアゴムに
リボンを
通します。
リボンは中央が
ヘアゴムの位置に
なるようにして、
２本とも後ろに
垂らします。

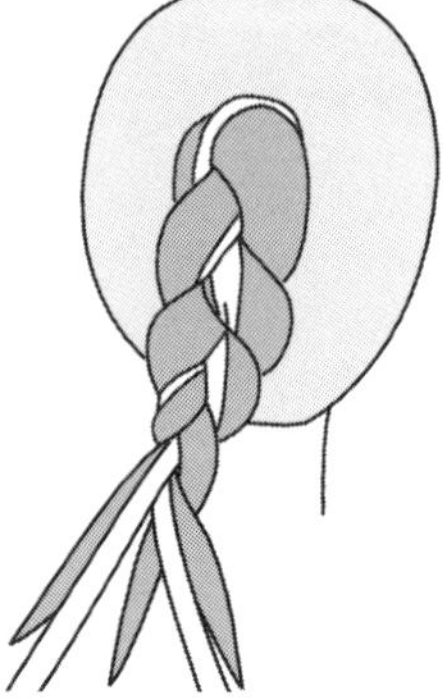

3

後ろでまとめた
髪を３つの束に分け、
そのうちの２束に、
リボン２本をそれぞれ
１本ずつ重ねて
いっしょに持ち、
髪を三つ編みにします。

4

三つ編みの先端を
ヘアゴムで
束ねます。

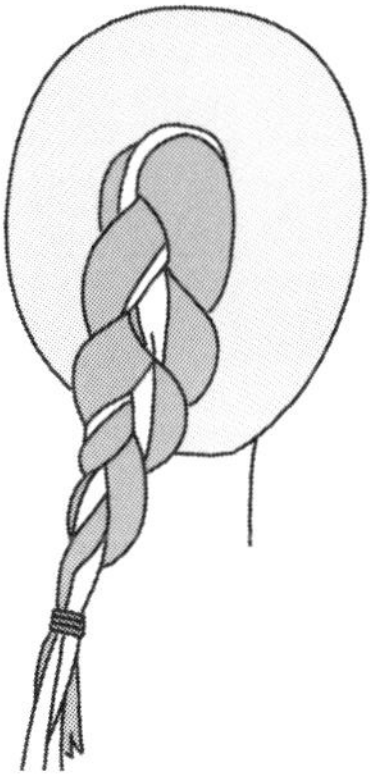

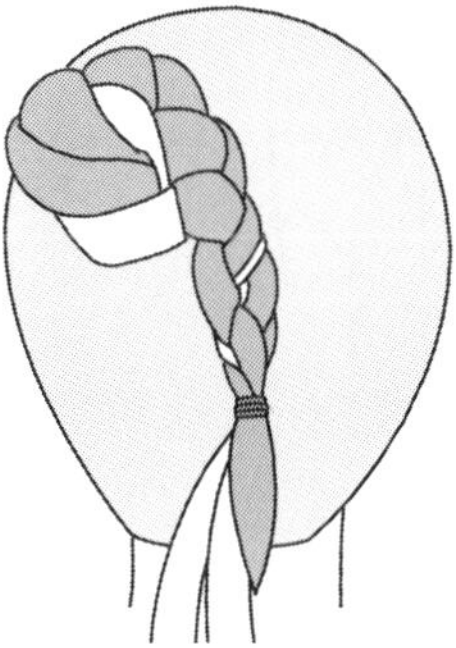

5

三つ編みを
頭頂部で
お団子状に丸く
巻きつけます。

6

リボンの先は
２本ともお団子の
外に垂らして、
お団子はピンを
刺して留めます。

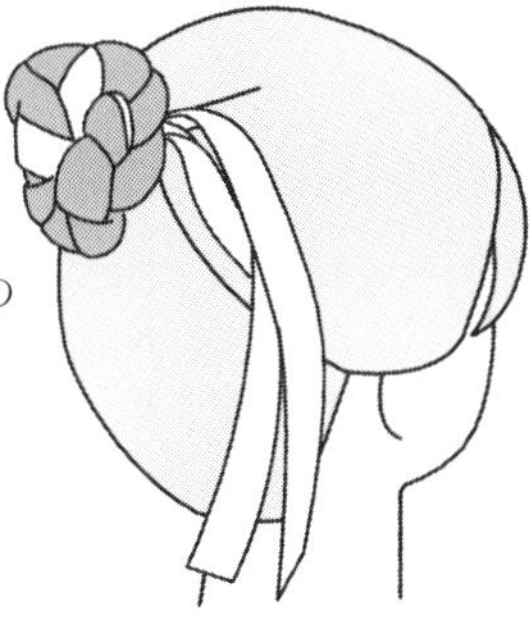

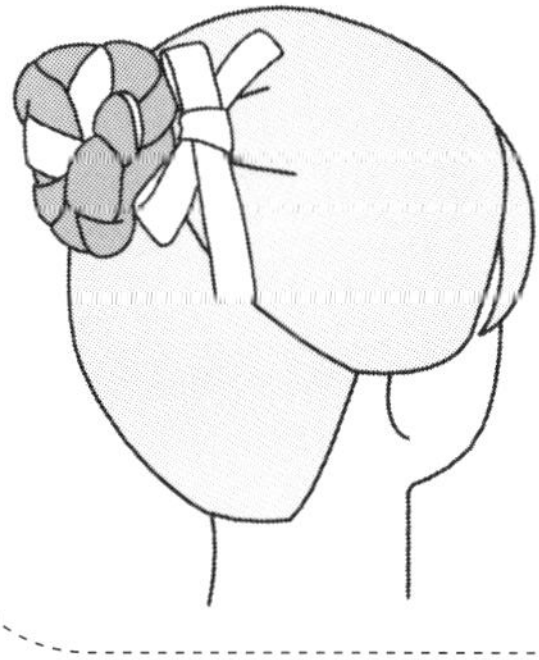

7

垂らした２本を
蝶々結び
(P14参照)にして、
完成です。

子どもの髪の遊び心ある ヘアリボンの結び方

どこからリボンが出ているの？
と思わせるような面白い結び方。
手先が器用なお母さん向けです。
リボンは長さ約１ｍのものを使用。

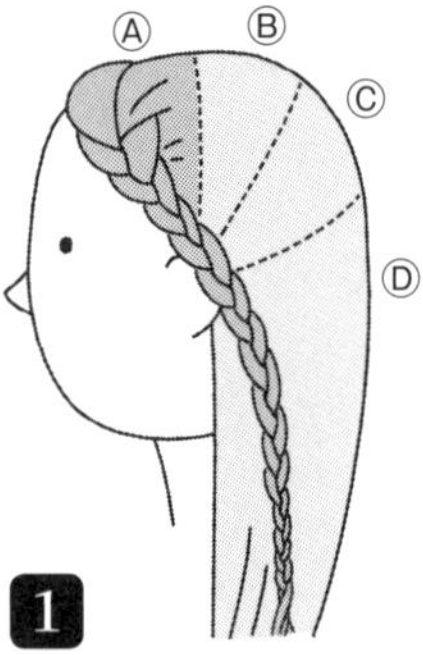

1

横側で髪を４分割し、
一番顔に近い
約¼の量Ⓐを
片編み込みか
三つ編みにします。

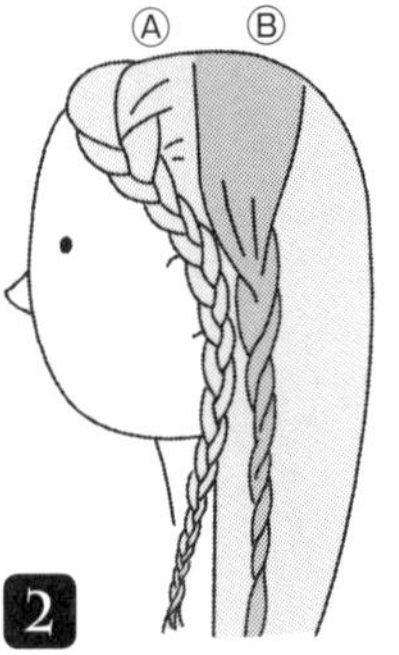

2

次の約¼量Ⓑは
軽くねじります。

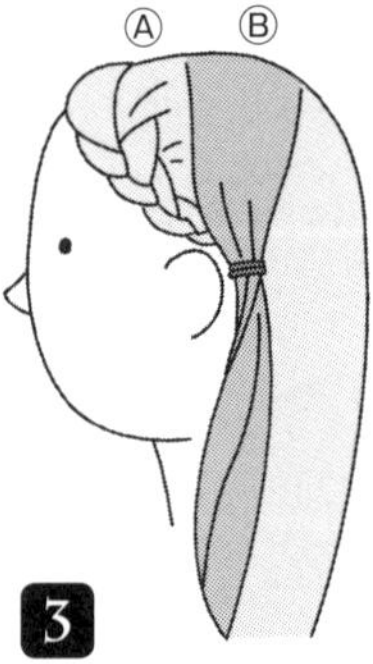

3

Ⓐ と Ⓑの髪を
まとめてヘアゴムで
束ね、ゴムより下は
Ⓐの三つ編みを
ほどきます。

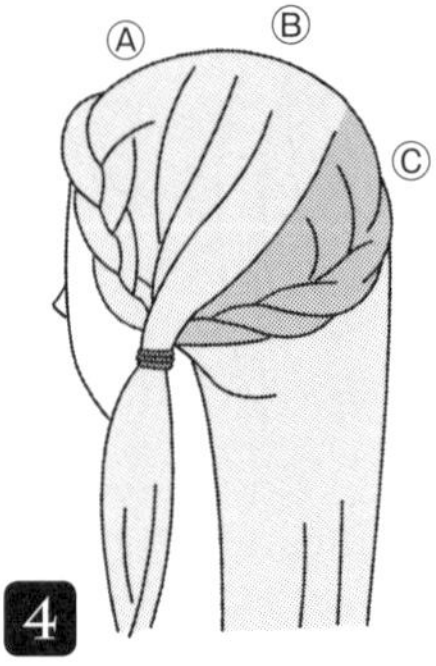

4

次の約¼量Ⓒも
軽くねじって、
ⒶⒷといっしょに
ヘアゴムで束ねます。
ヘアゴムは③でⒶとⒷを
束ねていたものです。

5 最後の¼量Ⓓは、三つ編みにします。

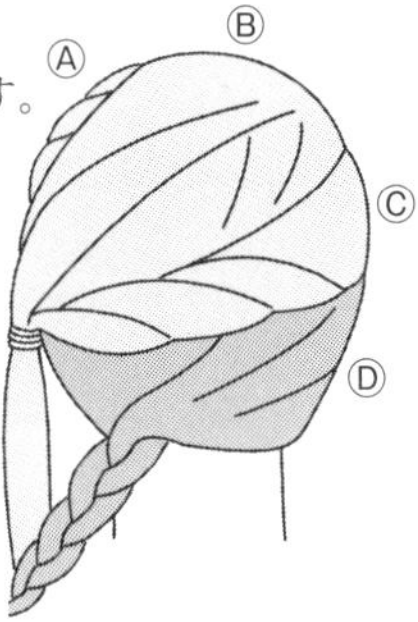

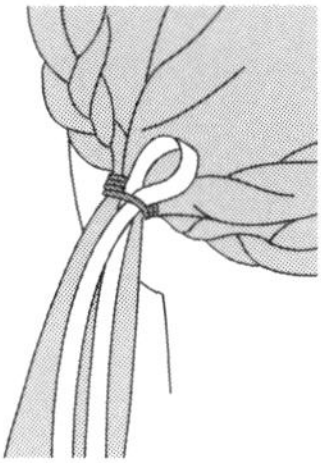

6 Ⓐ〜Ⓓをひとつに束ねてヘアゴムで束ね、図のようにリボンで輪を作って、ヘアゴムに通します。ヘアゴムより下は三つ編みをほどきます。ヘアゴムは④でⒶⒷⒸを束ねていたものです。

7 輪に、垂らしたほうをくぐらせて引っ張り、ヘアゴムにリボンを固定します。

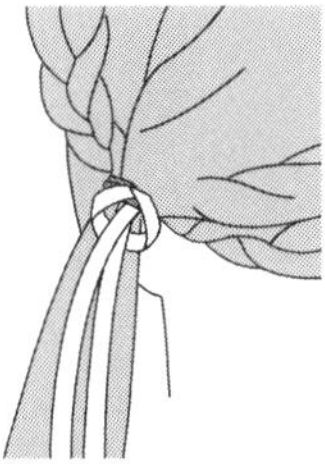

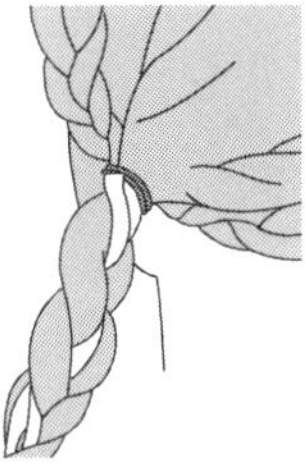

8 まとめた髪を３つの束に分け、そのうちの２束にリボン２本をそれぞれ１本ずつ重ねていっしょに持ち、髪を三つ編みにします。

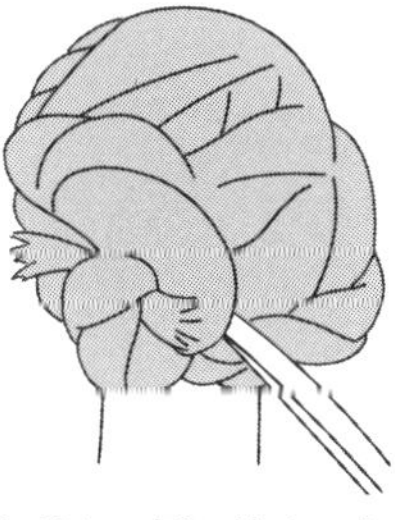

9 編み込んだら、編み始めのあたりでぐるぐるとお団子に丸めてピンで留めます。このとき、リボンの先端をお団子の外に出しておきます。

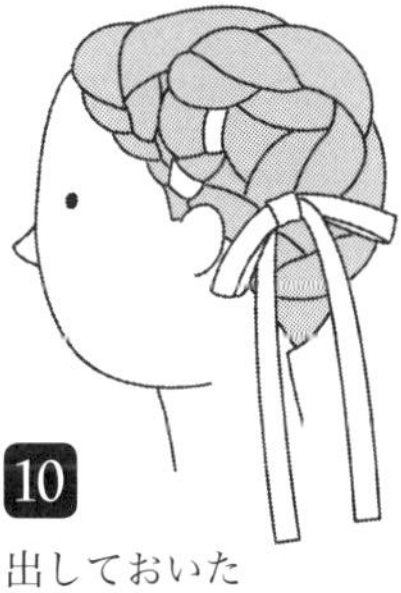

10 出しておいたリボンを蝶々結び(P14参照)で留めて完成です。

ヘアリボンをカチューシャにするときの結び方

カチューシャ替わりにヘアリボンを使いたいときは、先に三つ編みで髪を留め、上にリボンを掛けましょう。

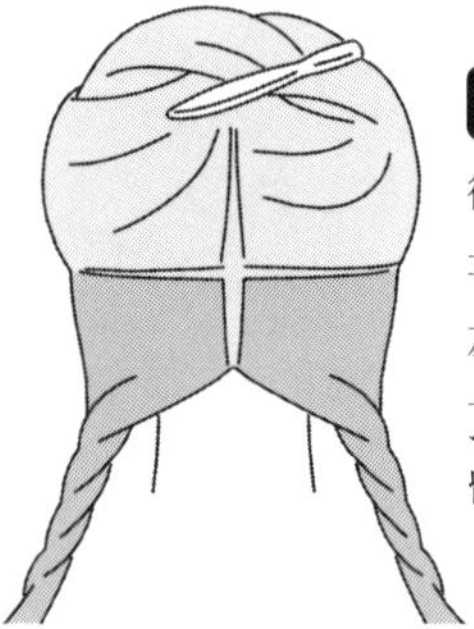

1

後ろ側で髪を
上下に分け、
下半分はさらに
左右２つに分けます。
上の髪は
ヘアクリップなどで
留めておきます。

2

下半分は、
左右それぞれ、
上に持ち上げるような
角度で三つ編みにします。

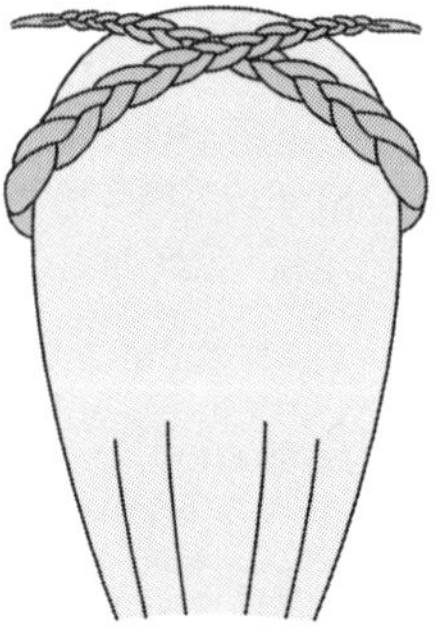

3

三つ編みした
左右それぞれの髪を、
上で交差させ、
上の髪を留めていた
クリップをはずして、
髪を下ろします。

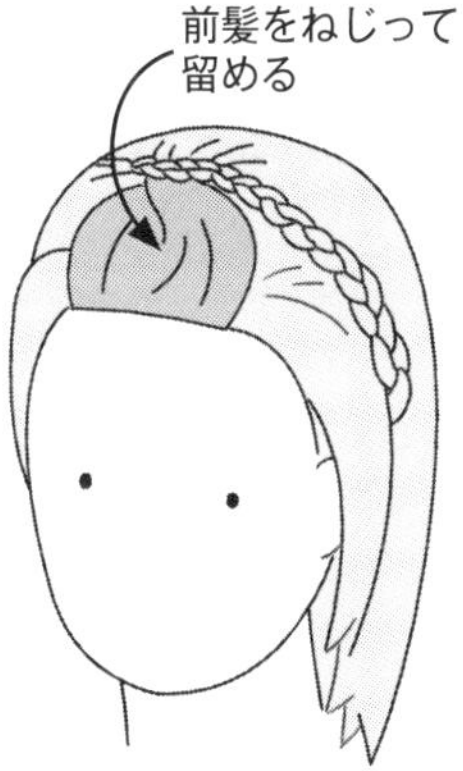

4

左右の三つ編みを
上でピンで刺して留めます。
このとき、前髪の一部を
ねじって三つ編みと
いっしょにピンで留めると
かわいさがアップします。

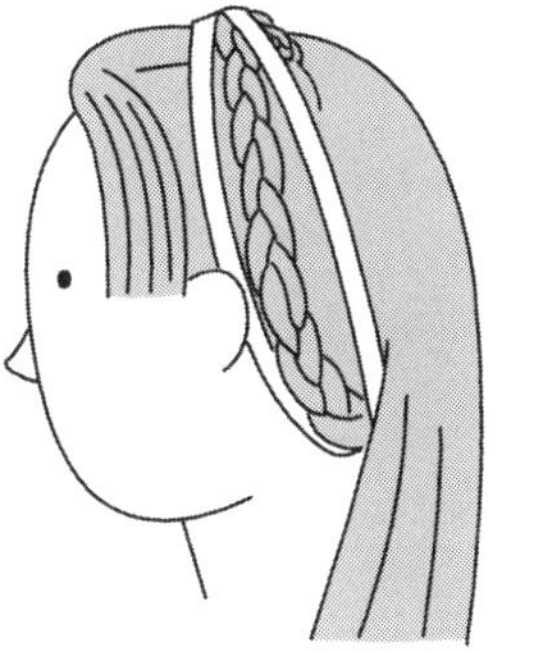

5

リボンを三つ編みの上に
長さに応じて
何回か巻きつけます。

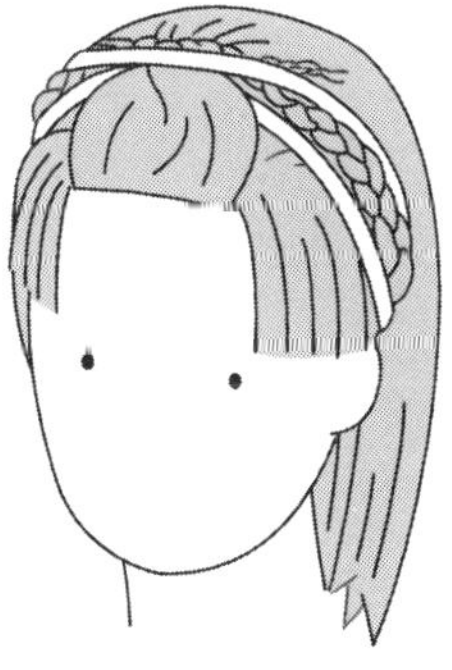

6

結び目は首側にして、
後ろ髪で隠すようにして、
本結び(P12参照)で結び
完成です。
お好みで、上で
蝶々結び(P14参照)に
してもかわいいです。

短い髪を
手早く飾る結び方

市販のシュシュ（筒状の布にゴムを通したもの）を使って簡単にパパっと結べるので時間がないときにもおすすめです。

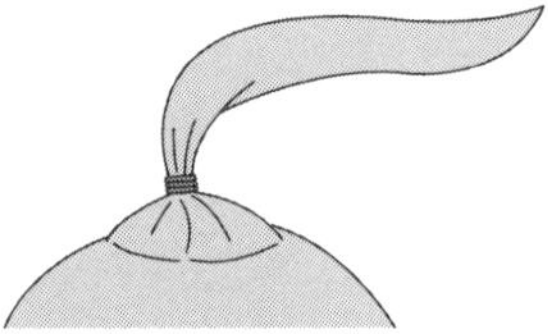

1 頭頂部分の
髪の一部少量を
ゴムで束ねます。

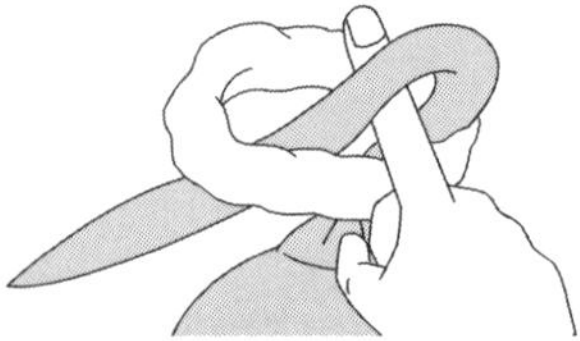

2 束ねた髪で
輪を作り、
シュシュに通します。

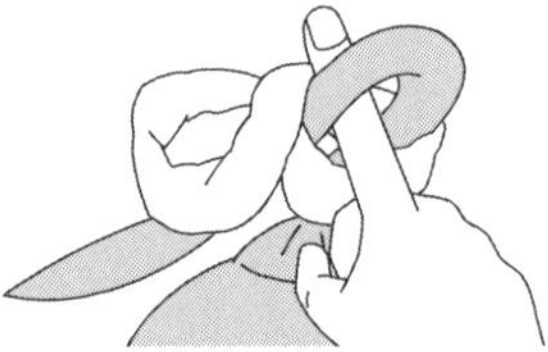

3 シュシュを
１回ねじって
８の字にします。

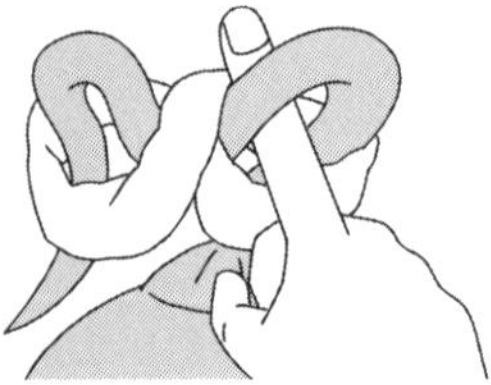

4 髪で輪を作り、
８の字のもう片方に
入れます。

5

輪の長さを
バランスよく
整えて完成です。

第八章

ラッピングに役立つ

簡単にできるシンプルな結び方から、
華やかに贈り物を彩る結び方まで、
ラッピングなどに役立つ
結び方を紹介します。

贈り物を包む蝶々結び

ちょっとした贈り物でも、かわいらしいリボンをかけるだけでぐーんとセンスアップ。
蝶々結びで留める簡単な結び方。

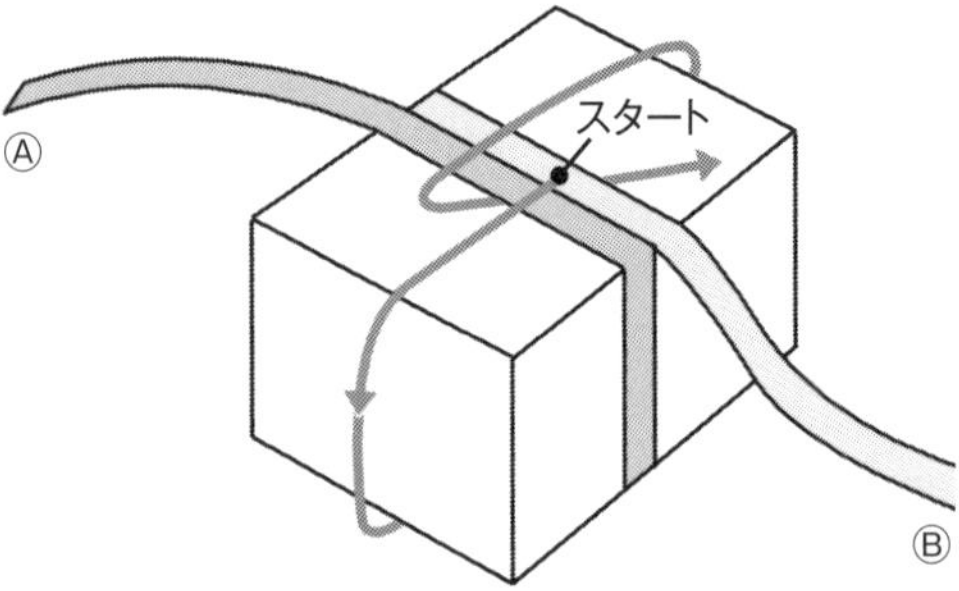

1 図のように箱の中央に
リボンを巻きつけたら、
Ⓑをスタートの位置から矢印の方向に
十字になるよう巻きます。
箱を1回巻いたら、
ⒶとⒷのリボンの下に
Ⓑの先端を通します。

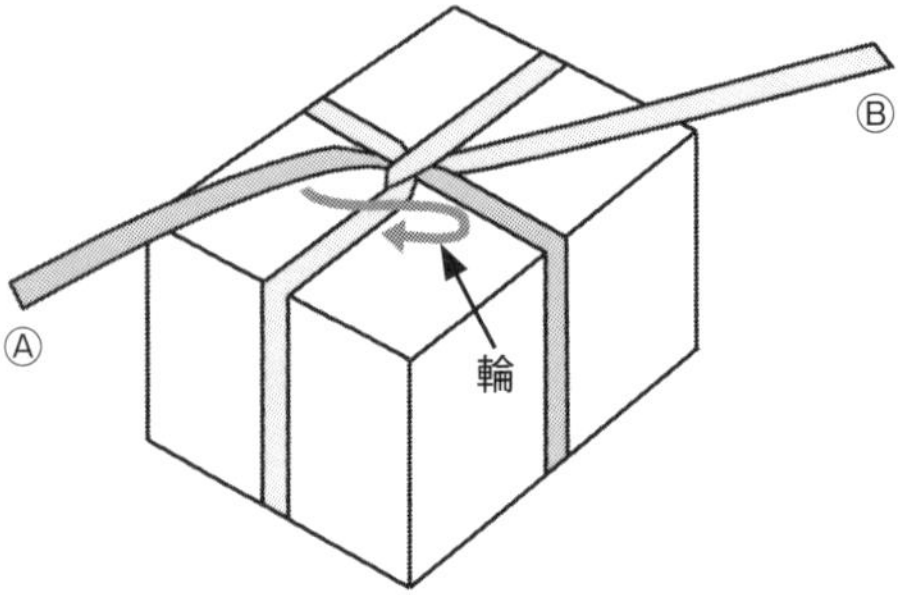

2 Ⓐを矢印のように二つ折りにして
輪を作ります。

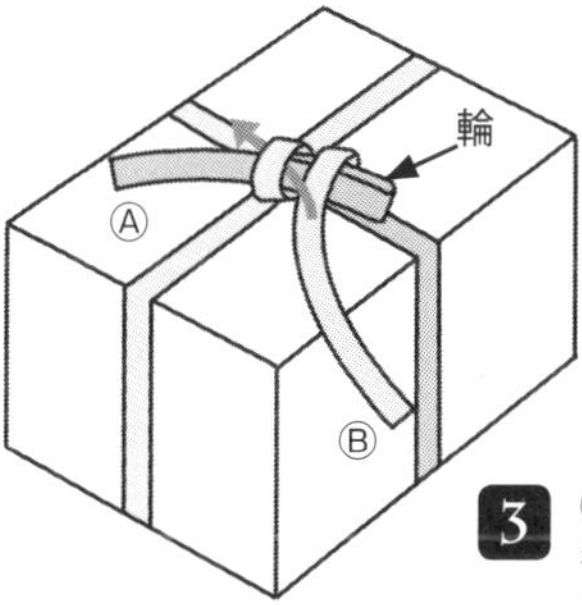

3 Ⓑを2で作った輪に
巻きつけてから、
二つ折りにして
矢印の方向に引き出し、
蝶々結びにしていきます。

4 輪の部分を引っ張って
結び目を整えます。

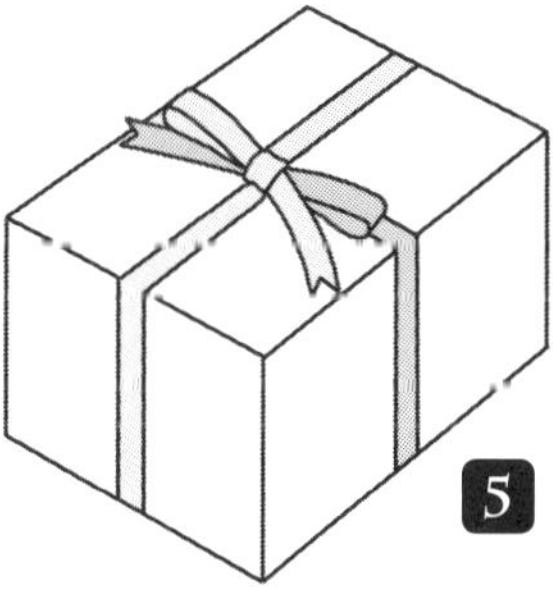

5 蝶々結びのできあがり。
これで完成です。
図のようにリボンの端を
飾り切りすると、
センスよく仕上がります。

華やかに贈り物を飾るコサージュの結び方

プレゼント包装の定番といえばリボンで作ったコサージュ。リボンから自分で作るときの結び方を紹介します。

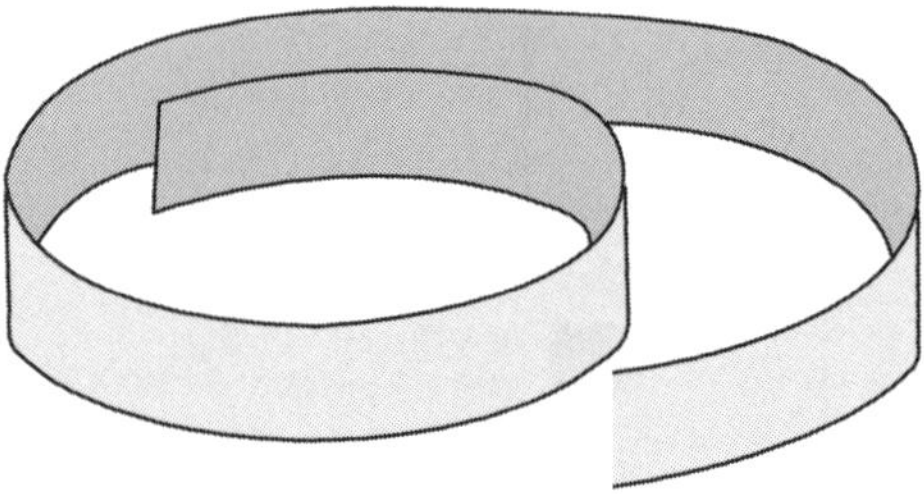

1 作りたいコサージュの大きさ(直径)よりやや長めにリボンを折り返し、10回ほどぐるぐると巻きます。

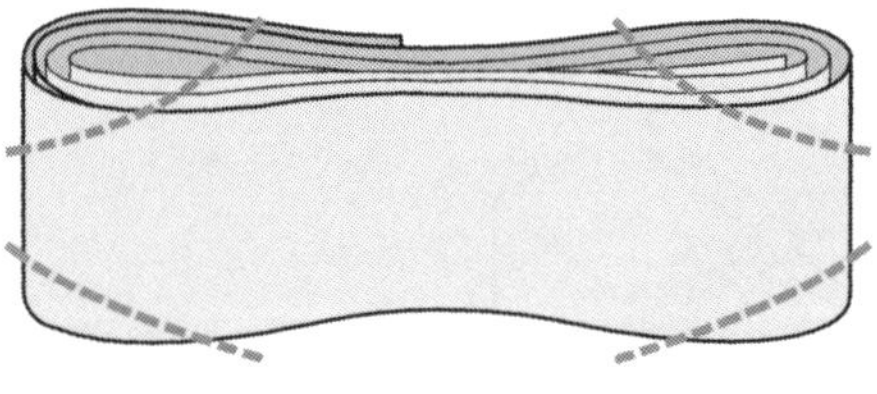

2 巻いたら、巻き終わりを中央にして、点線のところを切り落とします。

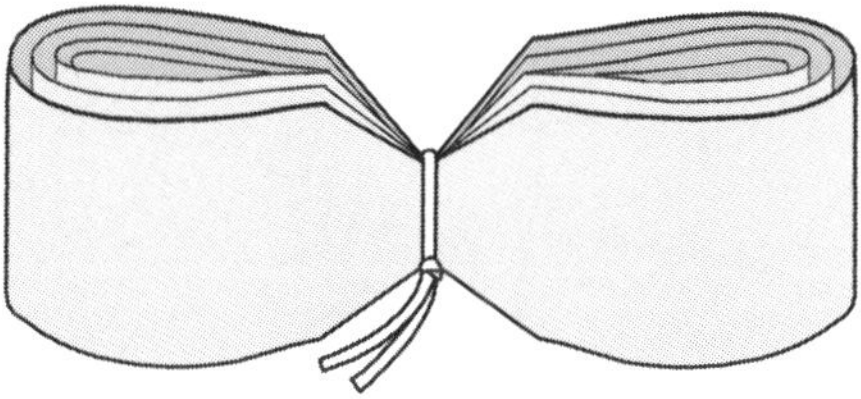

3 切り落としたところを中央にして、
細い糸などで中心をぎゅっと結びます。
結び目は下側へ送りましょう。

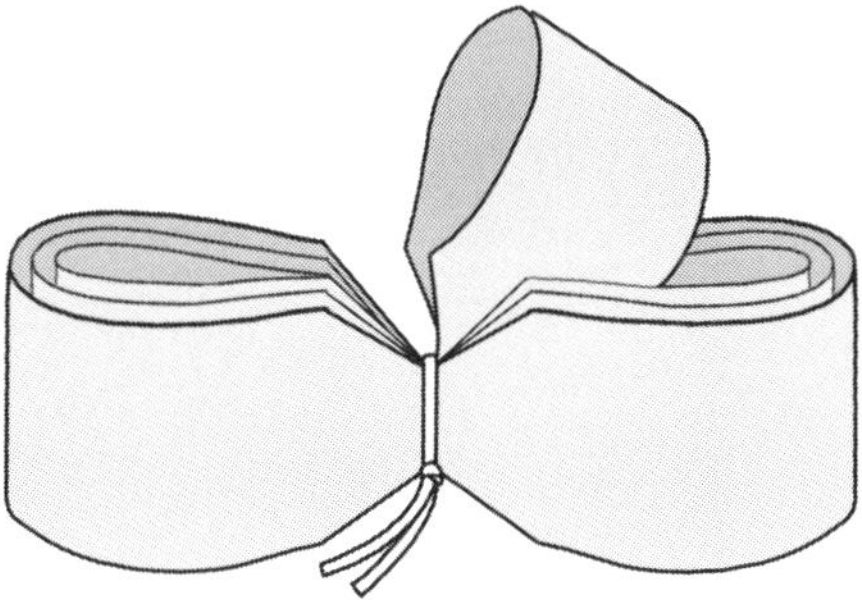

4 1枚ずつリボンをねじりながら上へ引き出し、
花びらのように散らして形を整えます。

5 完成です。

ラッピングバッグを閉じるリボンの結び方

贈り物を袋に入れたときに、口を閉じるときの結び方です。簡単に閉じられてシンプルに仕上がる、役立つ結び方です。

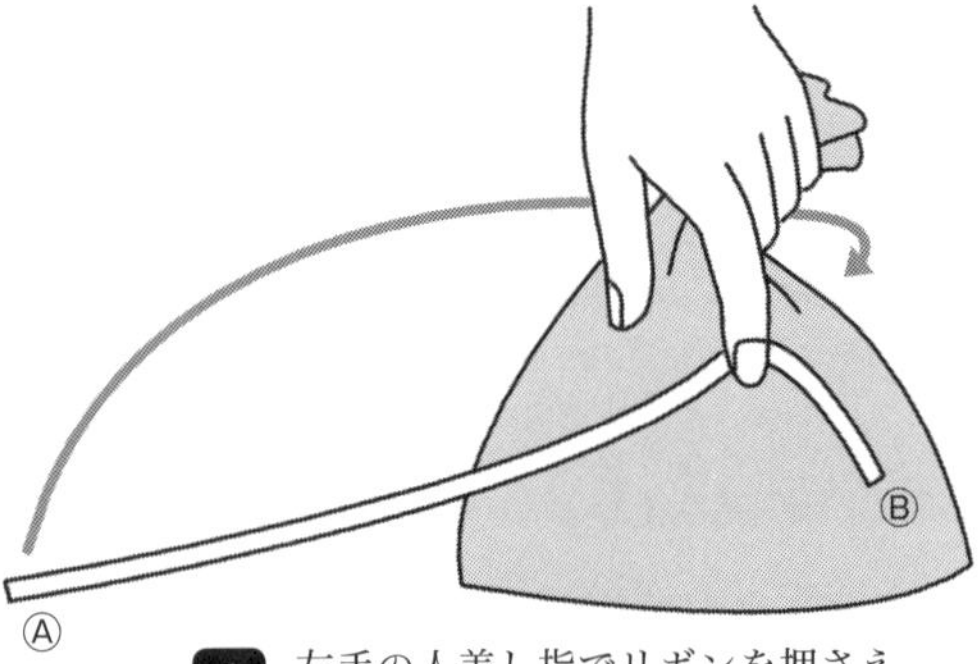

1 左手の人差し指でリボンを押さえ、親指と人差し指以外の３本の指で袋の口を持ち、Ⓐを矢印のように後ろに回します。

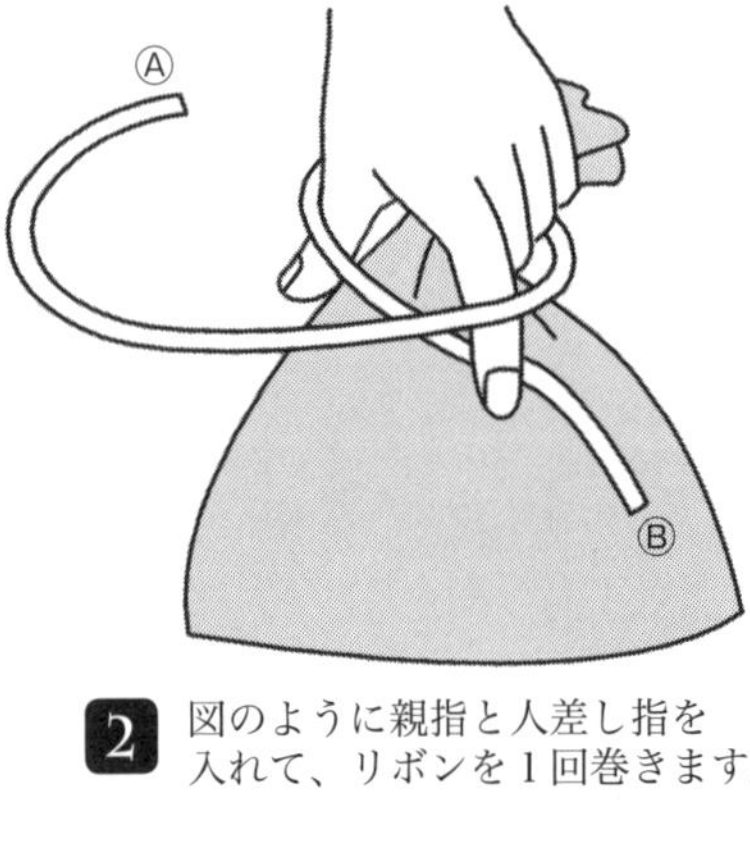

2 図のように親指と人差し指を入れて、リボンを１回巻きます。

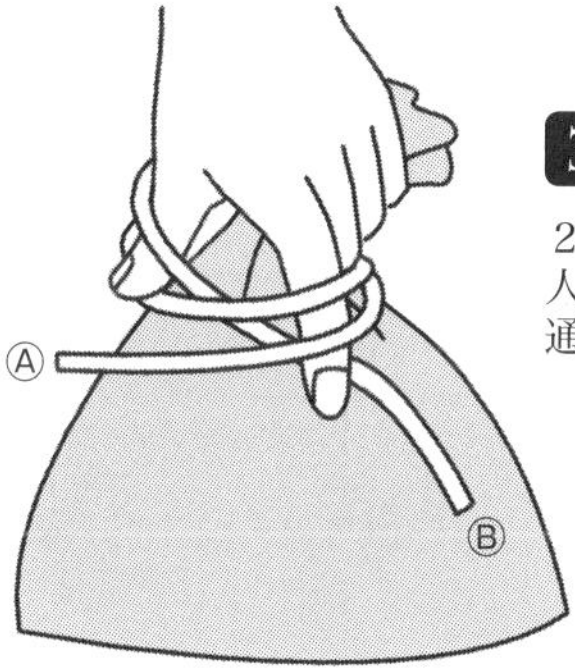

3

２回目は、親指の下と
人差し指の上を
通して巻きます。

4

リボンの先端Ⓐを、
親指がかかっている輪と
かかっていない
輪の間に通します。

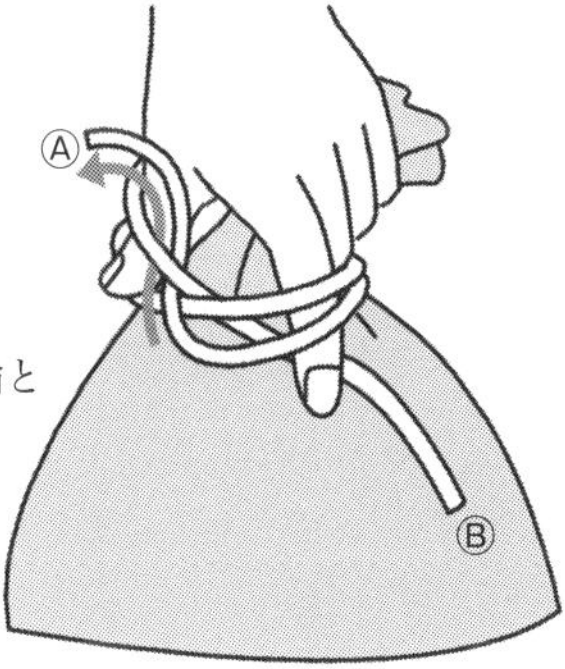

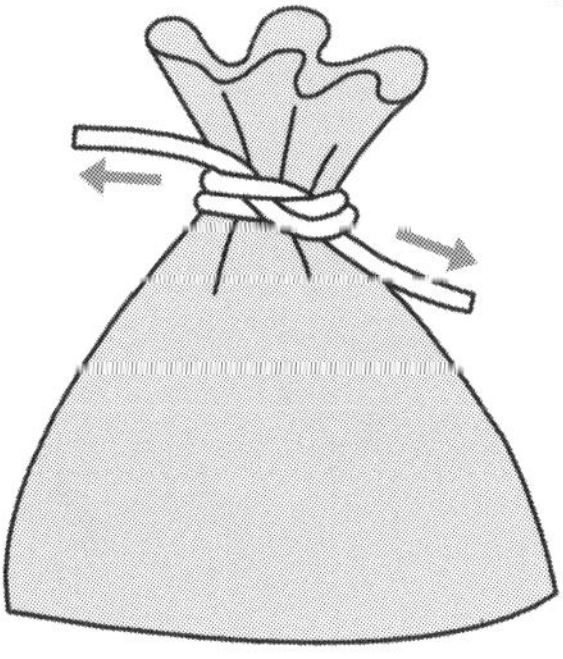

5

リボンを両側から
ぎゅっと引いて
袋の口を閉じます。

ラッピングバッグ

めでたさを表現する水引風の結び方

結婚式のご祝儀袋など、一度きりにしたいお祝いに使われる、水引のなかでも「結びきり」と呼ばれる結び方です。

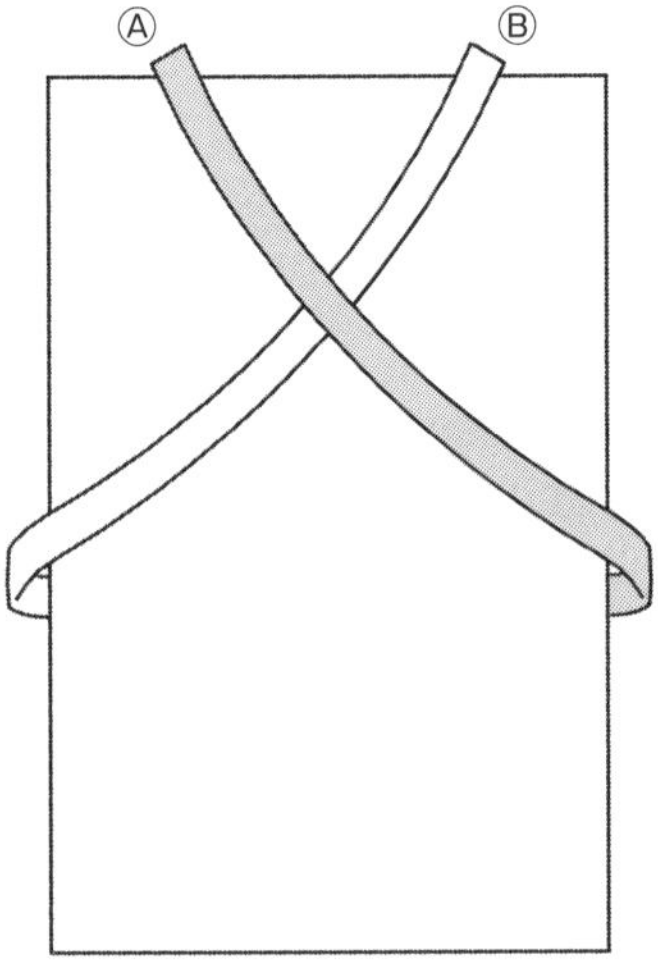

1 ご祝儀袋などにひもをかけ、Ⓐを上にしてⒷと交差させます。

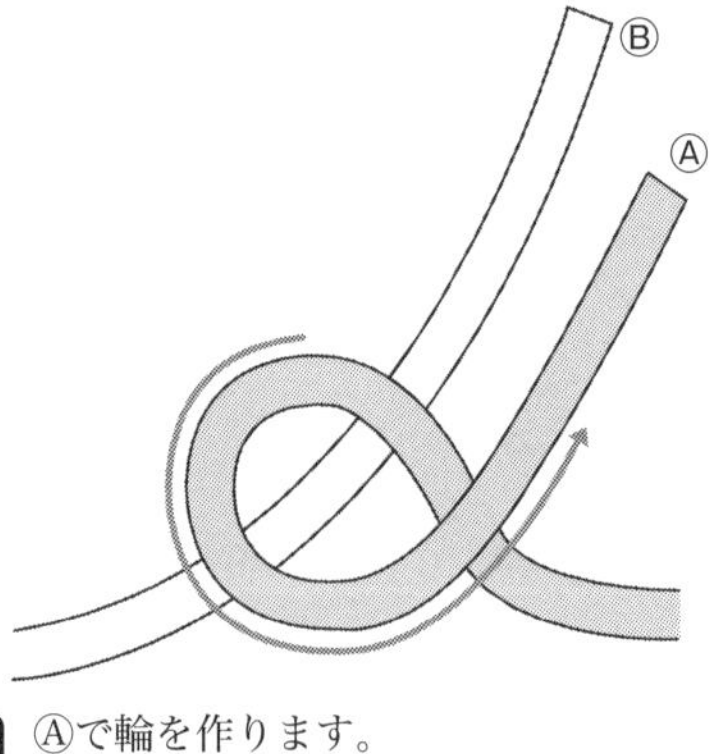

2 Ⓐで輪を作ります。

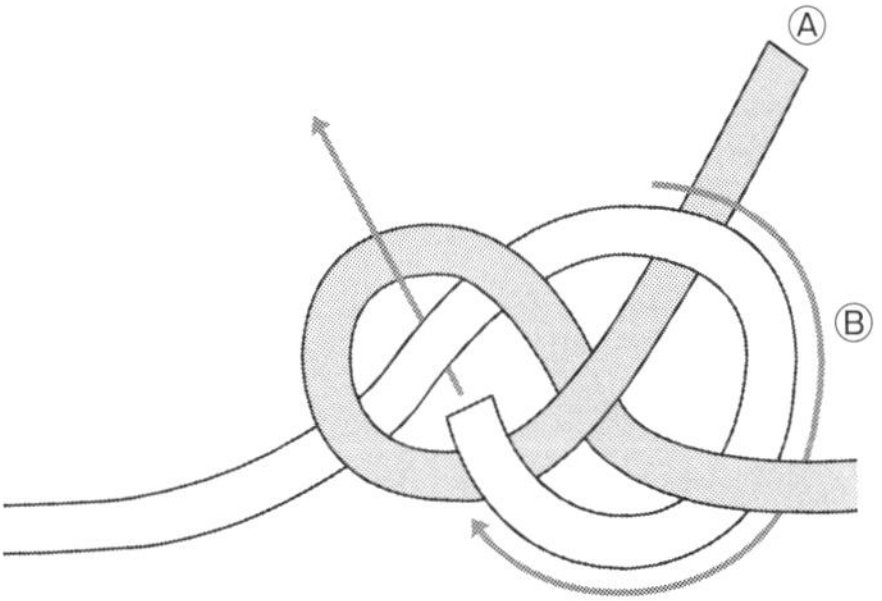

3 Ⓑを矢印の方向に通します。
Ⓐと Ⓑの重なりに注意しましょう。

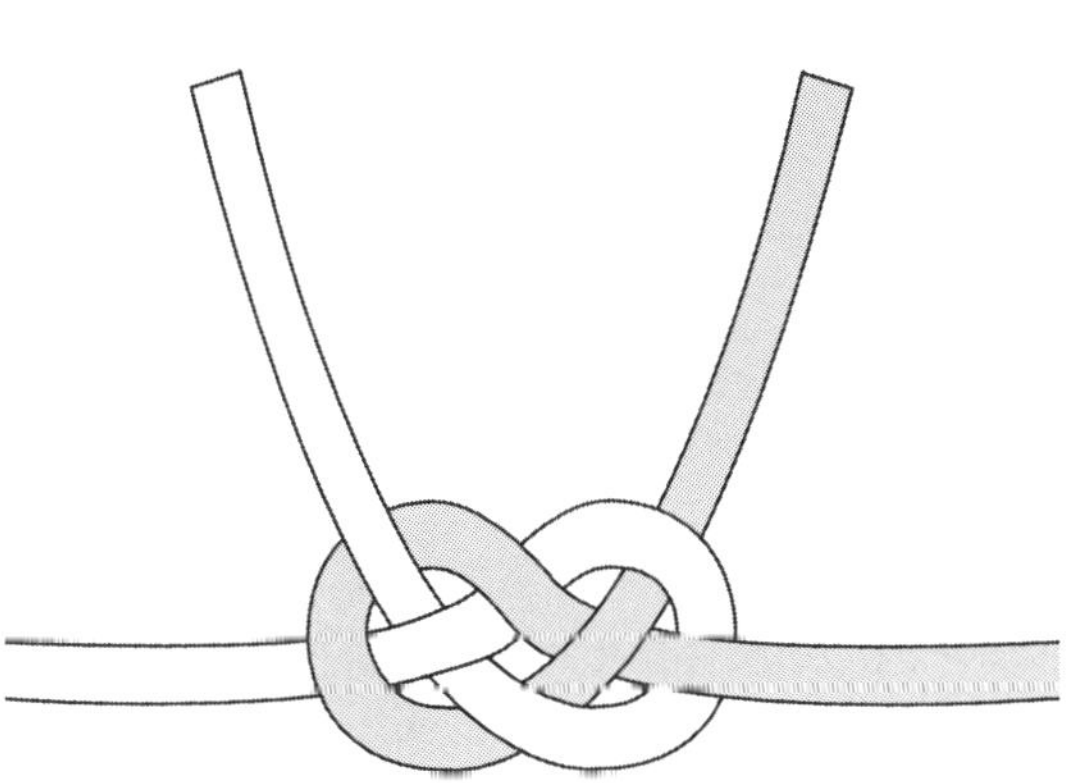

4 長さを調節して、完成です。

簡単にできる花束の結び方

キレイに花を束ねても結ぶ段階で形が崩れてしまうことが。
慣れれば片手で花束を握りながらまとめることができます。

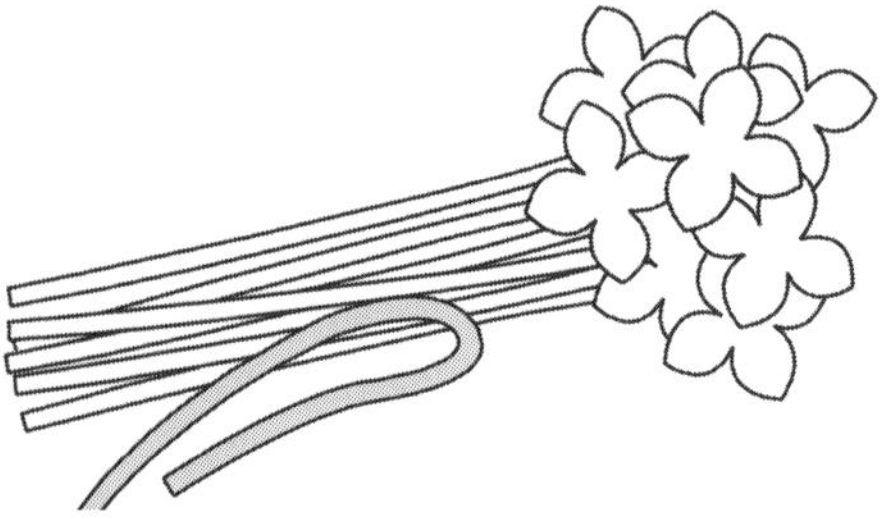

1 ひもの端を折り曲げて輪を作り、
端が下にくるようにします。

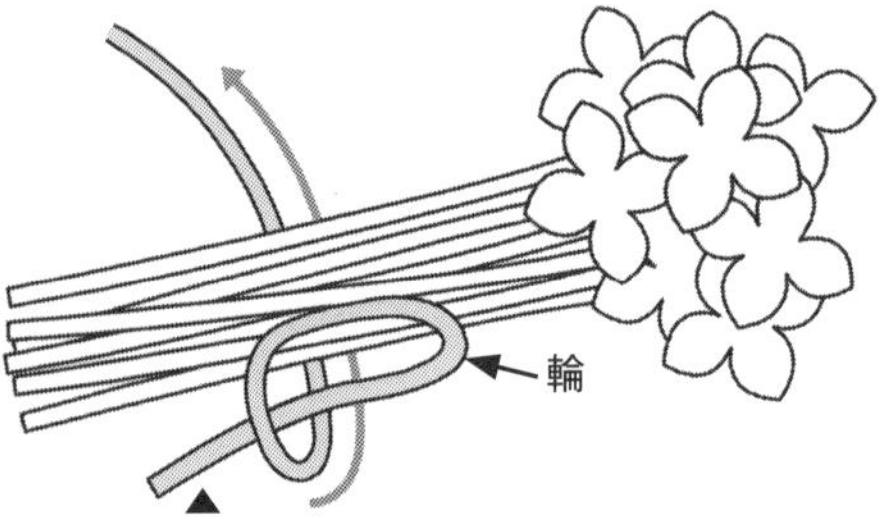

2 ▲の部分と茎を一緒に握り、
輪になった部分を巻き込みながら、
もう片方の手でひもを巻いていきます。

3 折り曲げた部分と花束の茎を
3～4回巻きつけます。

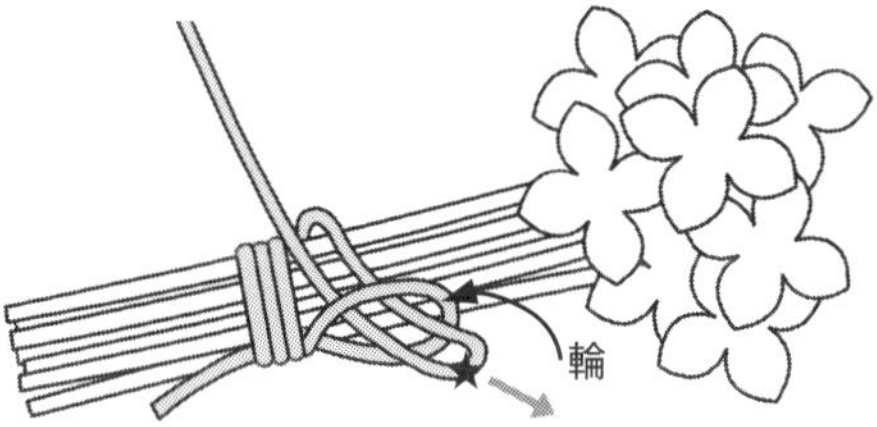

4 折り曲げてできた輪に、
ひもを★印のところで二つ折りにして、
図のように通します。

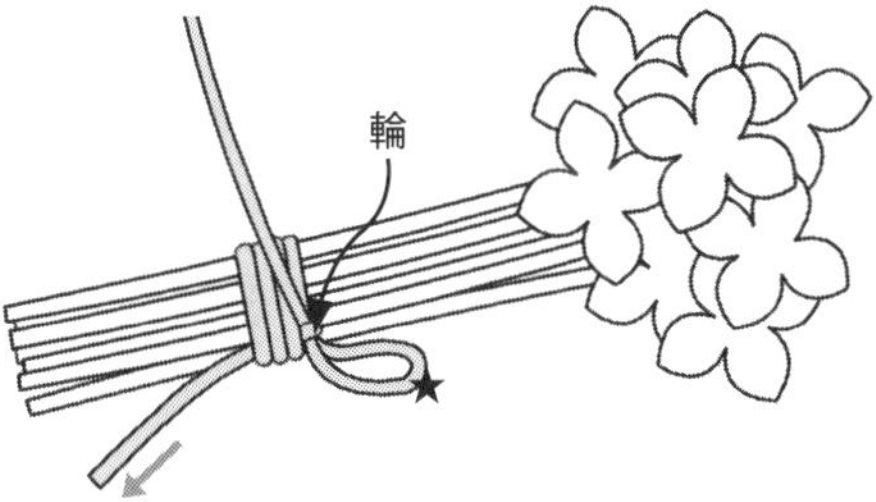

5 下に向けていた
ひもの端を引いて輪を締めます。

6 余ったひもを切って完成です。

丸い箱にひもを掛けるときの結び方

プレゼント用の丸い箱などを持ち運ぶときに便利な結び方です。

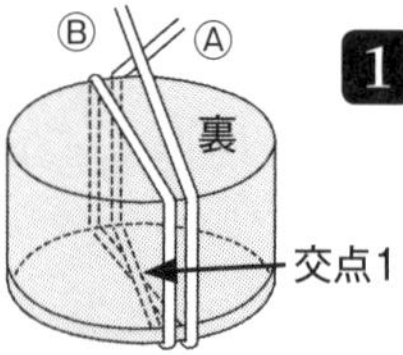

1 箱を裏返し、箱の中央にひもを２回巻きます。このとき、点線のようにひもの交点が箱の中央にくるようにします(交点１)。

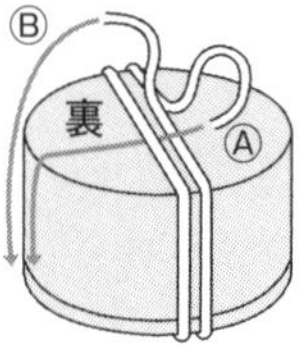

2 Ⓐを矢印の方向に通し、次にⒷを矢印の方向に動かします。

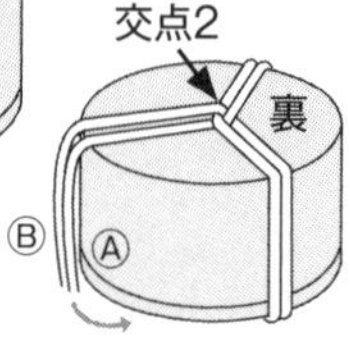

3 交点２が箱の中央にくるように調節し、ⒶとⒷの先端を揃えて、表側に通します。

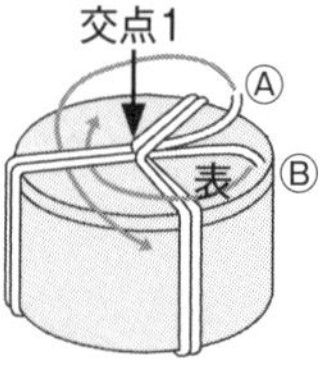

4 箱を表に返し、交点１のところでⒶとⒷをかかっているひもの下に通してからⒶとⒷの先端をそれぞれ矢印の方向に通します。

5 ⒶとⒷを１回結んで、交点のところで締めます。

6 ⒶとⒷを２本まとめて１回結んで先端に結び目を作り、持ち手にします。

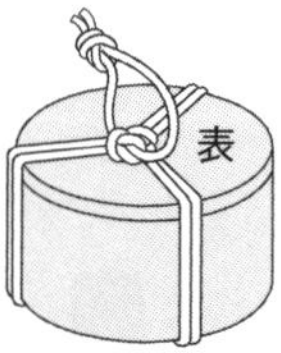

第九章

ふろしきを結ぶ

ふろしきの結び方を覚えておくと、
贈り物や金封を包むときだけでなく、
バッグにアレンジしたり、
いろいろなシーンで役立ちます。

ふろしきの基本、真《ま》結《むす》びの結び方

「真結び」と呼ばれる方法で、結び目を作る基本の結び方。箱に入れた進物などを持参するときに使います。

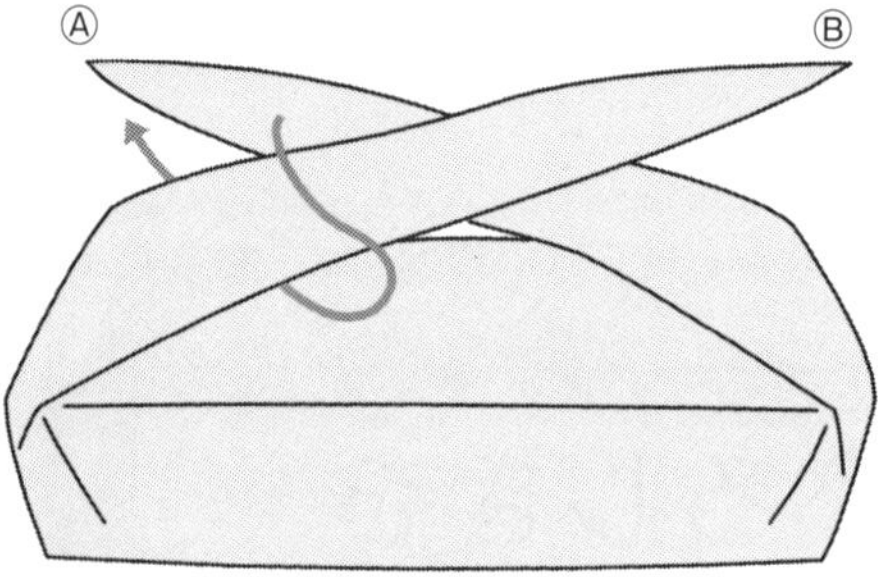

1 ふろしきは表を下にして、ひし形になるように置き、中央に箱を置き、奥から手前、手前から奥の順で箱を包み、ⒶをⒷの下から通します。

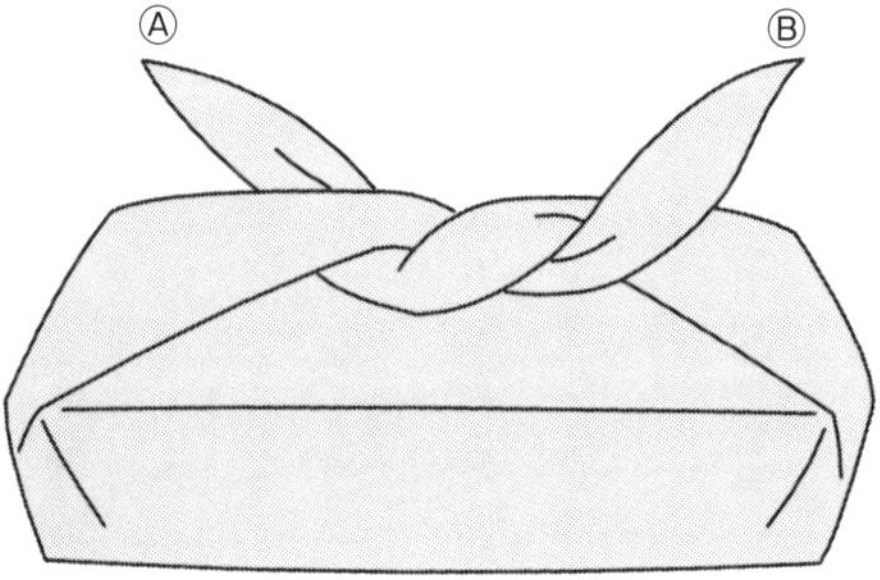

2 通したところです。

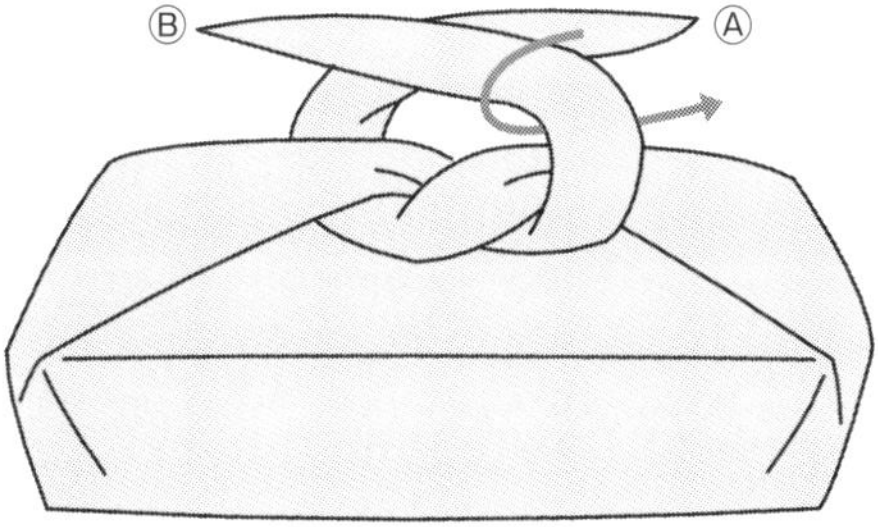

3 今度は、Ⓐの先端を、Ⓑの上から
矢印のように通して結び目を作ります。

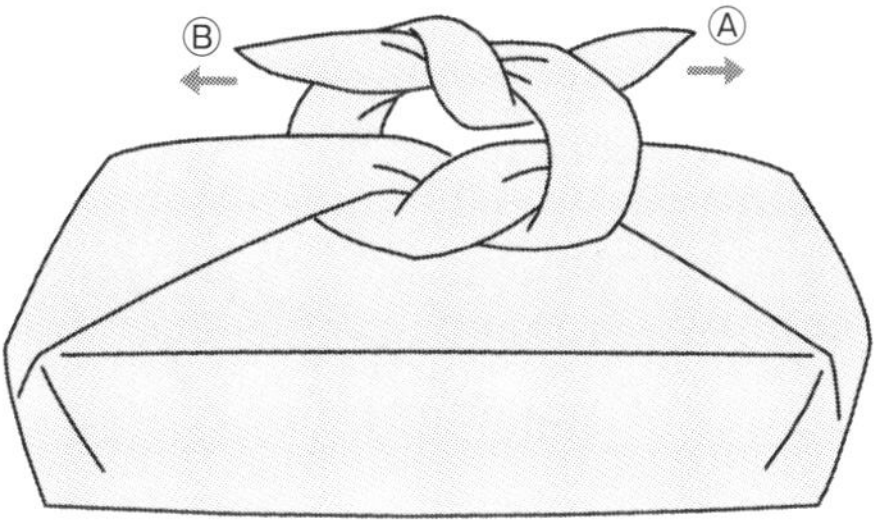

4 ⒶとⒷの両端を引っ張って
結び目を小さく締めます。

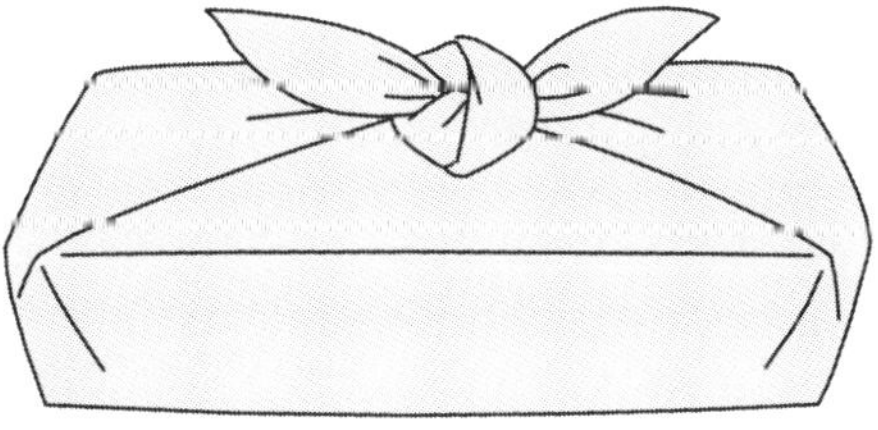

5 完成です。

ふろしきで正方形のものを包むときの結び方

重箱など正方形のものを包むときに、しっかり結べて重宝します。結び目がお花のように見えるのもかわいいですね。

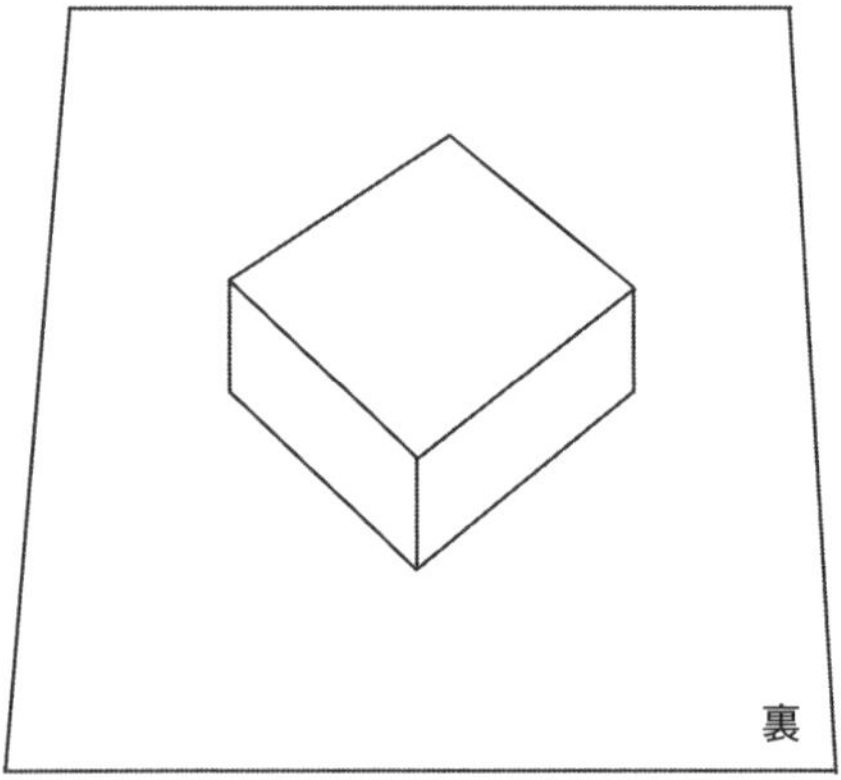

1 ふろしきは、表側を下にして広げ、包む正方形のものを図のように中央に置きます。

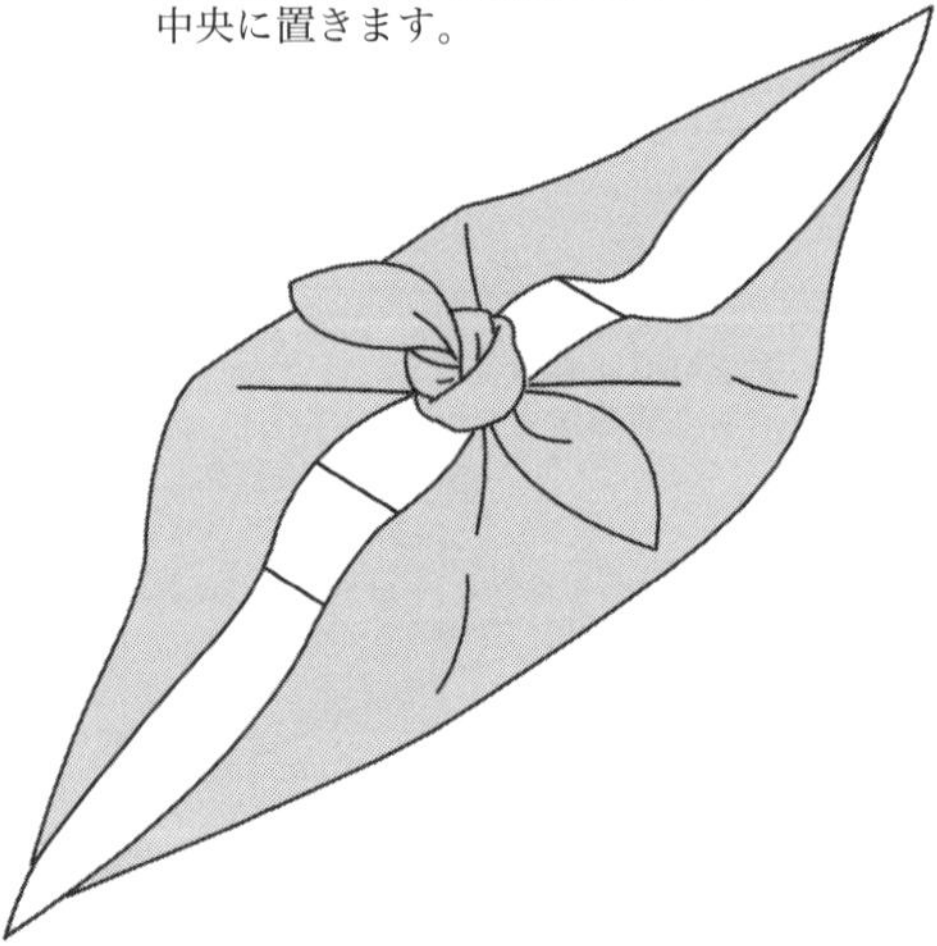

2 ふろしきの左上と右下の角を真結び(P172参照)にします。

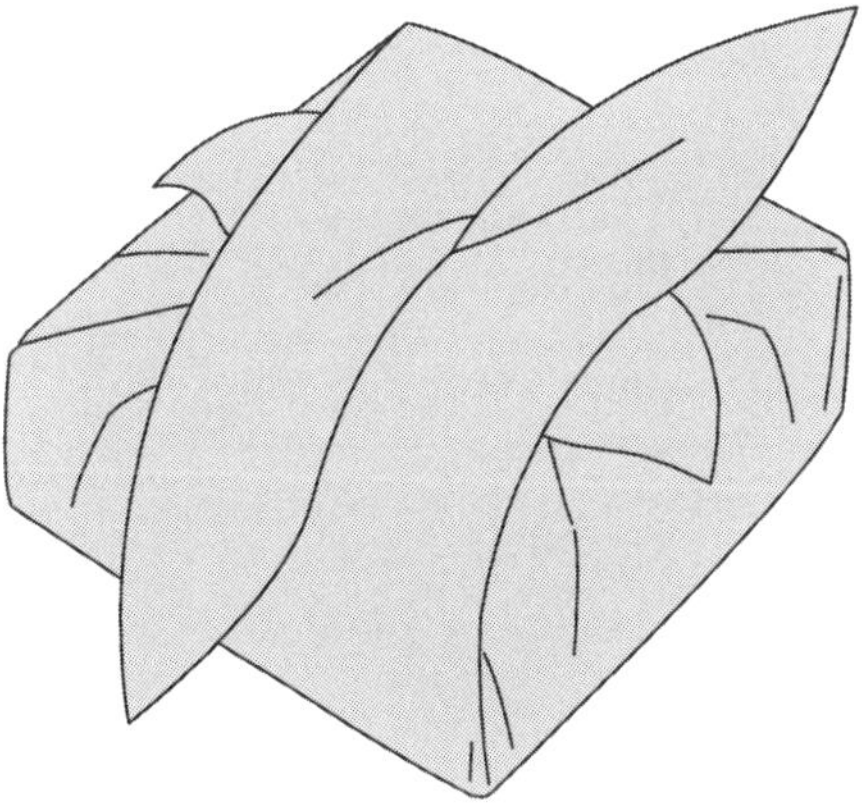

3 次は右上と左下の角を交差させます。

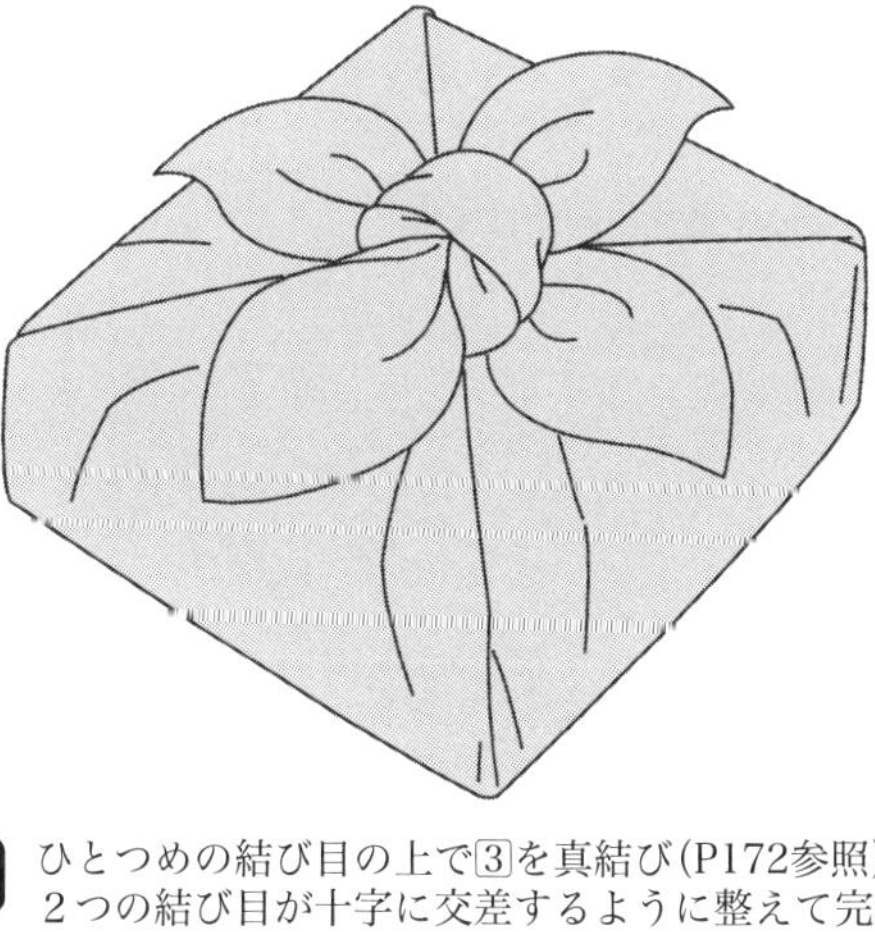

4 ひとつめの結び目の上で3を真結び(P172参照)にします。
2つの結び目が十字に交差するように整えて完成です。

ふろしきを簡単なバッグにするときの結び方

スーパーで買ったものなど、少しかさばるものでも持ち運びがラクチンです。エコバッグ代わりにおすすめです。

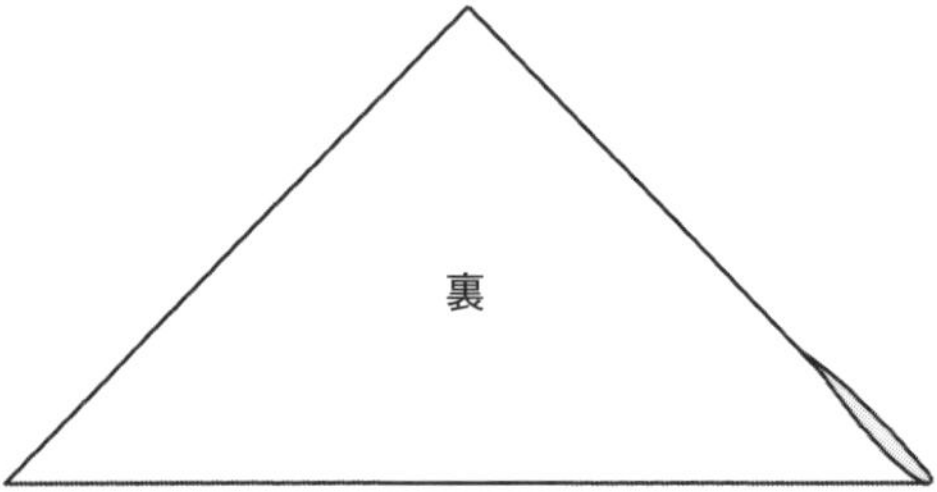

1 ふろしきは、
裏側を表にして三角に折ります。

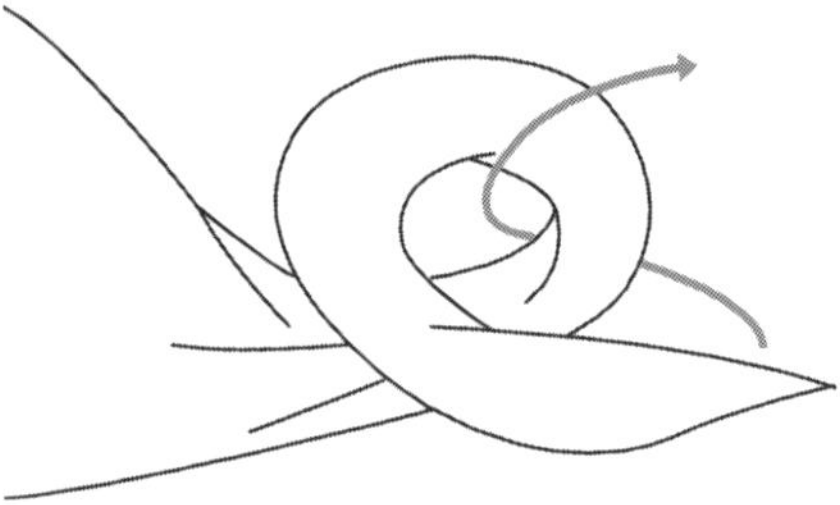

2 右側の先端を1回結びます。

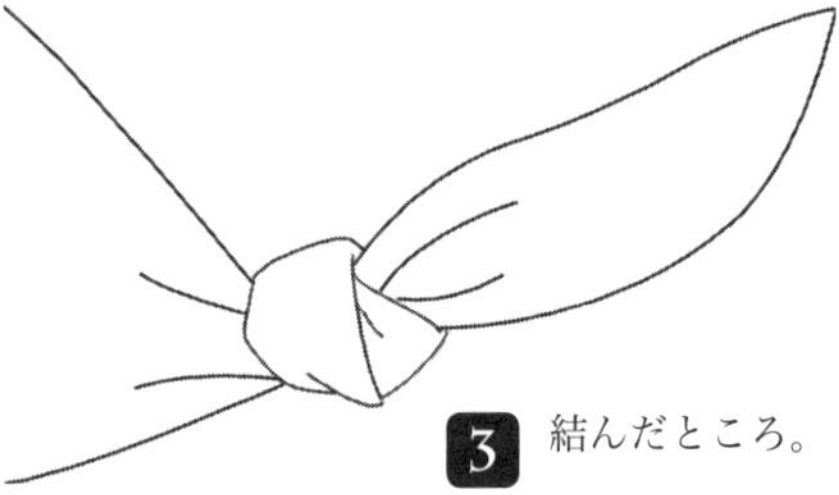

3 結んだところ。

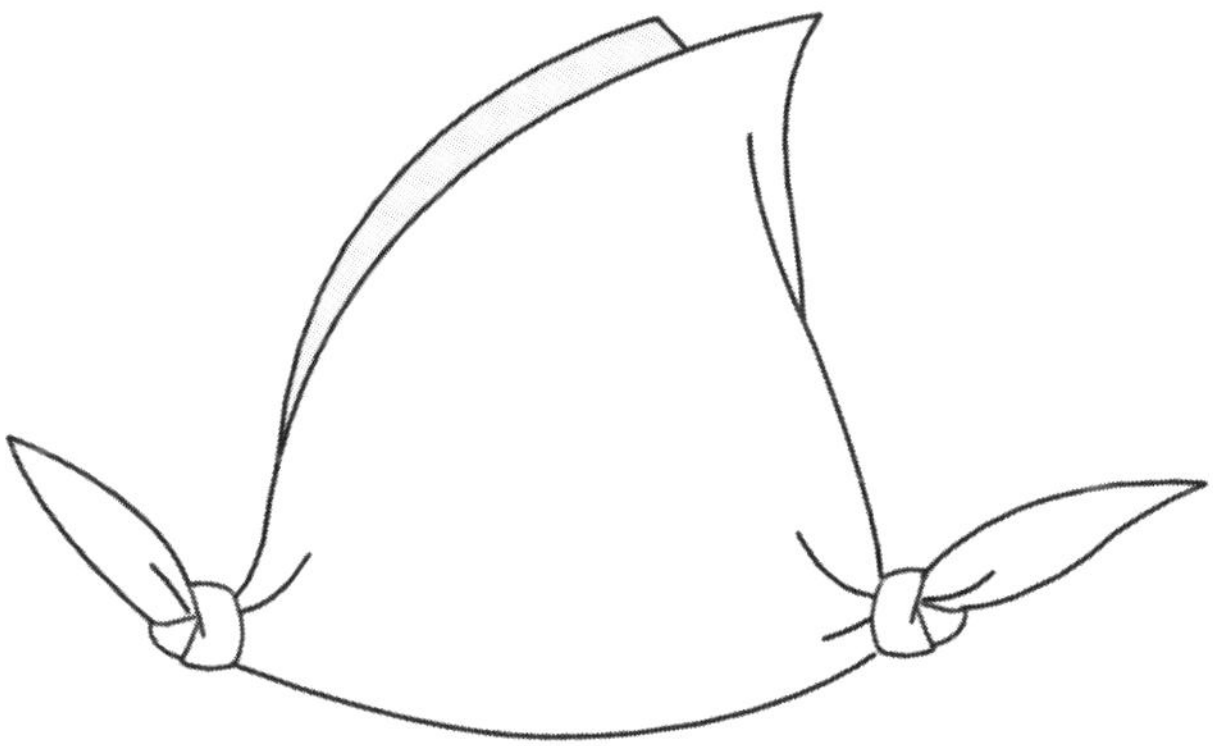

4 左側も同じようにして結びます。

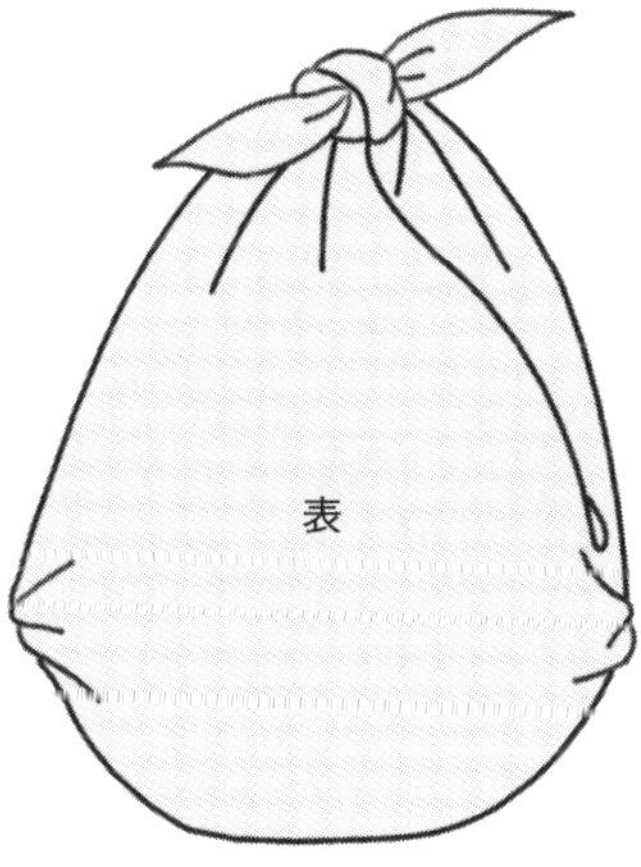

5 ふろしきを裏返して表を外側にし、
中に包むものを入れます。
頂点のところを真結び(P172参照)にして完成です。

ふろしきでかわいいバッグを作るときの結び方

丸くコロンとかわいらしい小さめのバッグに仕上がる結び方です。荷物がそれほど多くないときにおすすめです。

1 ふろしきは表を下側にして広げます。

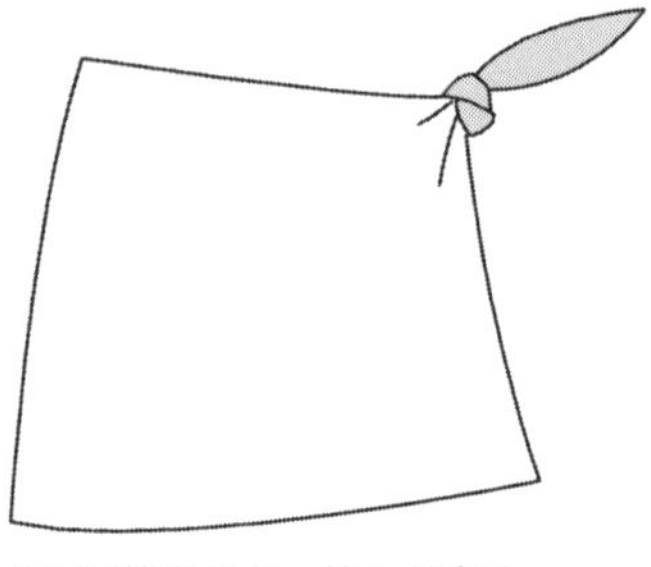

2 角を１回結びます。結んだ先を少し長めに残しておきます。

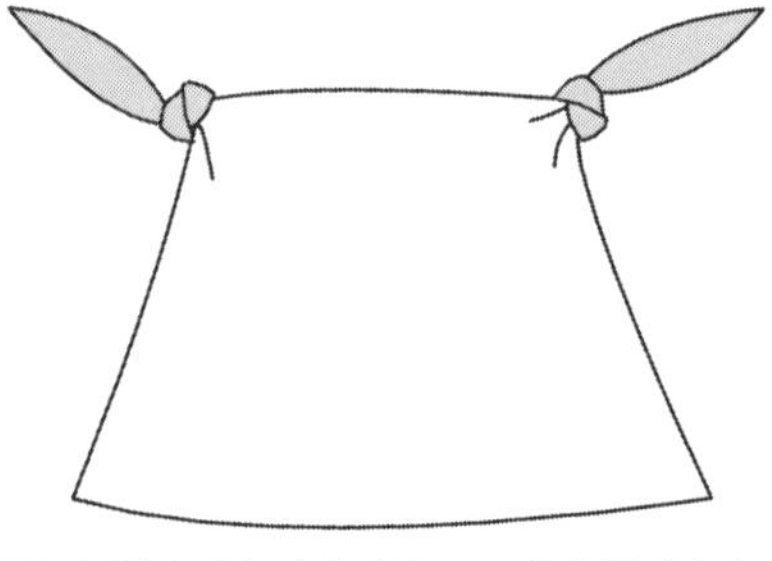

3 同じようにもうひとつの角を結びます。

4

残り２つの角も結び
表が外側になるように
袋状に形を整えます。

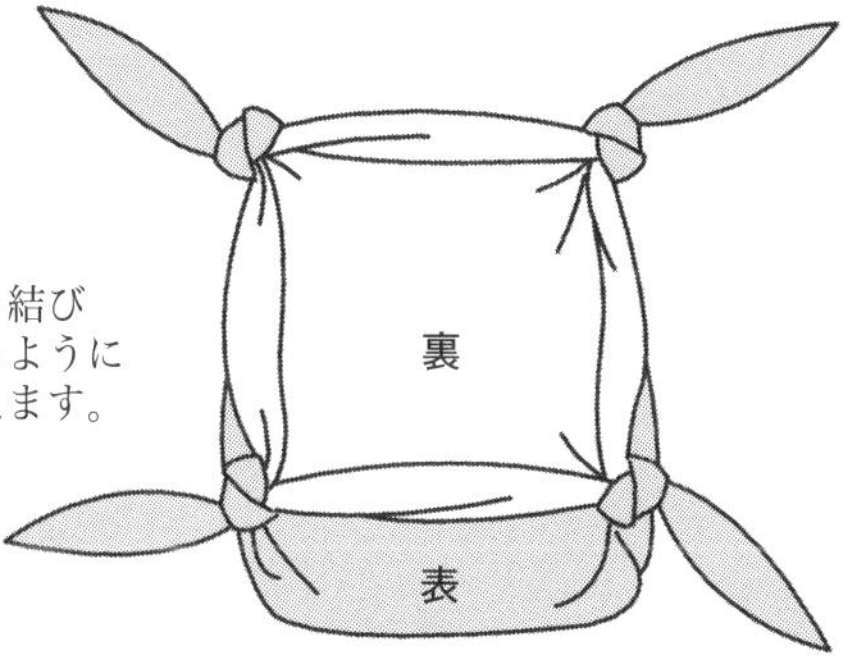

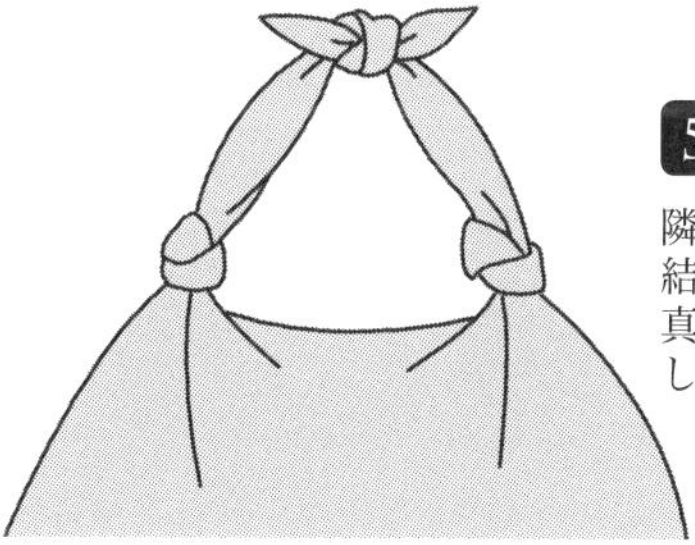

5

隣り合わせの
結び目の先端を
真結び(P172参照)に
して、持ち手にします。

6

5で結ばなかった
残りの２つの結び目の先端も
真結び(P172参照)にして
持ち手を作り、完成です。

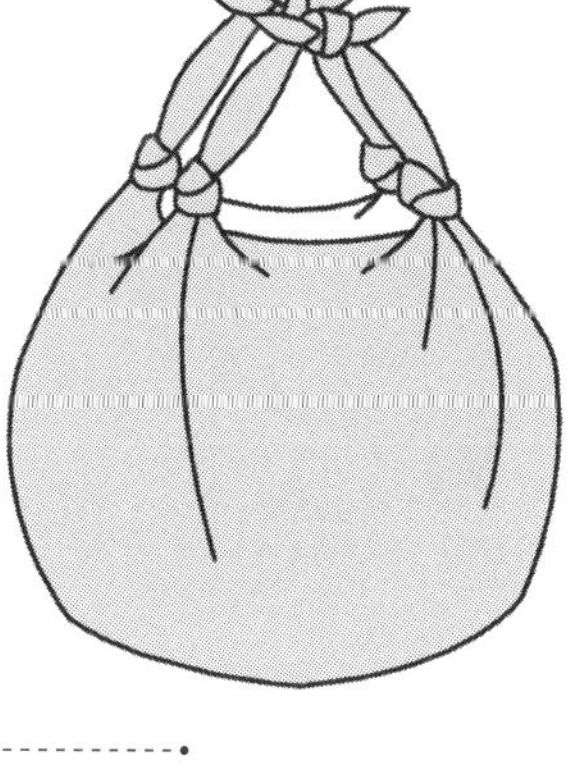

ふろしきで本を持ち運ぶ結び方

本を包む「ブック包み」と呼ばれる方法もありますが、これは、大きさの違う本でも包める「リボンバッグ」という結び方です。

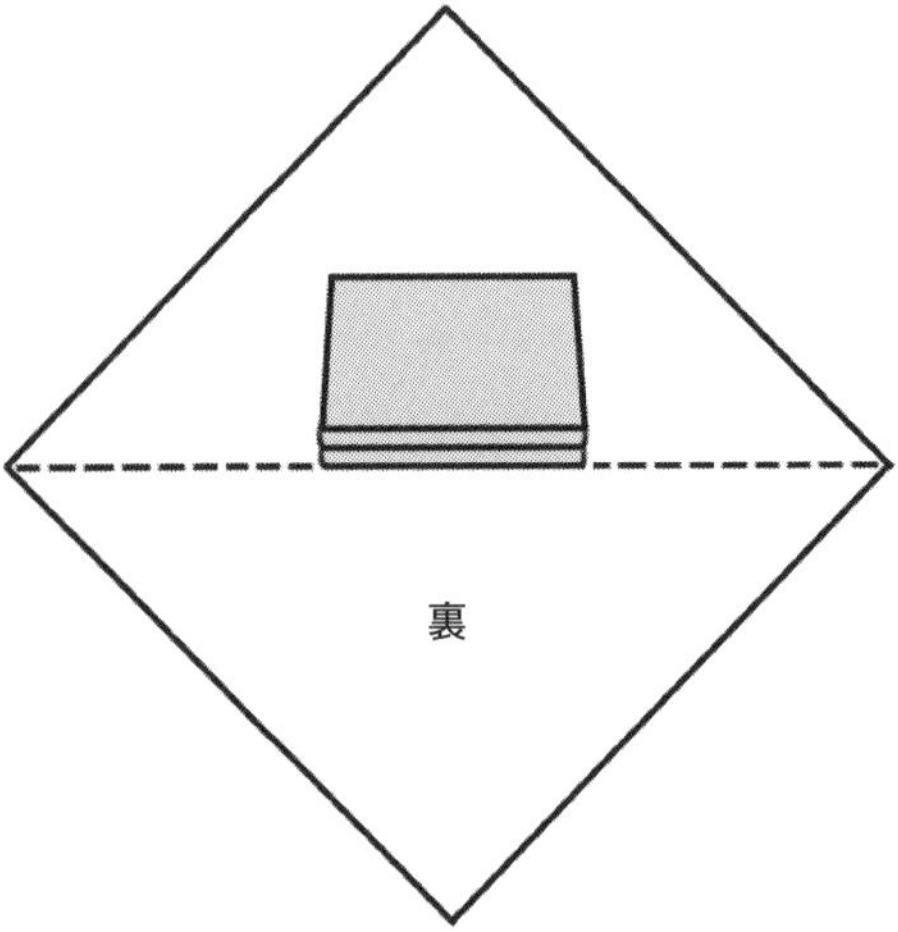

1 ふろしきは表側を下にして広げ、
中央のラインの
上側に本を置きます。

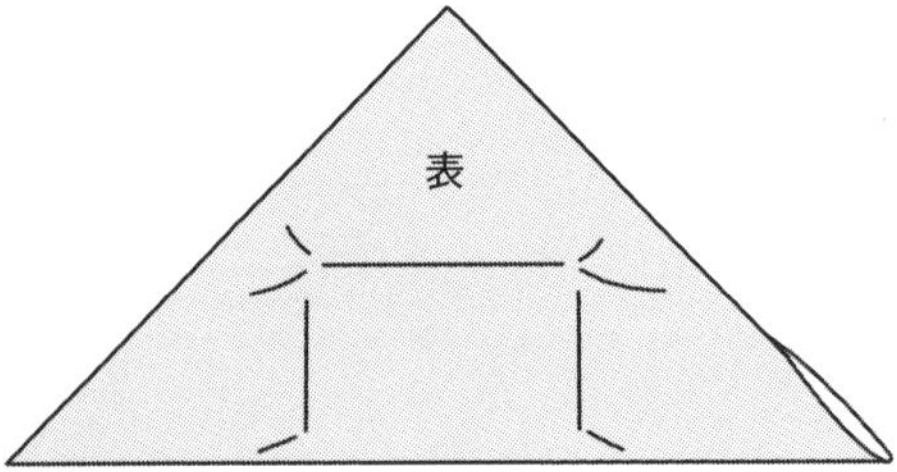

2 本を中にして、
手前から奥へ三角に折ります。

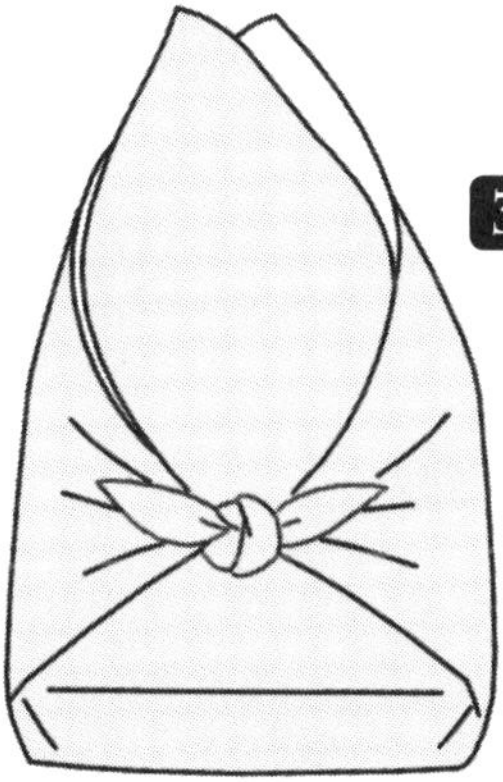

3 左右の角をギュッと
引っ張りながら
真結び(P172参照)にします。

4 頂点を真結び
(P172参照)にします。

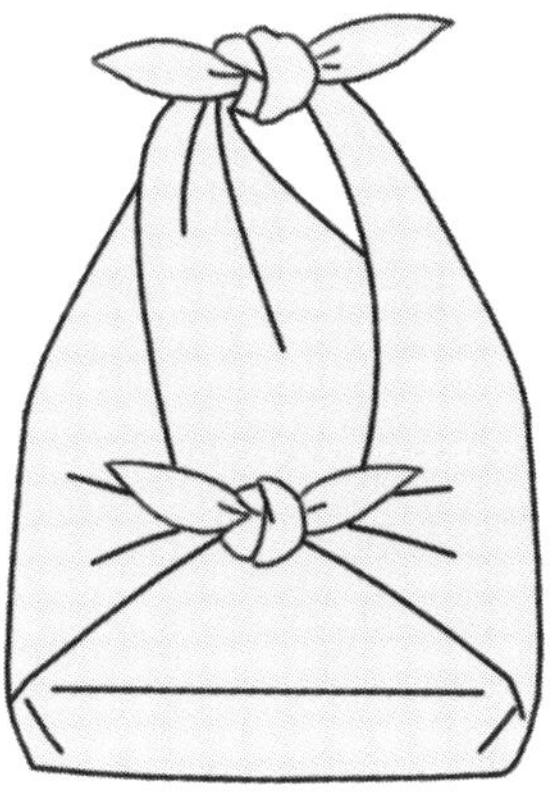

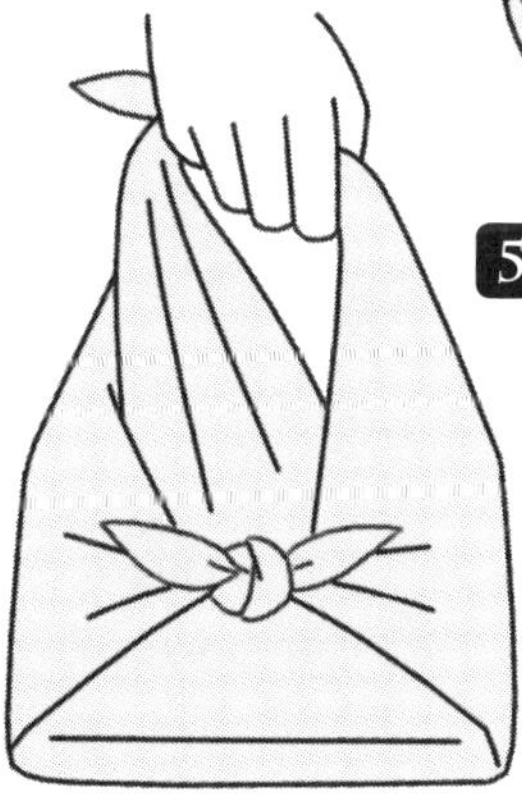

5 上の結び目を
持ち手にして、
持ち運びます。

ふろしきで瓶を持ち運ぶ結び方

ワインや日本酒の瓶などを進物に使いたいときの結び方です。賞状やポスターなどの入った筒状のものにも使えます。

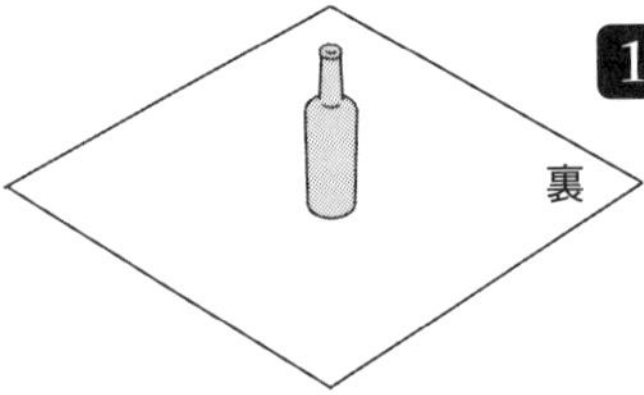

1 ふろしきは表を下にして、中央に瓶を置きます。

2 手前と奥を真結び(P172参照)にします。

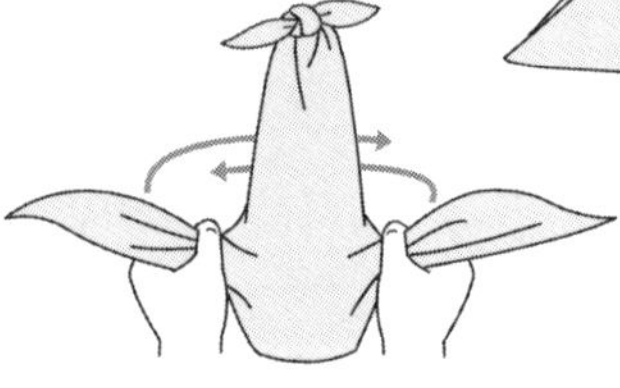

3 左右の角を奥で交差させます。

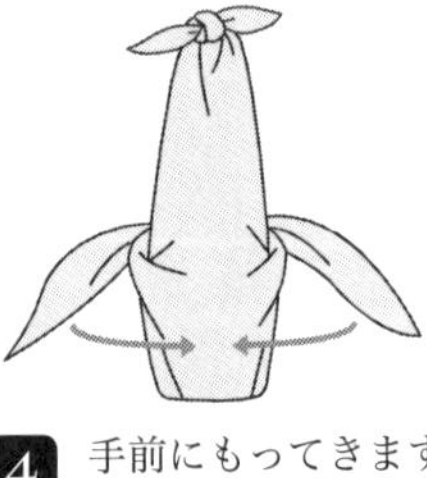

4 手前にもってきます。

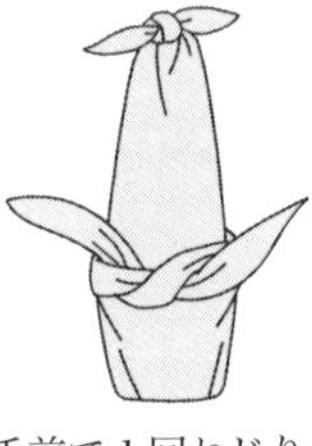

5 手前で1回ねじり、ぎゅっと引っ張ります。

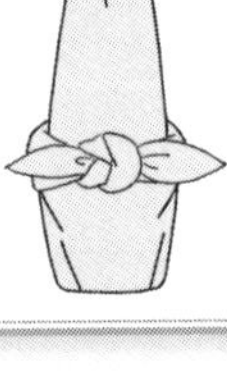

6 真結び(P172参照)で留めます。

第十章

ものを持ち運ぶときの結び方いろいろ

大きなものを運ぶときや、引っ越しのときなどに役立つ、ものを持ち運ぶときのひもの結び方をご紹介します。

大きな板状のものを持ち運ぶときの結び方

大きな絵画など、板状のものに持ち手をつけて、持ち運びやすくするときに役立つ結び方です。

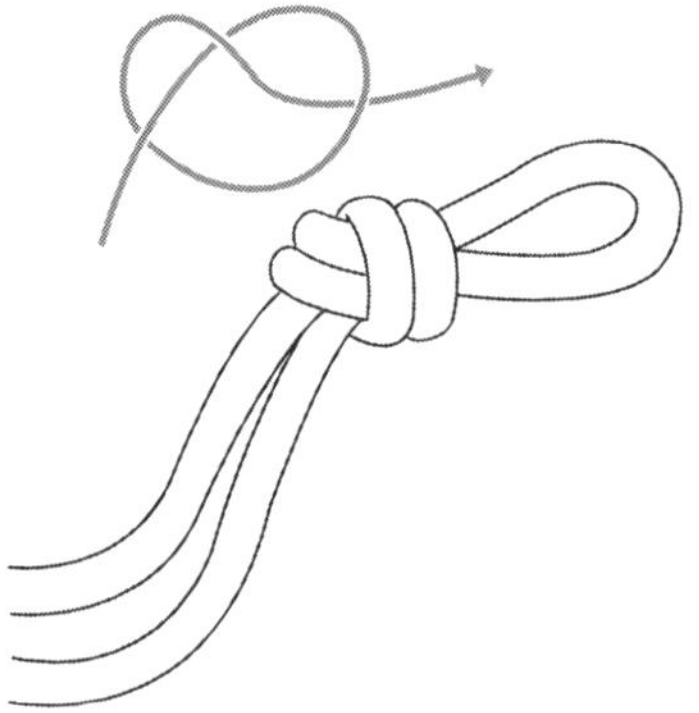

1 ひもを半分に折り、二重にして、輪のところを1回結びます。

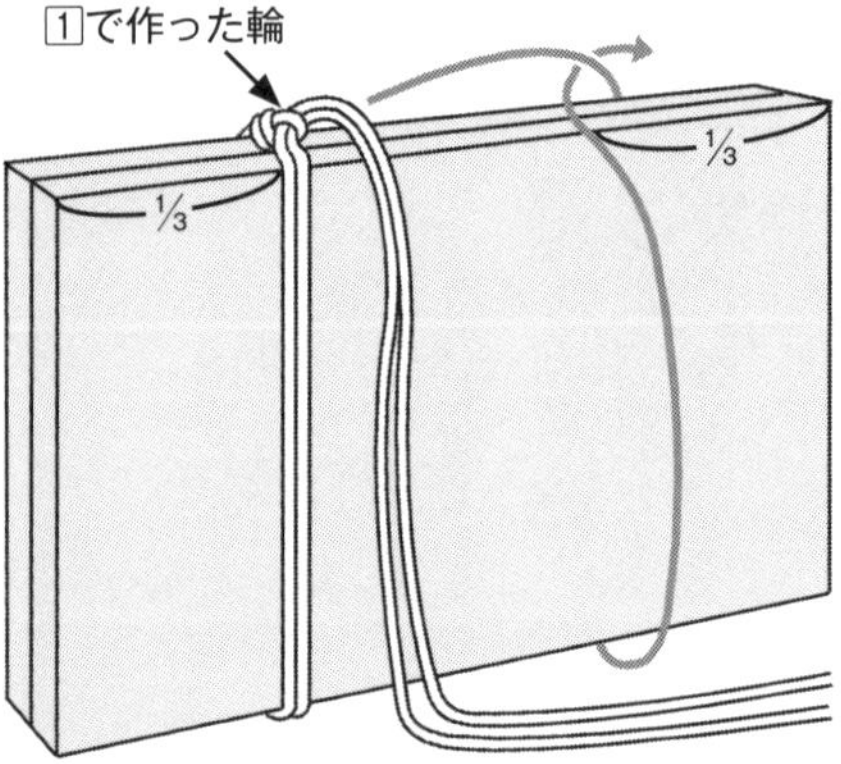

2 板状のものの端から1/3のあたりにひもをかけ、輪の部分に通し、逆側から約1/3のところでひもをかけ、矢印の方向にひもを1回通します。

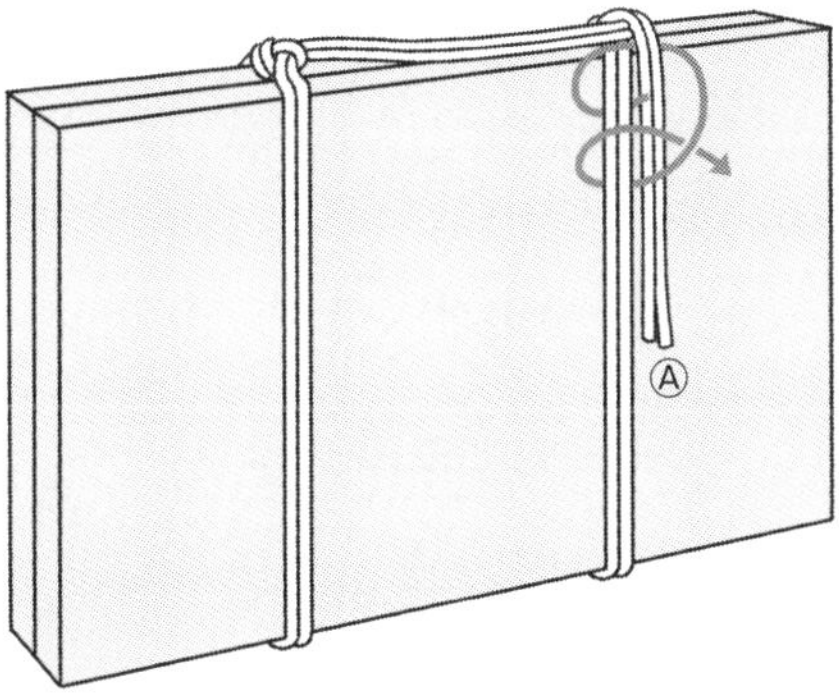

3 Ⓐの先端を矢印のように2回巻きつけ、巻きつけた2つの結び目の間に通します。

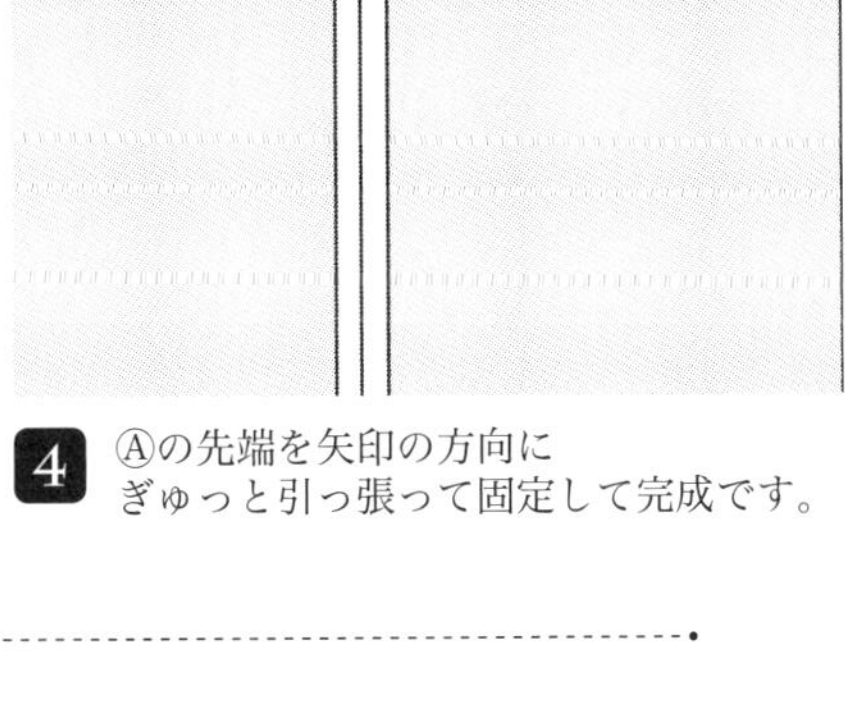

4 Ⓐの先端を矢印の方向にぎゅっと引っ張って固定して完成です。

一升瓶を運ぶときの結び方

日本酒などを贈るときに好まれる伝統的な結び方です。瓶を包装紙などで包んでから結ぶと華やかになります。

1

瓶の底の方でひもを２回半巻きます。左側にひもを長めに残しておきますⒷ。

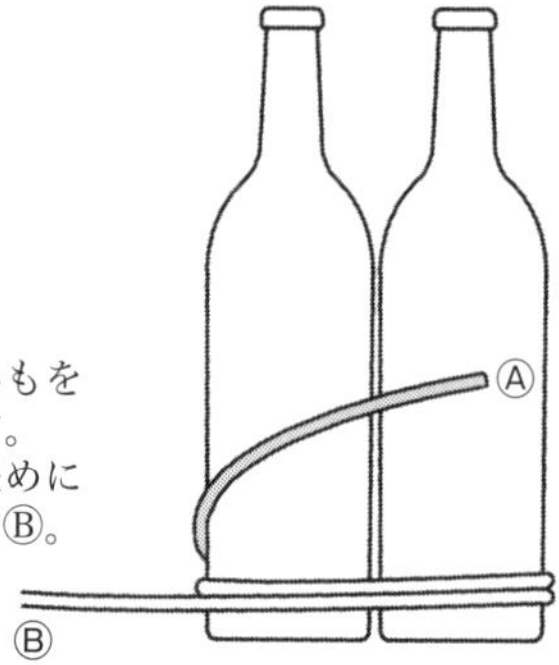

2

巻いたひもの中央にⒶのひもを下から２回巻きます。

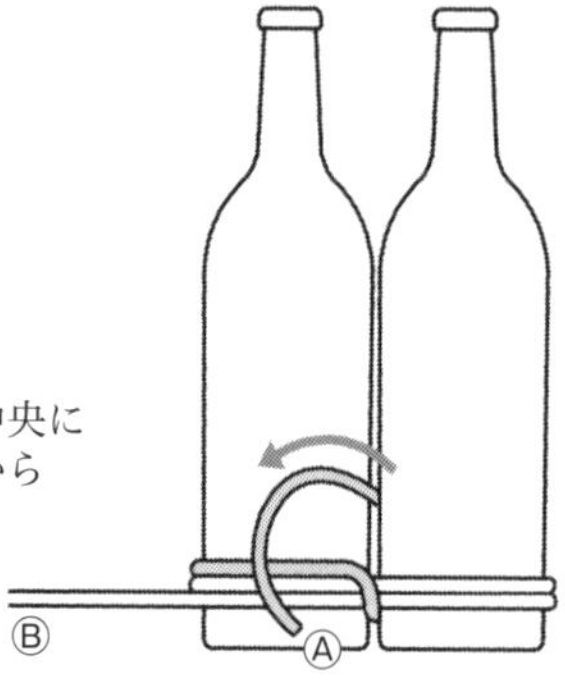

3

ⒶとⒷを本結び(P12参照)にします。しっかりと結びます。

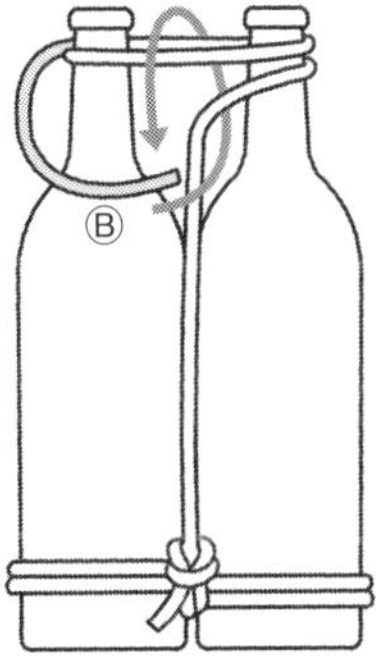

4

長く残しておいた
Ⓑのひもで、
瓶の上の細い部分を２回巻き、
巻いたひもの中央に
Ⓑを矢印の方向に２回
巻きつけます。

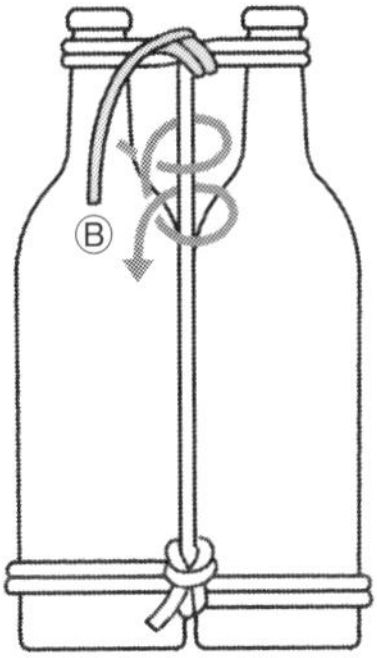

5

さらにⒷを２回矢印のように
巻きつけます。１回目と
２回目の結び目の間に
Ⓑの先端を通します。

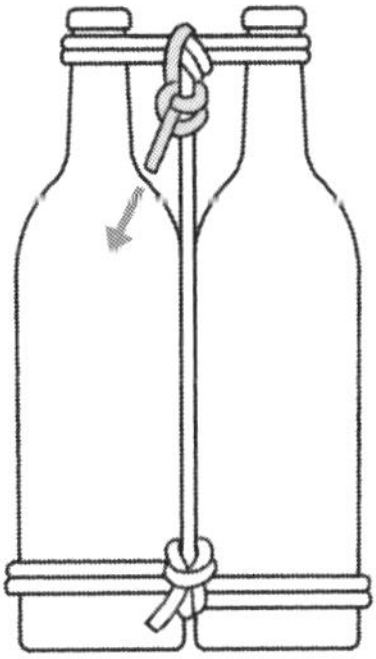

6

Ⓑの先端をぎゅっと
引っ張って固定し、
完成です。

布団を持ち運ぶときの結び方

布団やマットなど、やわらかいものを持ち運ぶときは、この結び方で荷ひもをかけるとグンと運びやすくなります。

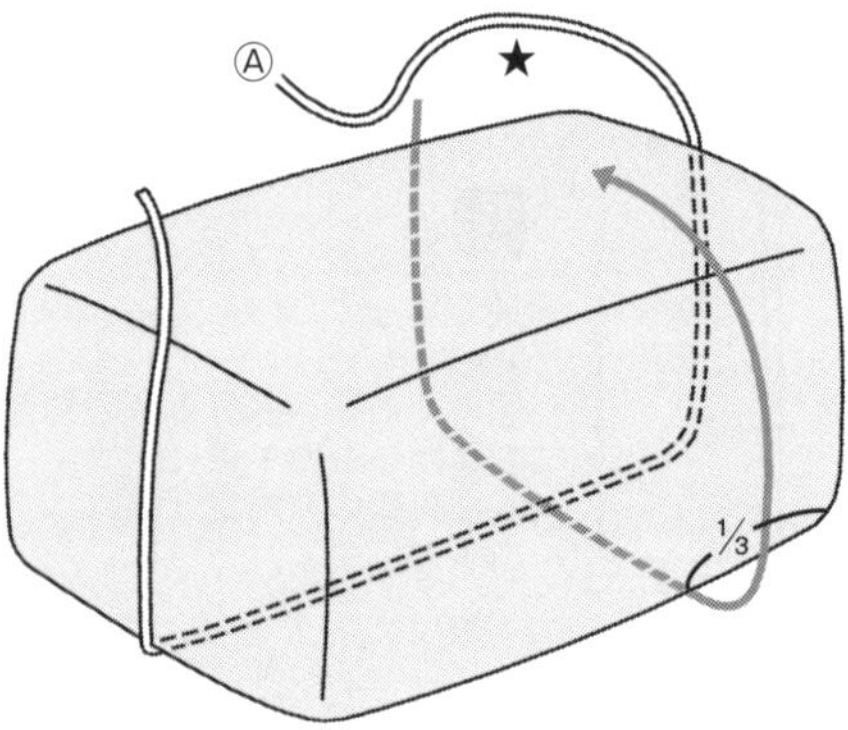

1 折りたたんだ布団の下にひもを通し、上に出します。★印のところでゆるみをもたせ布団の右側から約⅓のところでⒶを矢印のように下に通します。

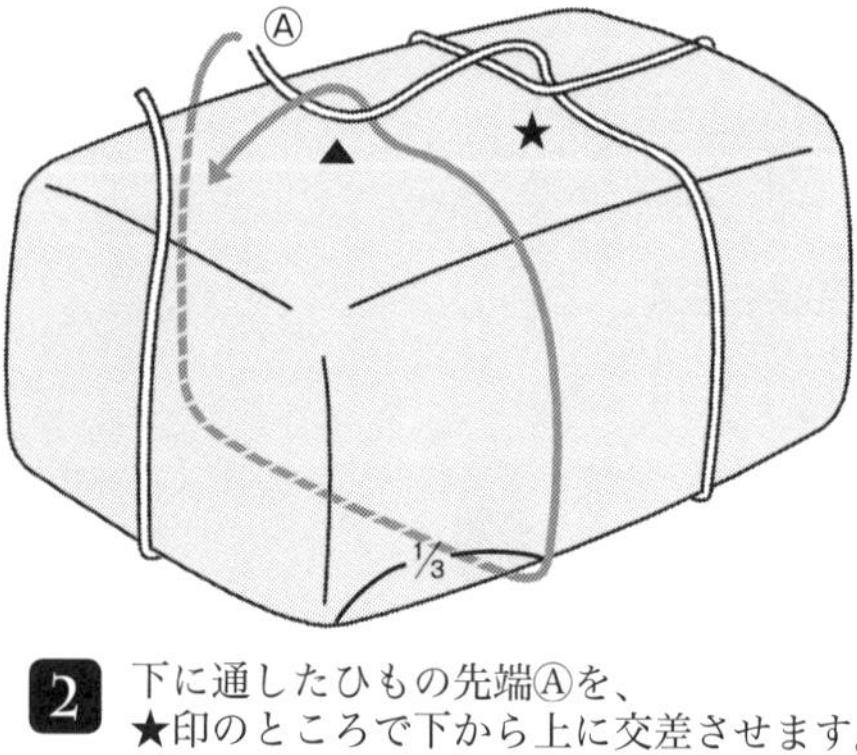

2 下に通したひもの先端Ⓐを、★印のところで下から上に交差させます。布団の左側から約⅓のところでも、同じように下に通し、矢印のように▲印のところで、下から上に交差させます。

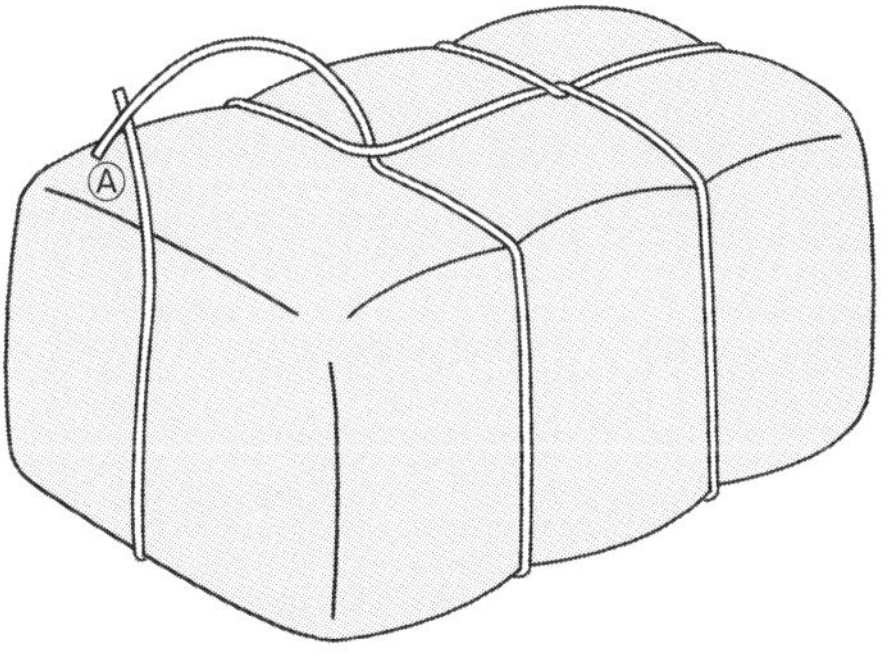

3 このような形になります。

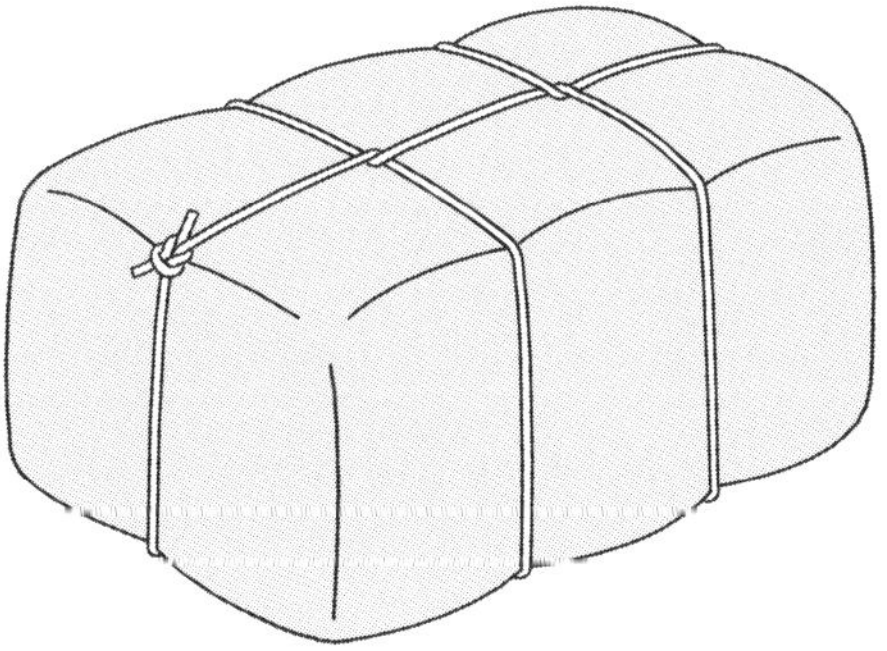

4 本結び(P12参照)でしっかり留めます。

簡単に持ち手を付ける結び方

ひざ掛けなどを持ち運ぶときに覚えておくと便利な結び方です。ヨガマットなどにも幅広く応用できます。

1 ひもの両端を、本結び(P12参照)にして、輪を作ります。

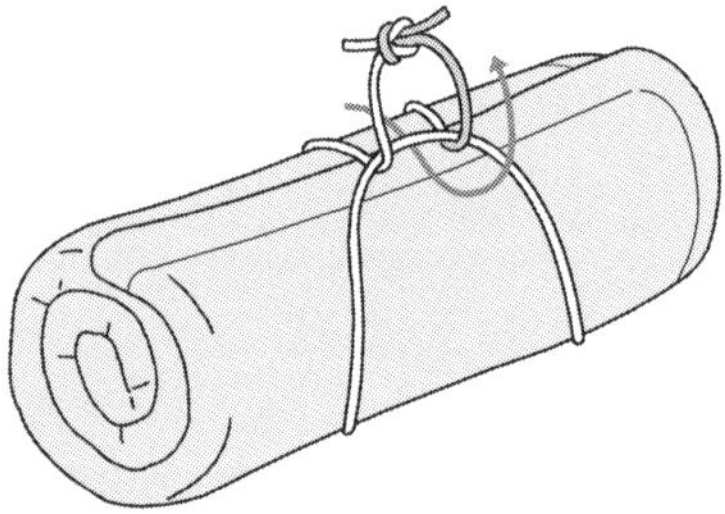

2 丸めたひざ掛けなどにひもをかけて、輪に1回通して持ち手にします。

第十一章

ゴミ出しで役立つ

新聞や雑誌などの紙ゴミを束ねるのは
意外に骨が折れるもの。
簡単に結びたい、
たくさんのものをしっかり結びたいなど、
目的に応じた結び方をご紹介します。

新聞・雑誌を簡単に束ねる結び方

新聞や雑誌を簡単に束ねられる結び方です。後で緩んでしまわないように、しっかり力を入れてひもを巻きつけましょう。

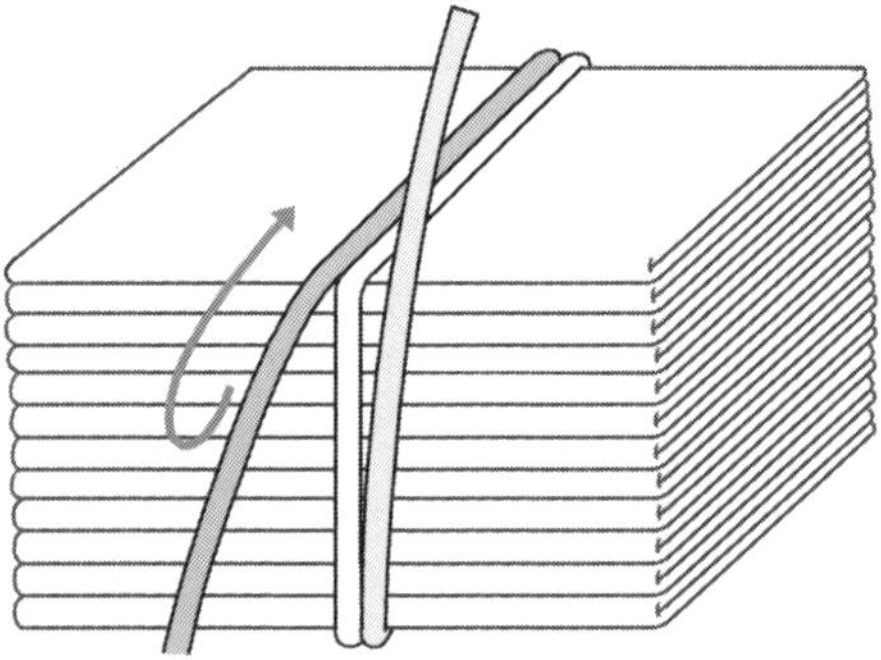

1 束に2〜3回ひもを巻きつけ、上からきたひもを折り返します。

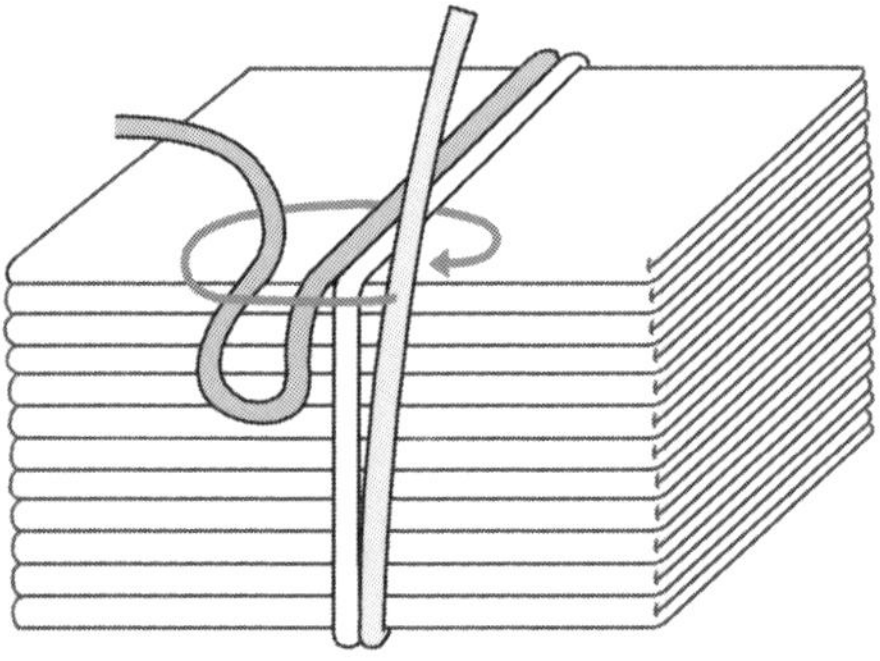

2 折り返した部分を、巻きつけたひもと合わせて、下からきたひもでくくります。

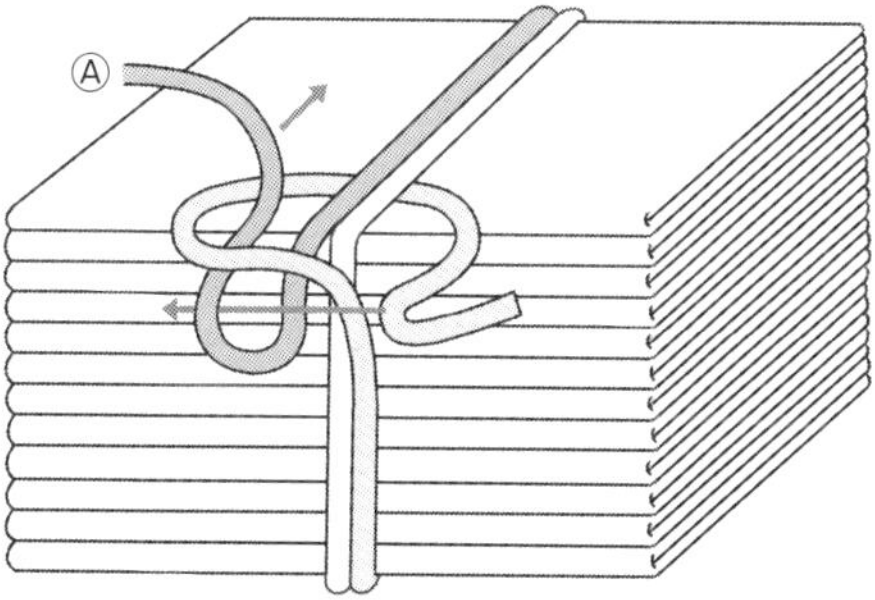

3 折り返してできた輪の部分に、
二つ折りにした下のひもを、
矢印の方向に通します。
さらにⒶを引っ張って結び目を引き締めます。

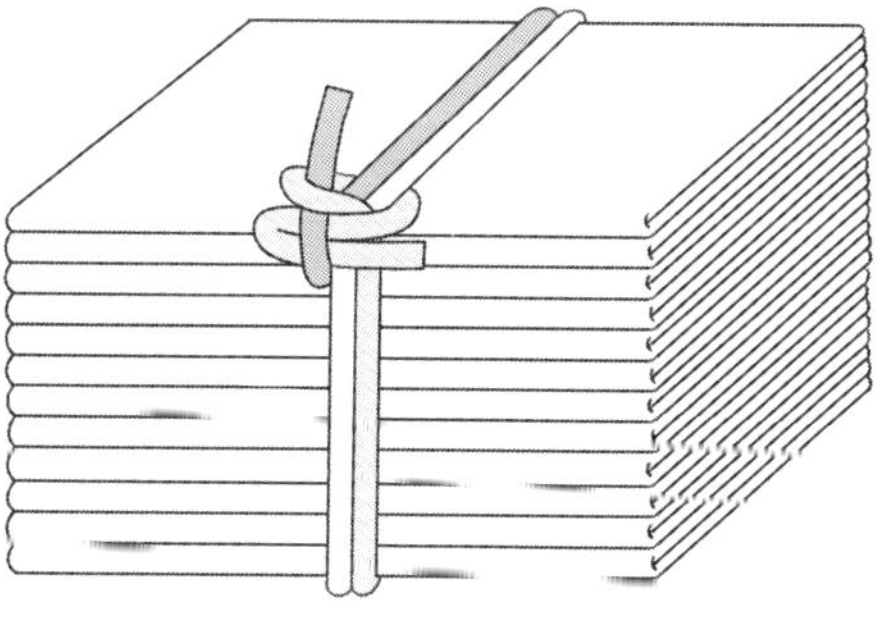

4 余った部分のひもをはさみで切って、完成です。

新聞・雑誌をひっくり返さずに束ねる結び方

新聞や雑誌を置いたままで束ねられる結び方です。ひっくり返さずに済むので力がいらず、便利です。

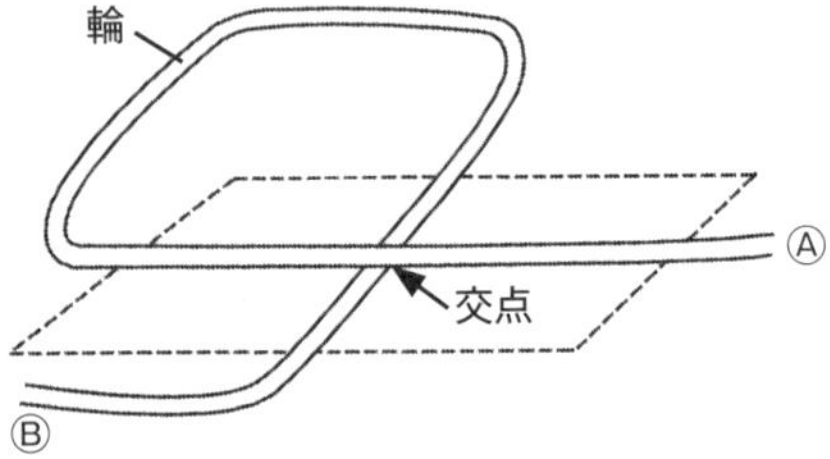

1 ひもを床に置いて、輪を作ります。輪の交点が中心になるように、新聞・雑誌の束を置きます。

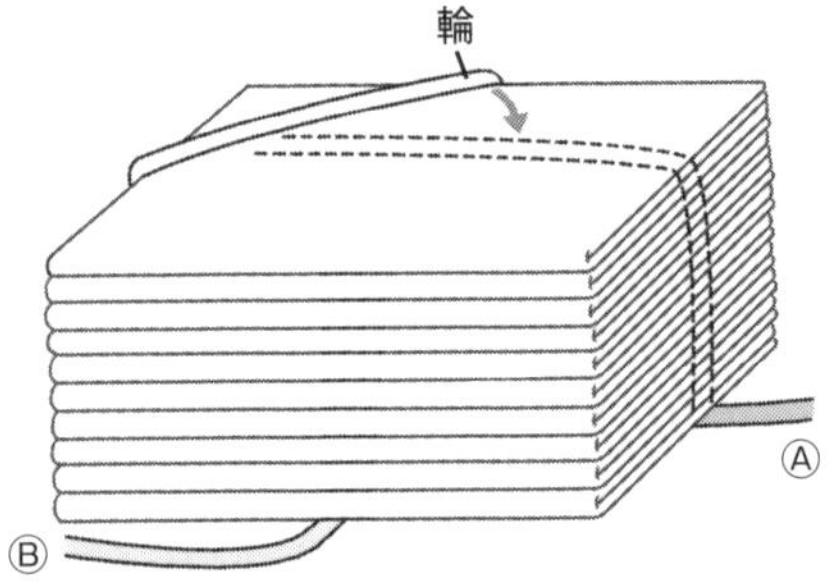

2 ひもの輪になった部分を束の上に回し、点線のラインになるよう移動します。

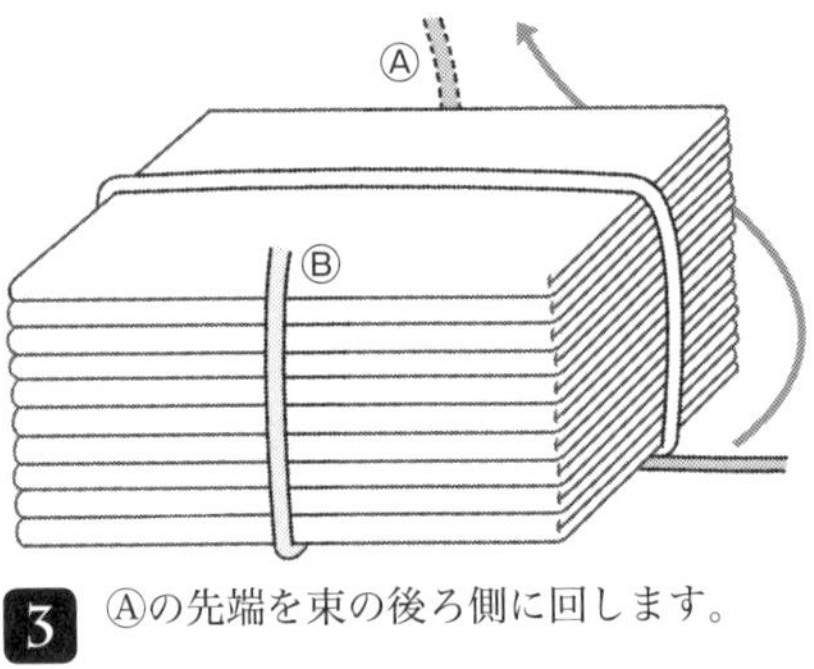

3 Ⓐの先端を束の後ろ側に回します。

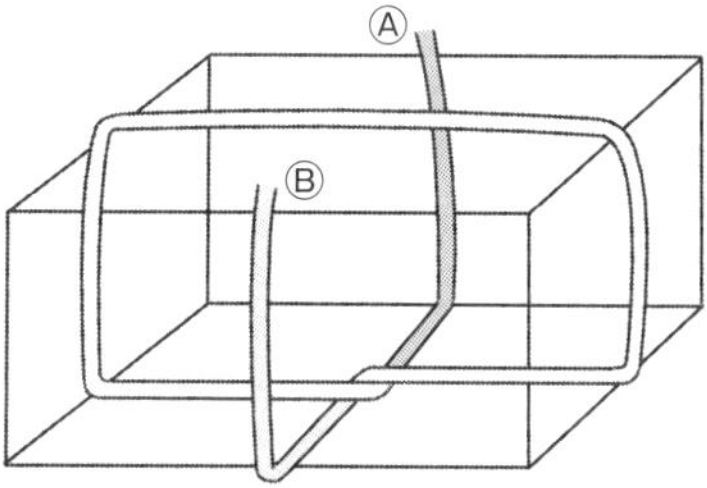

4 ひもは裏面で図のように交差しています。
束がずれないようひもを引いて引き締めます。

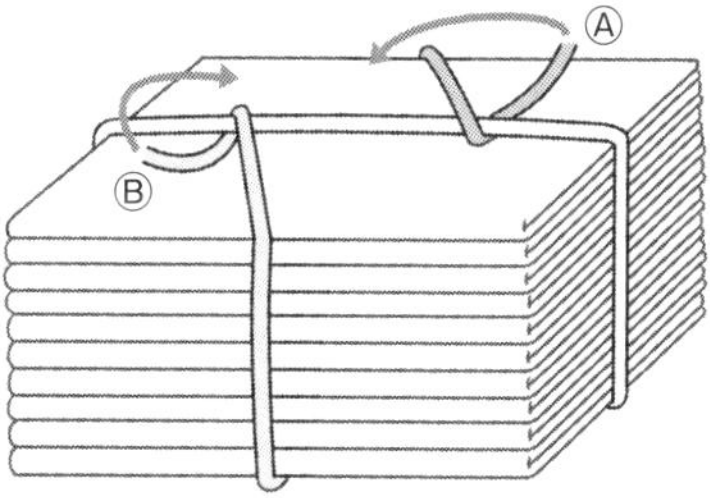

5 ひもの先端ⒶⒷを、それぞれ輪になった部分に一度くぐらせ、矢印のように先端同士を近づけます。

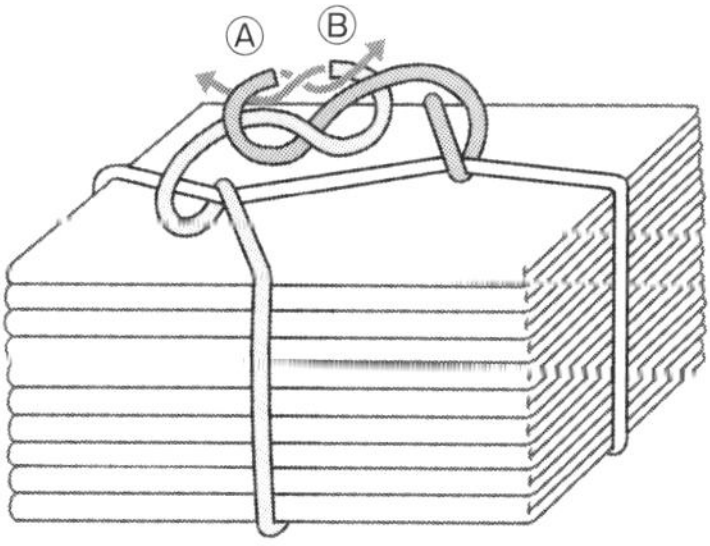

6 ⒶとⒷを、本結び(P12参照)して完成です。

新聞・雑誌のずれにくい結び方

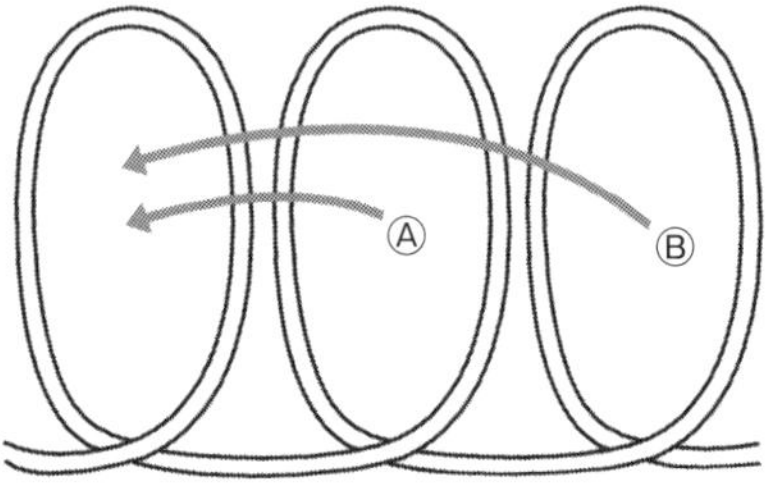

1 新聞や雑誌の束が通る大きさの輪を３つ作り、Ⓐ、Ⓑの順に重ねます。

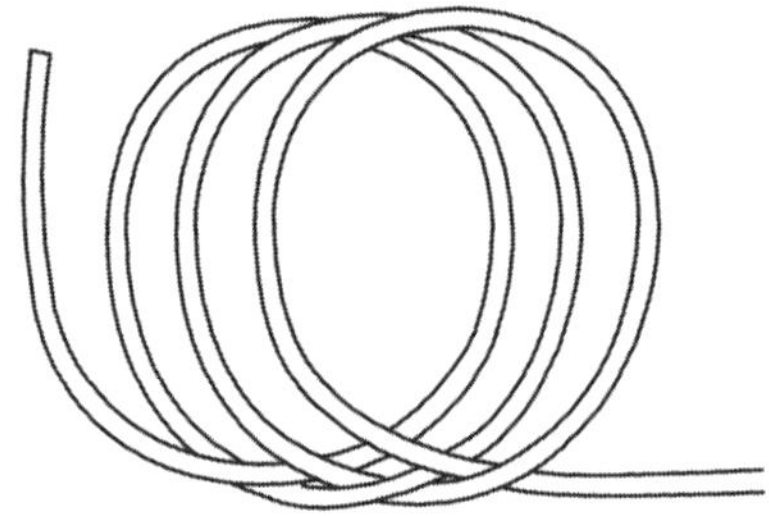

2 できた輪の中に新聞や雑誌の束を入れて、両端を持って引き締めます。

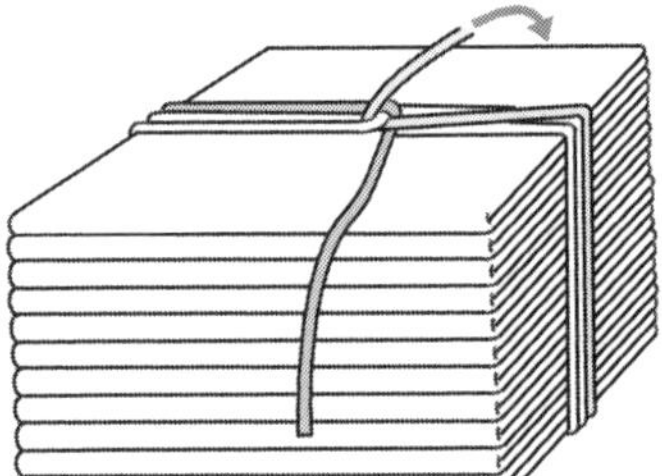

3 ひもの両端をそれぞれ直角に回し、長い方のひもを、矢印のように２〜３回巻きつけます。

輪を3つ重ねることで、新聞・雑誌がずれにくくなります。輪の重ね方が大切ですから、間違えないようにしましょう。

4

角に当たる部分で
上のひもを折り返し、
下のひもで
図のようにくくります。

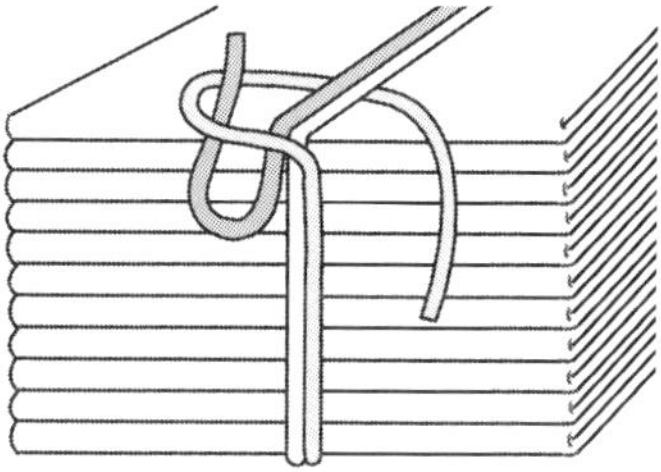

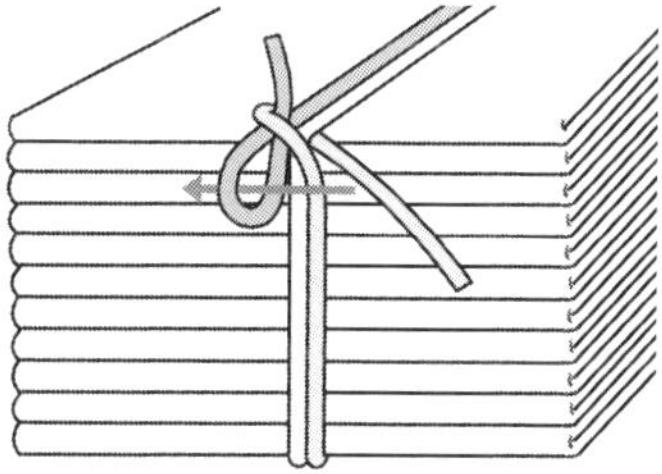

5

できた輪の部分に
下のひもを通します。
このとき、
先端でなく
途中の部分を
引き出します。

6

ひもの先端を
矢印の方向に
引いて結び目を
引き締めます。

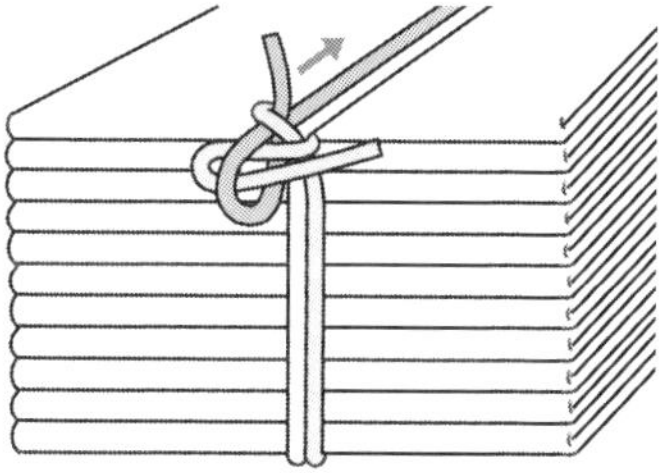

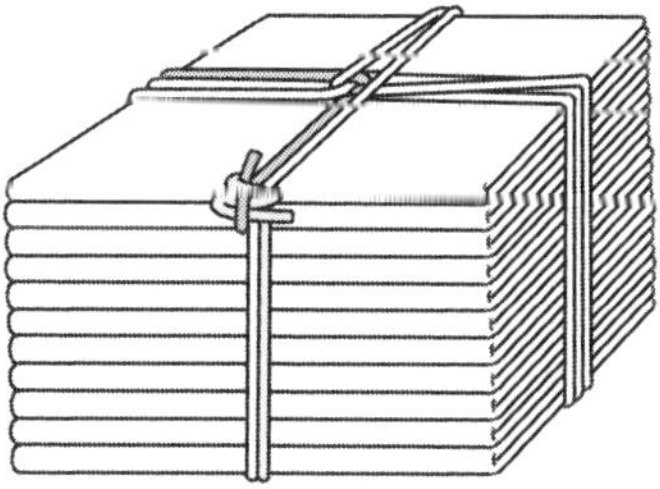

7

余った部分の
ひもをはさみで
切って、完成です。

棒状のものを束ねるときの結び方

樹木の枝など、長いものを束ねるときの結び方です。2カ所以上で束ねると、ほどけにくくなります。

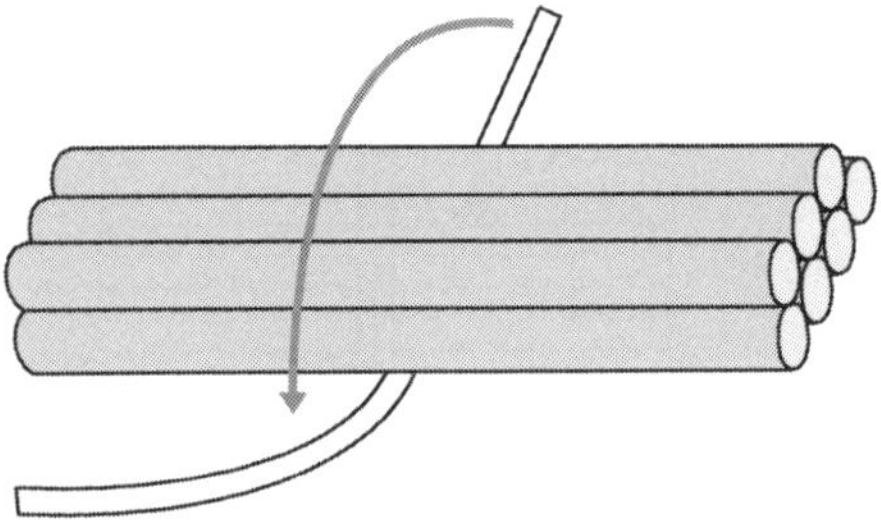

1 ひもを棒の下に敷いてから、巻きつけていきます。

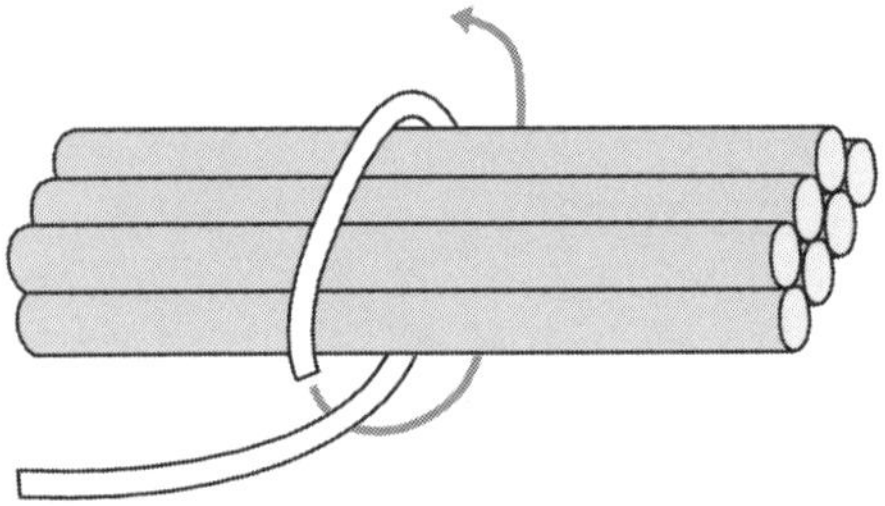

2 ひもが交差するように巻きつけます。

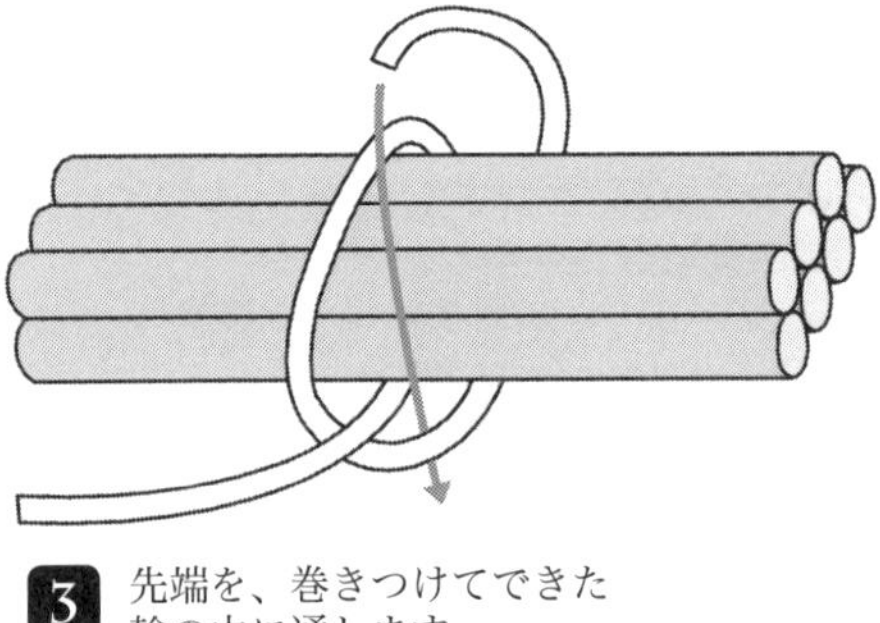

3 先端を、巻きつけてできた輪の中に通します。

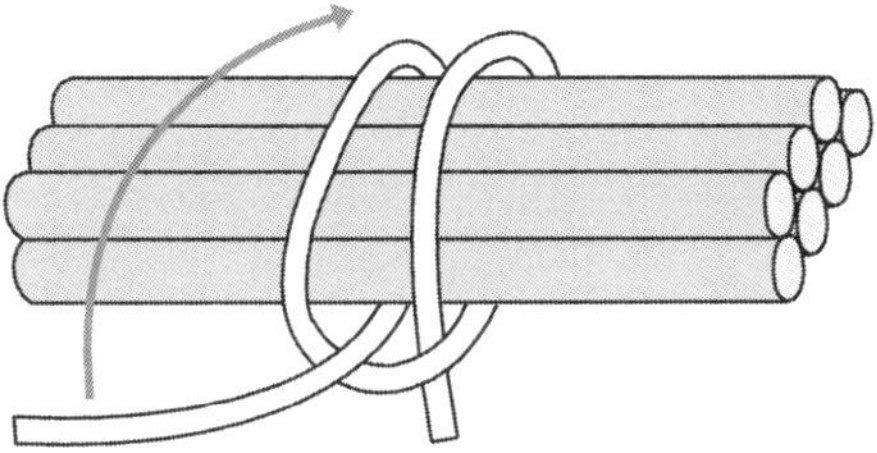

4 手元側のひもを棒の反対側に回します。

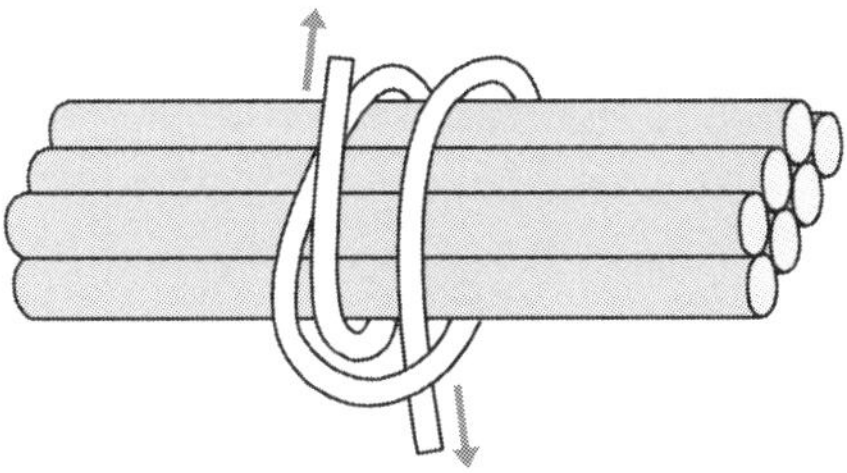

5 ひもの両端を引いて、結び目を引き締めます。

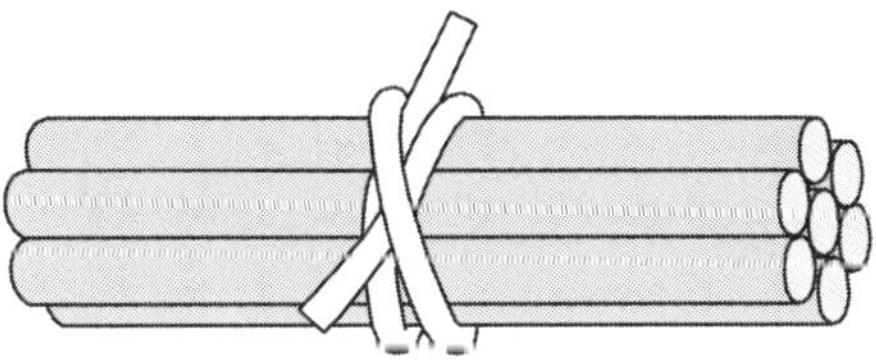

6 余った部分を切り取って、完成です。

中身がずり落ちない段ボールのしばり方

大きさの違った段ボールをしばるときのやり方です。小さな段ボールを後から差し込めば、ひもが緩みません。

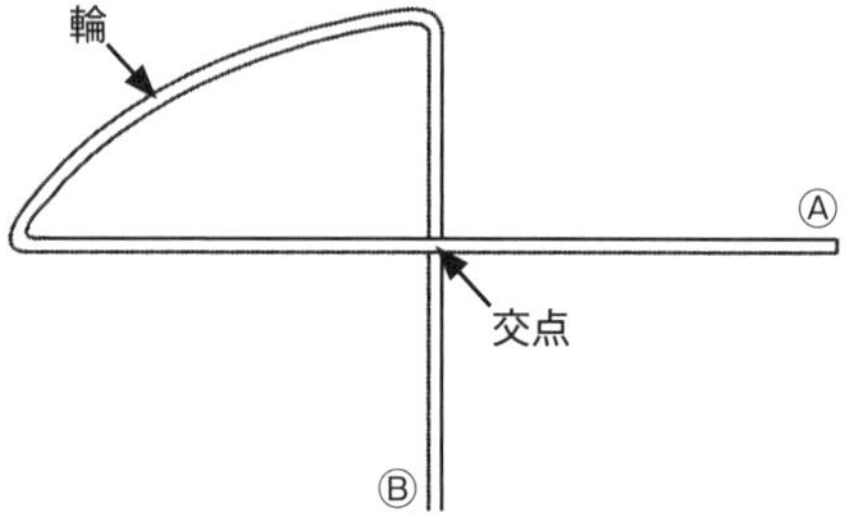

1 ひもで輪を作って床に置きます。

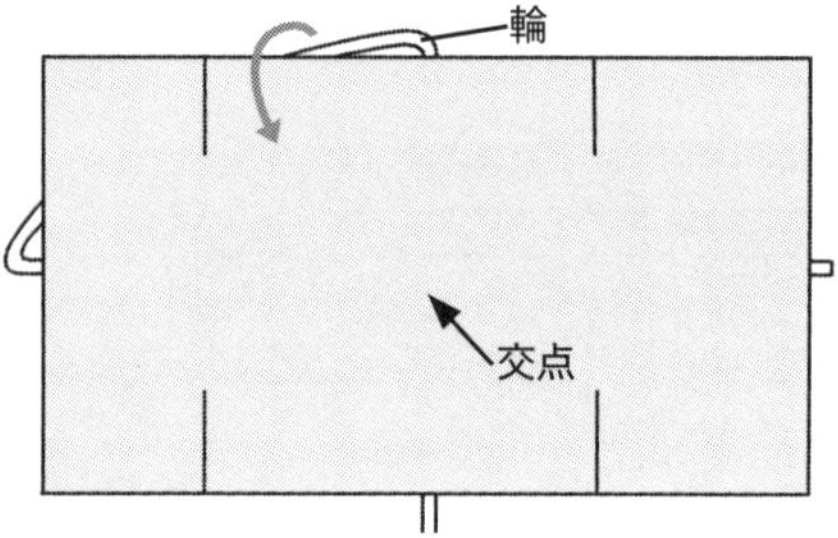

2 ひもの交点が段ボールの中心にくるように、大きな段ボールを何枚か重ね輪の部分を段ボールの上に引き出します。

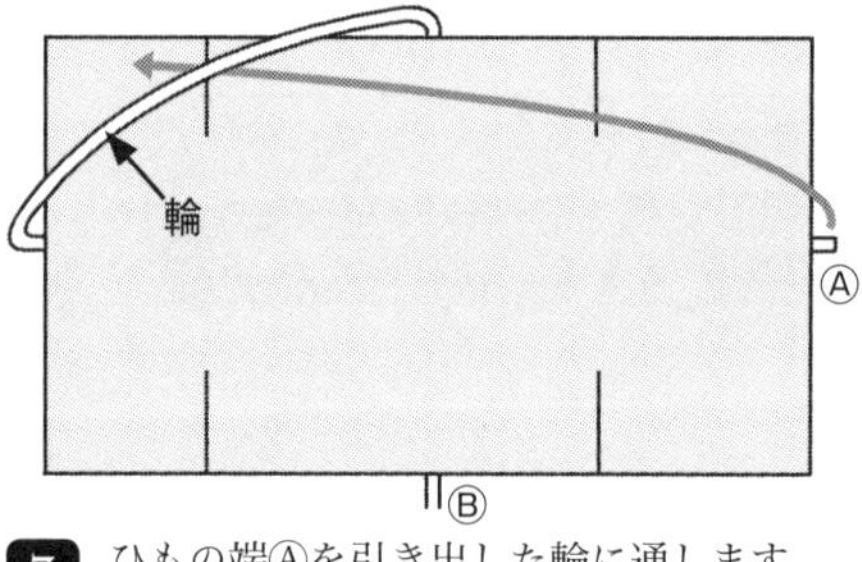

3 ひもの端Ⓐを引き出した輪に通します。

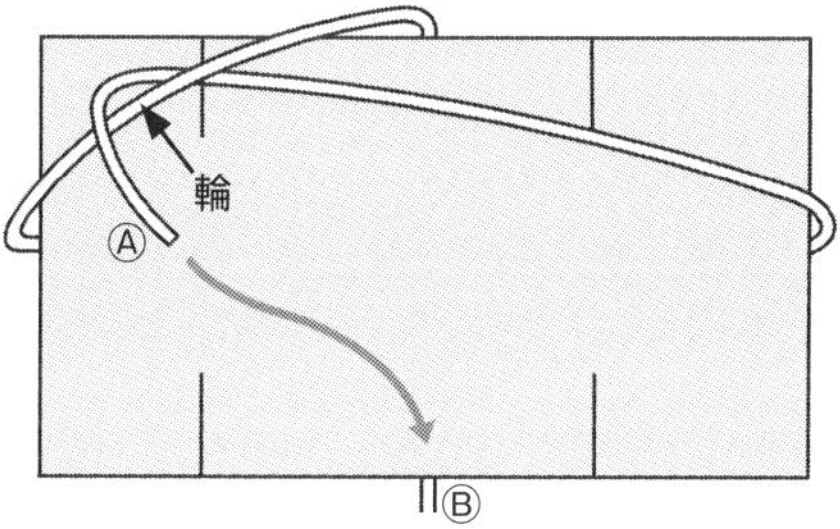

4 輪に通したひもⒶを矢印の方向に通します。

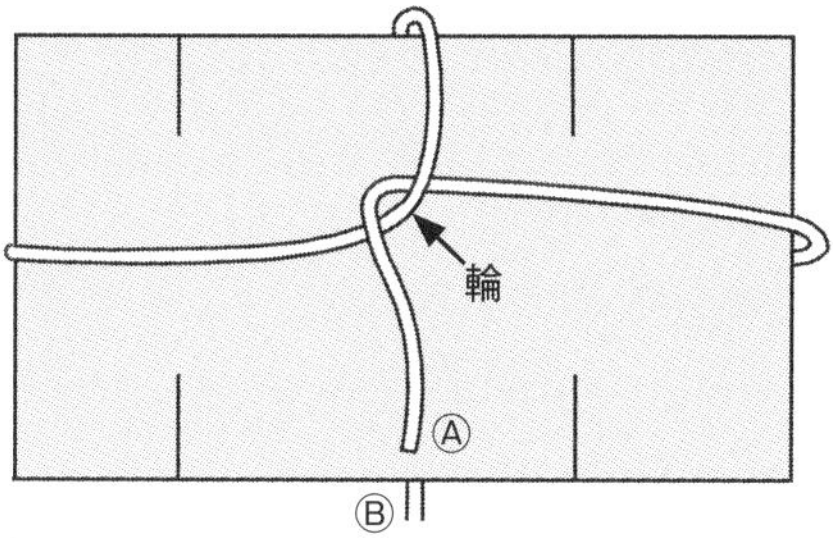

5 Ⓐと輪が直角に交わるようにします。

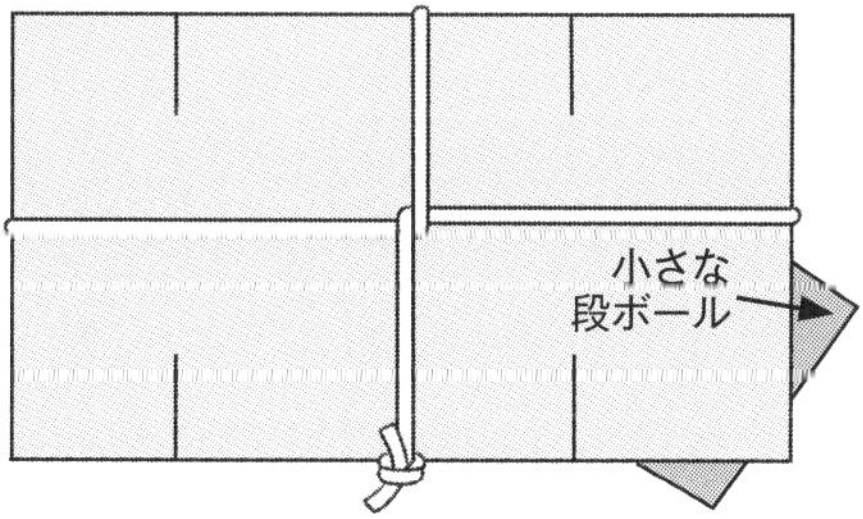

6 ひもⒶⒷの先端を引いて引き締め、本結び(P12参照)などで結んでから、小さな段ボールを内側に差し込んで緩まないようにします。

段ボール

取っ手のない
ゴミ袋の口の結び方

取っ手がない形のゴミ袋の口を、しっかり閉じられる結び方です。袋の中の空気を逃がしてから結ぶと結びやすくなります。

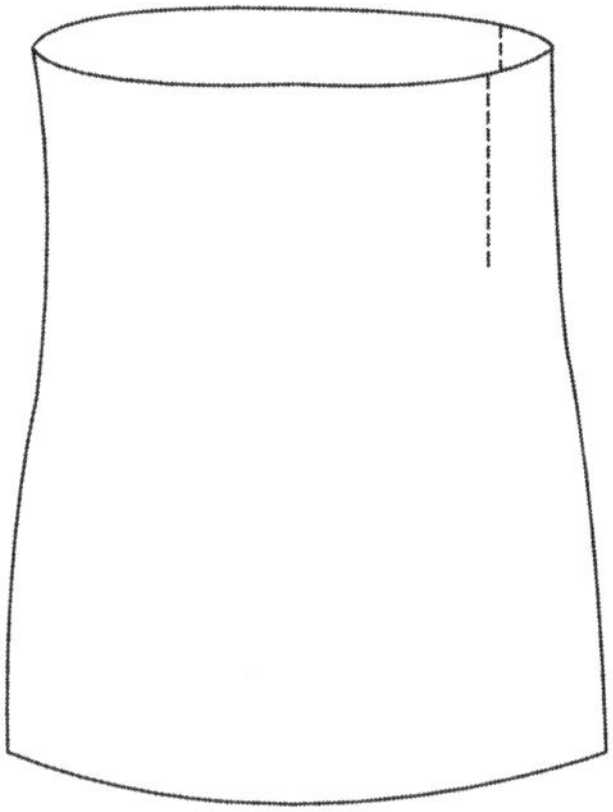

1 中身の入ったゴミ袋の口の端に、切り込みを入れます。

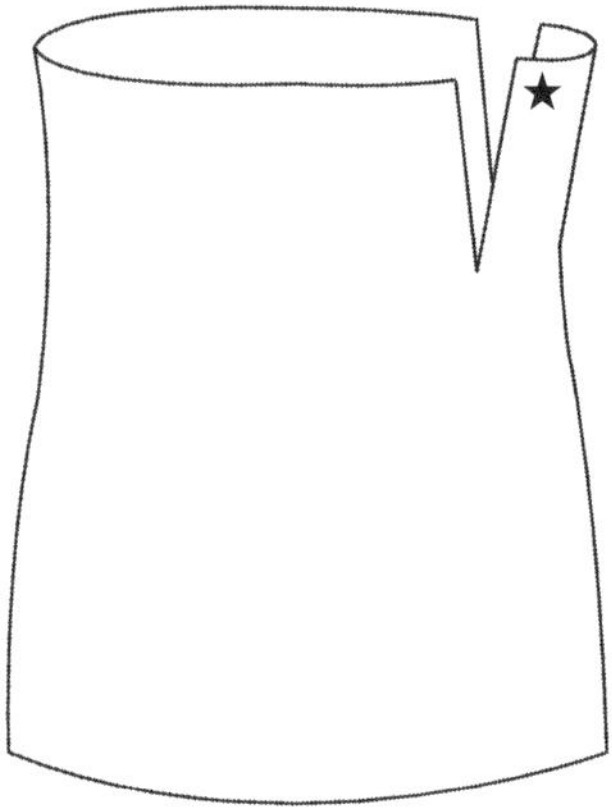

2 はさみを使って、図のように切ります。

3 口を絞ってから、切り込みを入れた★印の部分を巻きつけます。

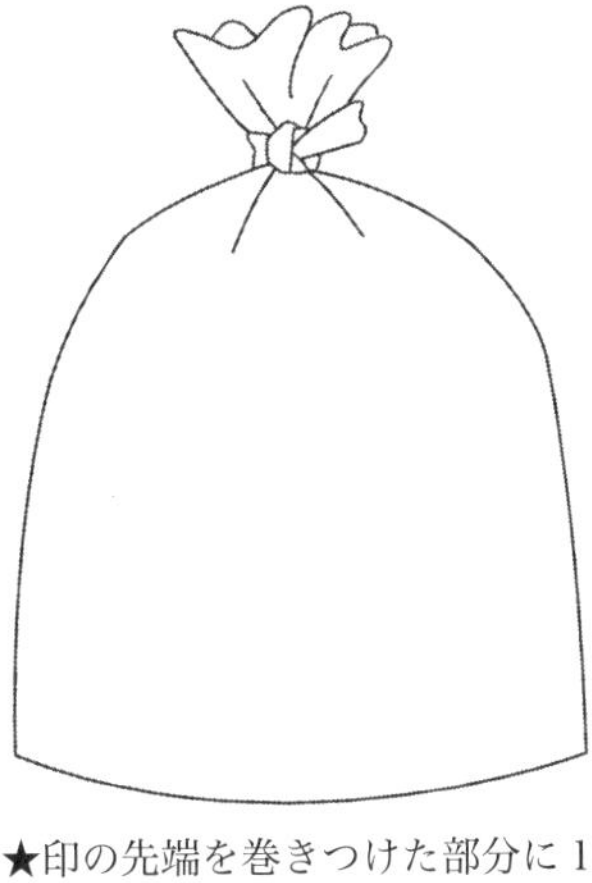

4 ★印の先端を巻きつけた部分に1回結び、引き絞って完成です。

手を汚さずにゴミ袋の口を閉じられる結び方

取っ手のついたゴミ袋を、さっと閉じられます。
取っ手の先を持つだけなので手を汚さずにできるのがポイント。

1

ゴミ袋の取っ手に
両側から手を入れ、
それぞれ反対側の
取っ手をつかみます。

2

それぞれの取っ手から、
反対側の取っ手を左右に
引き出します。引き出した
取っ手にもう一度手を入れ、
反対側の取っ手を引き出します。

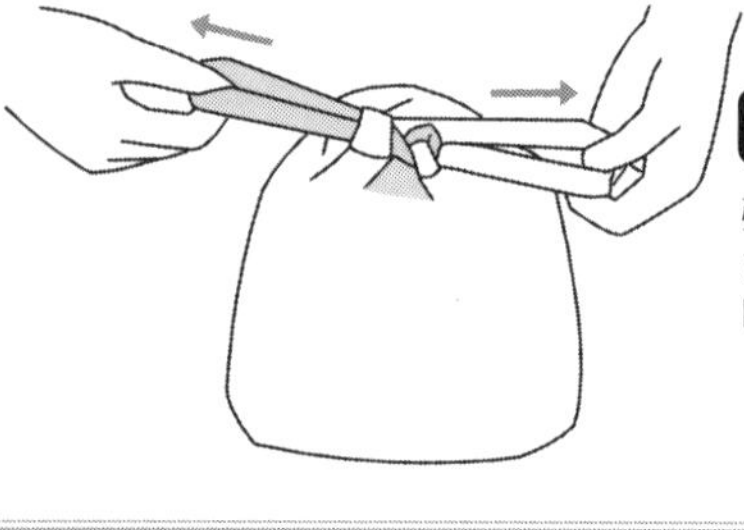

3

引き出した取っ手を
ぎゅっと引っ張って
口を閉じます。

第十二章

緊急時に役立つ

災害時の避難や、けが・アクシデントのときに役立つ結び方をご紹介します。そのときになってから慌てないよう、練習して覚えておくと、いざというときに役に立ちますよ。

高い場所から降りるときの縄ばしごの結び方

高所から降りるときに、ロープの途中に足がかりをつける結び方。ロープに力が加わっても輪の大きさが変わりません。

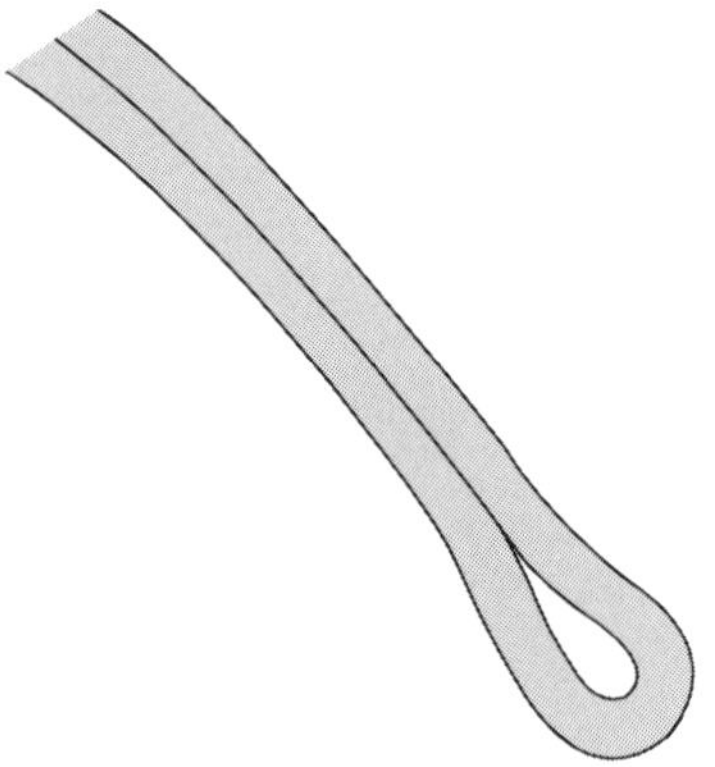

1 ロープの途中を２つ折りにします。

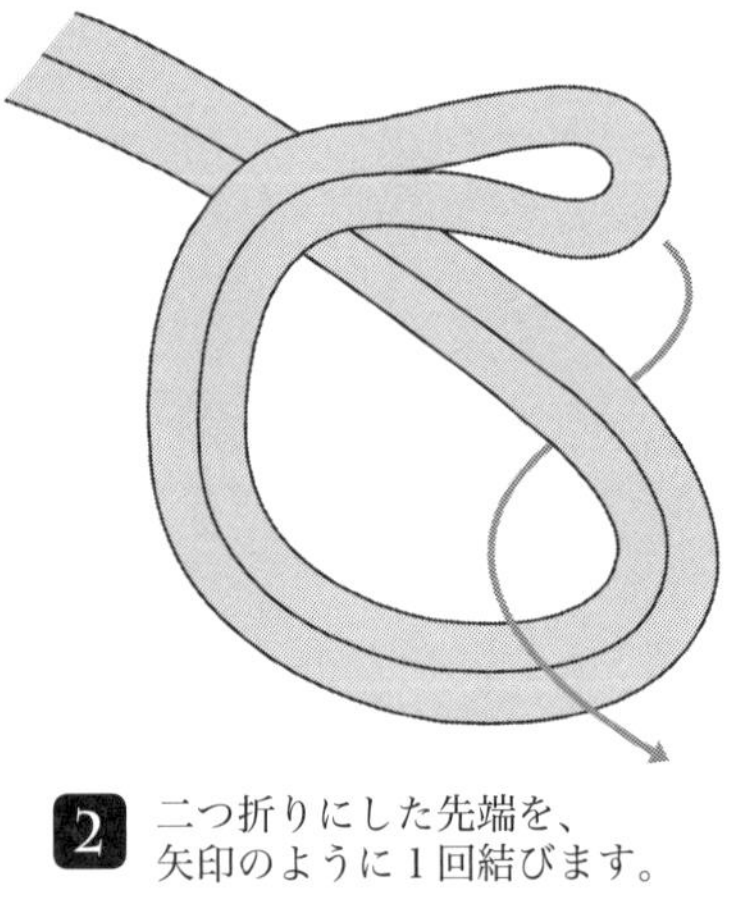

2 二つ折りにした先端を、矢印のように１回結びます。

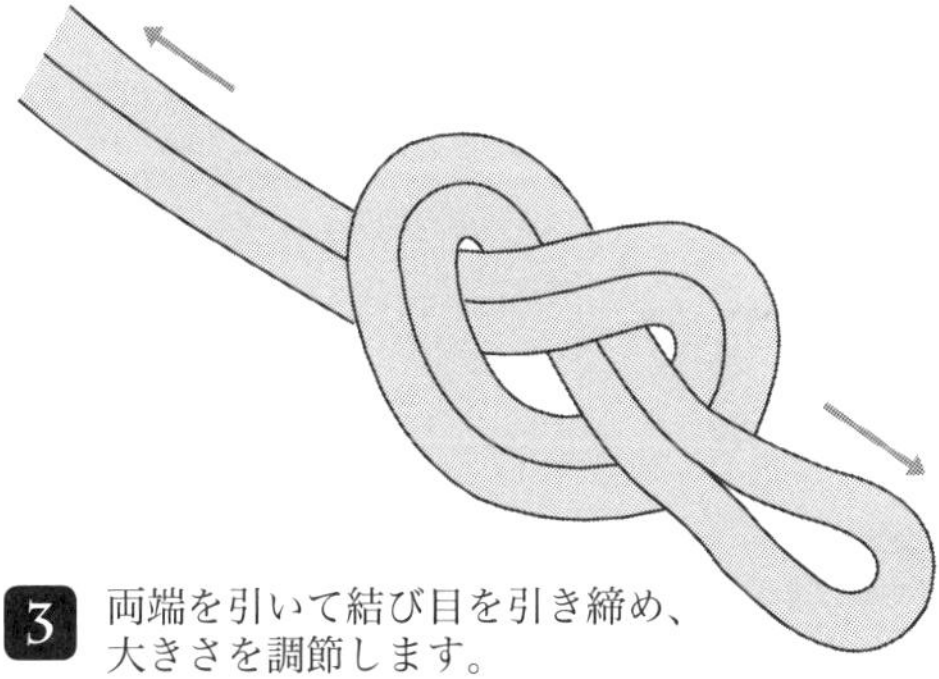

3 両端を引いて結び目を引き締め、大きさを調節します。

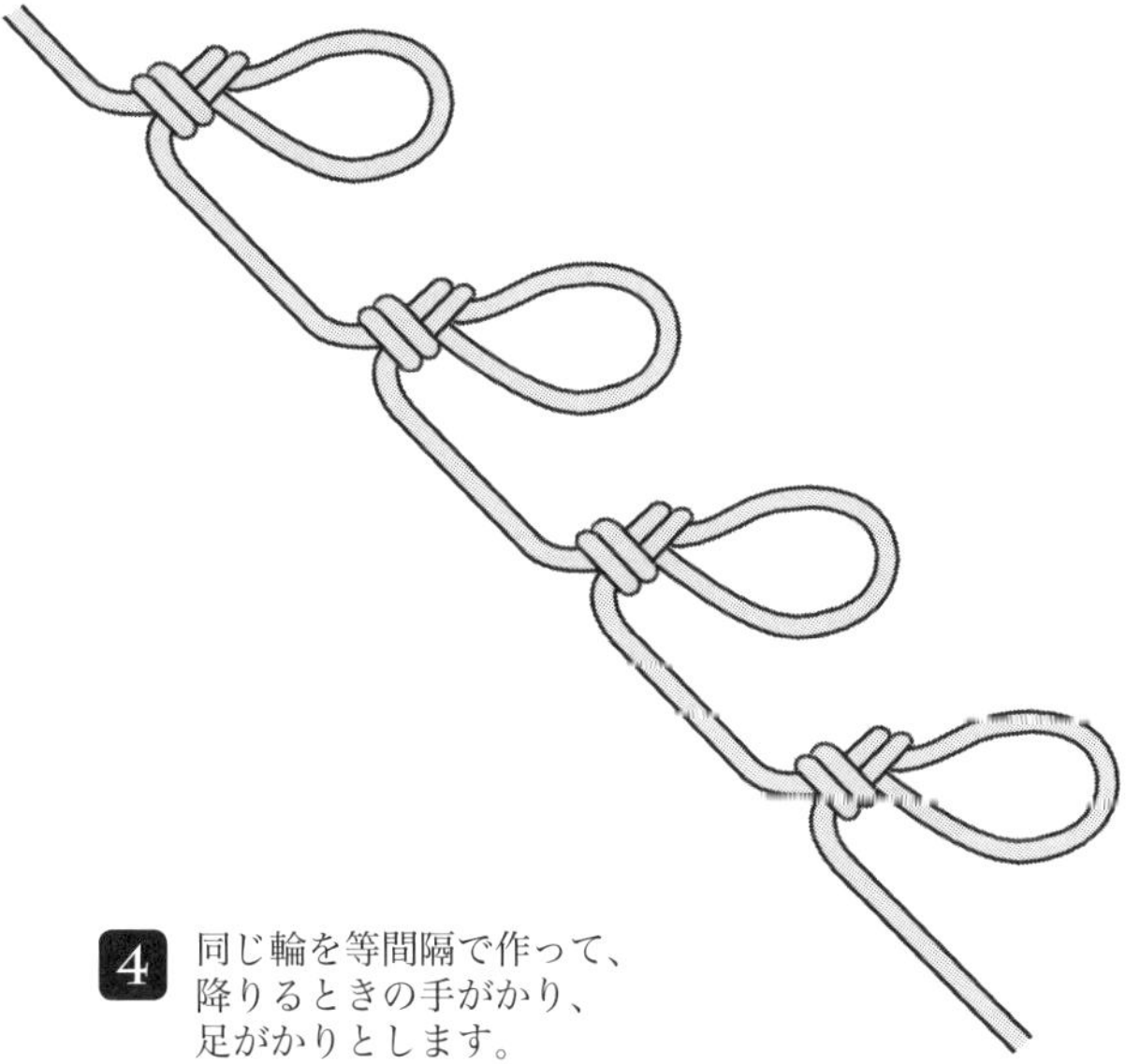

4 同じ輪を等間隔で作って、降りるときの手がかり、足がかりとします。

ロープを安全に固定する結び方

緊急時にロープをしっかり固定しなければいけないときのための結び方です。最初に結び目を作って、そこにロープの先端を通します。

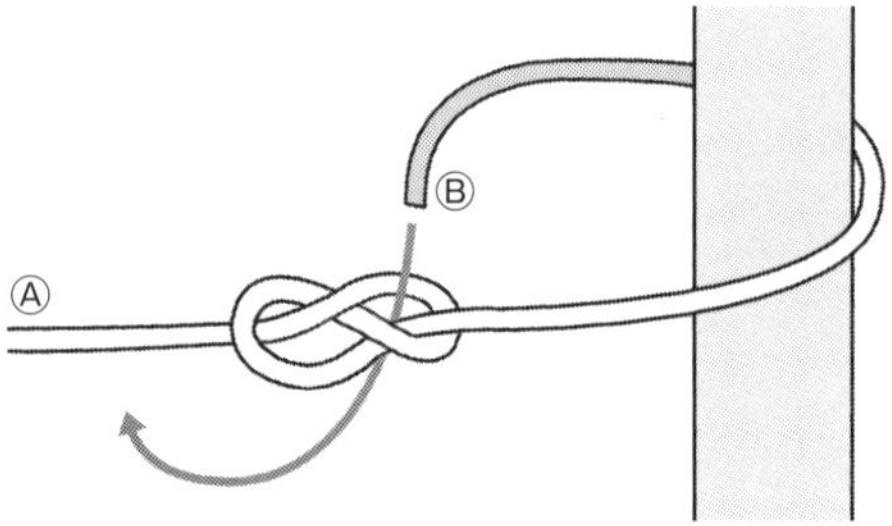

1 ロープの途中に、
図のようにゆるく結び目を作ります。
Ⓑの先端を固定する部分に巻きつけ、
矢印のように結び目に差し込みます。

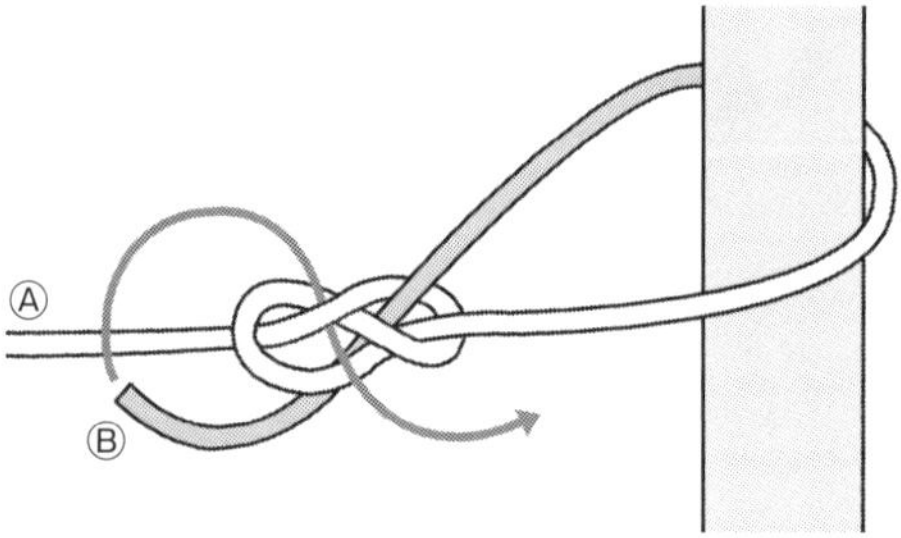

2 Ⓑの先端を矢印のように
結び目の中に通します。

3 Ⓑを矢印のようにぐるっと回します。

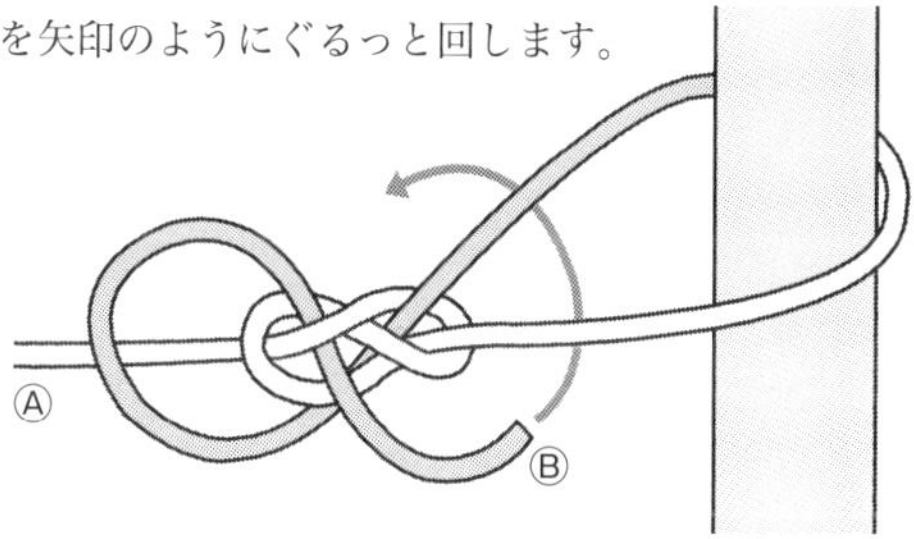

4 矢印のように、Ⓑの先端を
結び目に差し込みます。

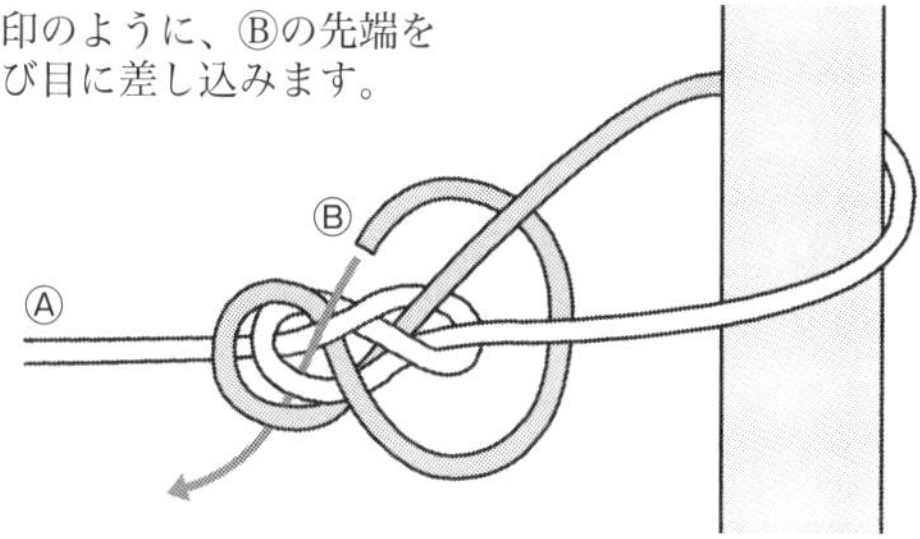

5 ひもを引いて結び目を引き締め、
完成です。

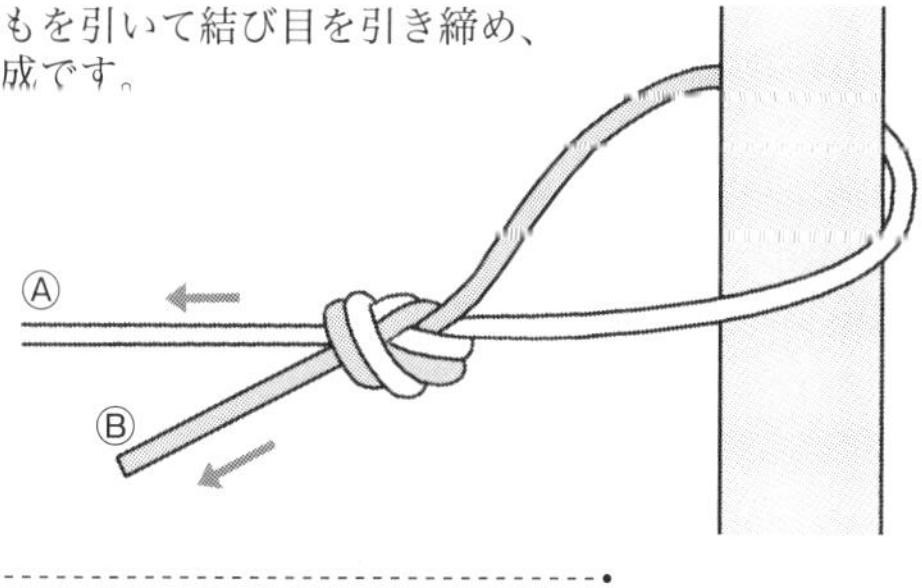

けがをした腕を固定する三角巾の結び方

さまざまな使い方ができる三角巾。
ここでは腕の固定法を紹介します。
骨折や、骨折の疑いがあるときに
しっかり固定し、損傷を防ぎます。

1

三角巾の長辺が
体と平行になるようにして、
固定する腕の下に
はさみます。
手のひらは
胸に当てます。

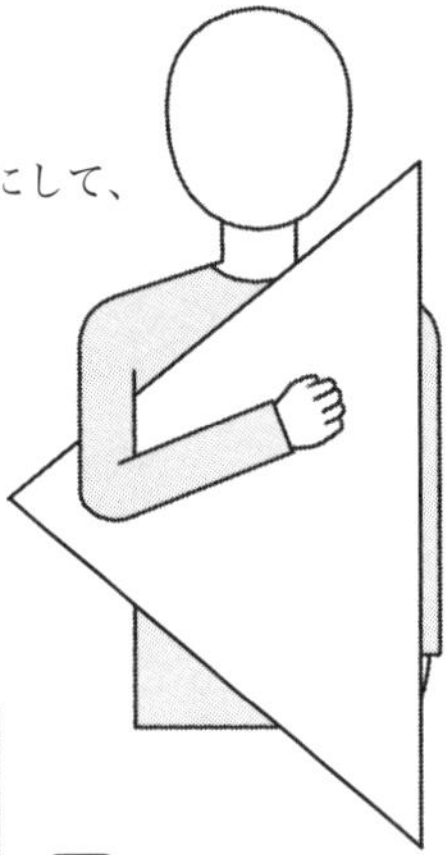

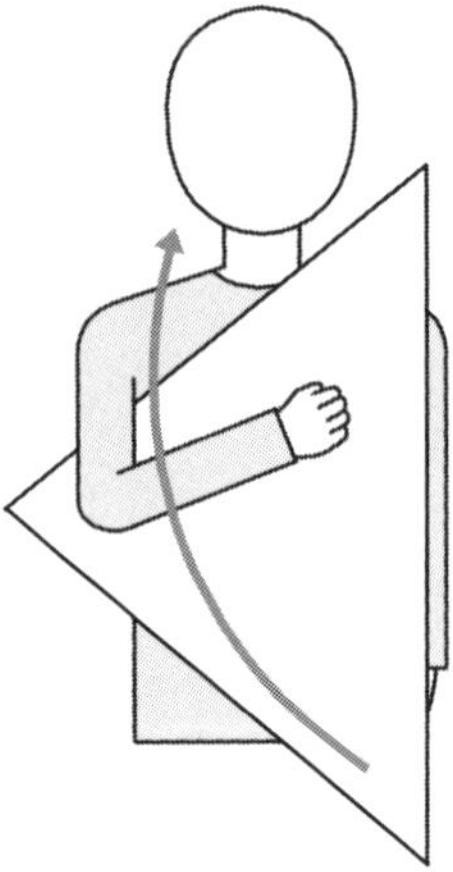

2

三角巾の下の端を、
固定している側の
肩に向かって
折りたたみます。

3

前腕を
包むようにします。

4 首の後ろで
端同士を本結び
(P12参照)にします。

5 肘の先にある
三角巾の頂点を
図のように
1回結びます。

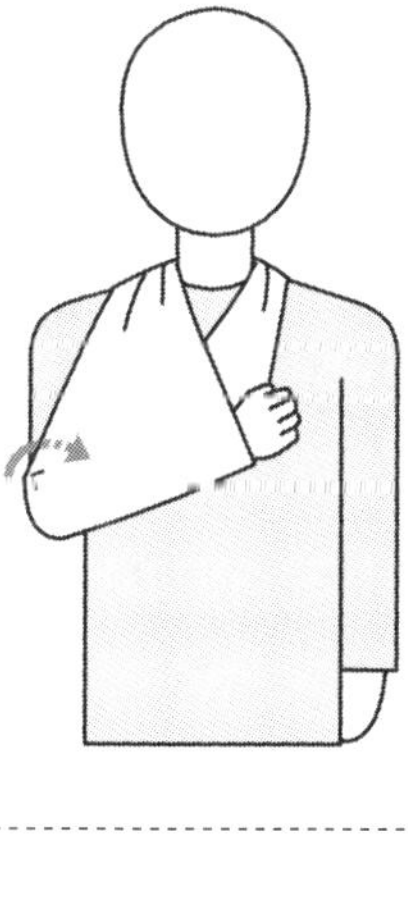

6 結び目を内側に
折り込むようにして
完成です。

傷口を優しく押さえる
包帯の結び方

切り傷などに使える包帯の結び方を紹介します。
包帯は強く引っ張るのではなく、転がすように優しく巻きます。

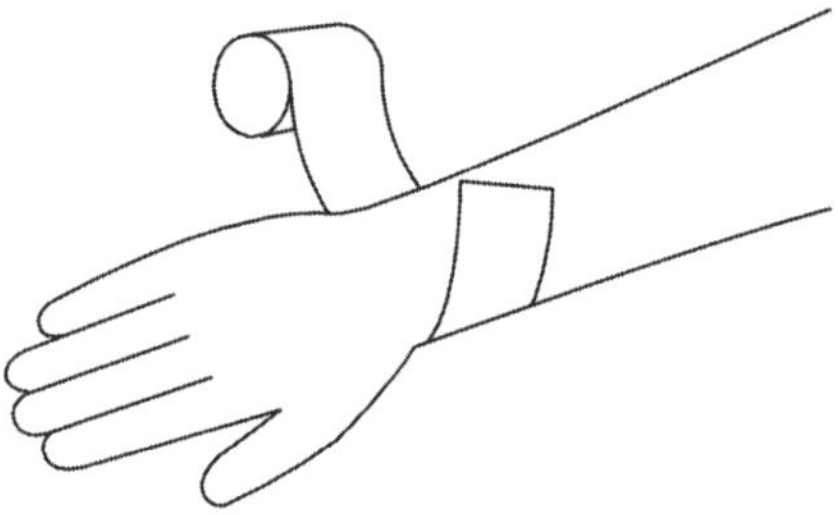

1 患部にガーゼなどを当てた後、包帯を巻いていきます。

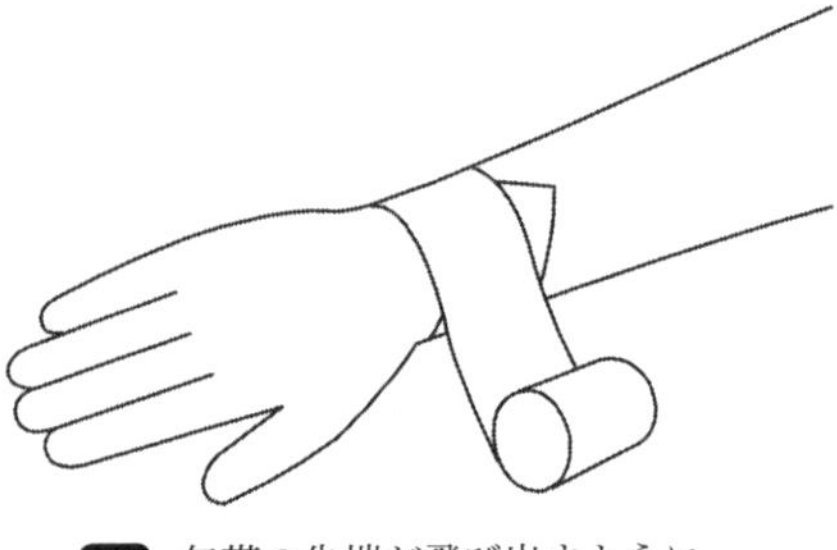

2 包帯の先端が飛び出すように、ひと巻きします。

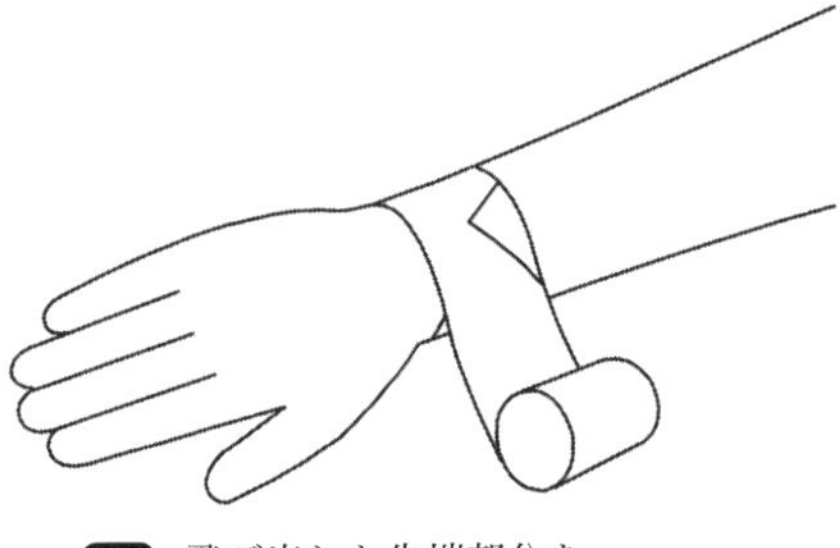

3 飛び出した先端部分を図のように折り返します。

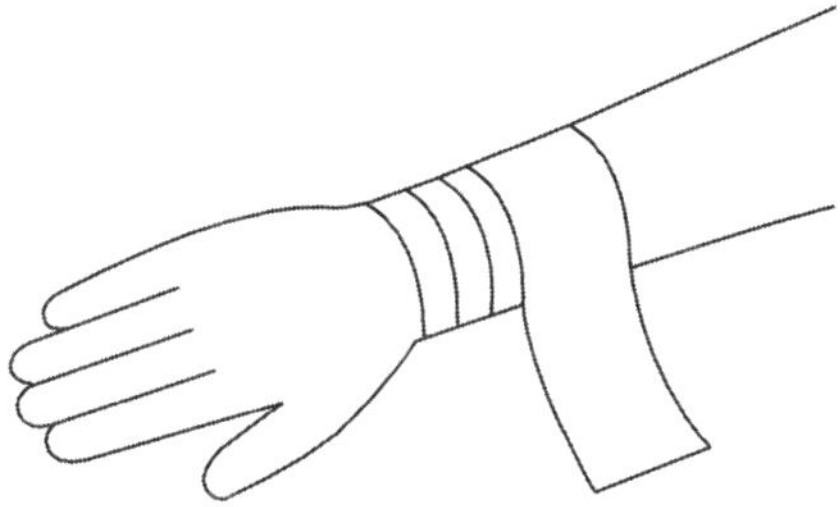

4 折り返した部分に重なるように
包帯を巻いていきます。

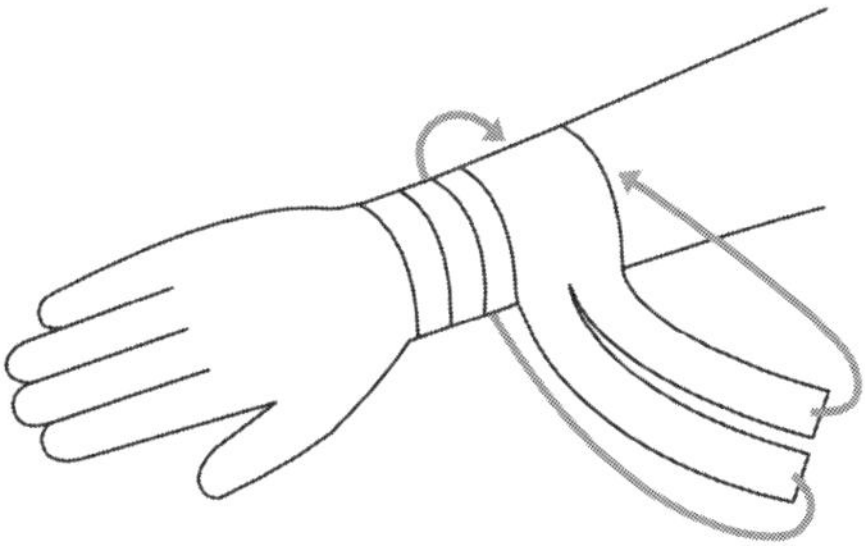

5 何度か巻いたら包帯を切って、
端を二つに裂き、矢印のように
先端をそれぞれ巻きつけます。

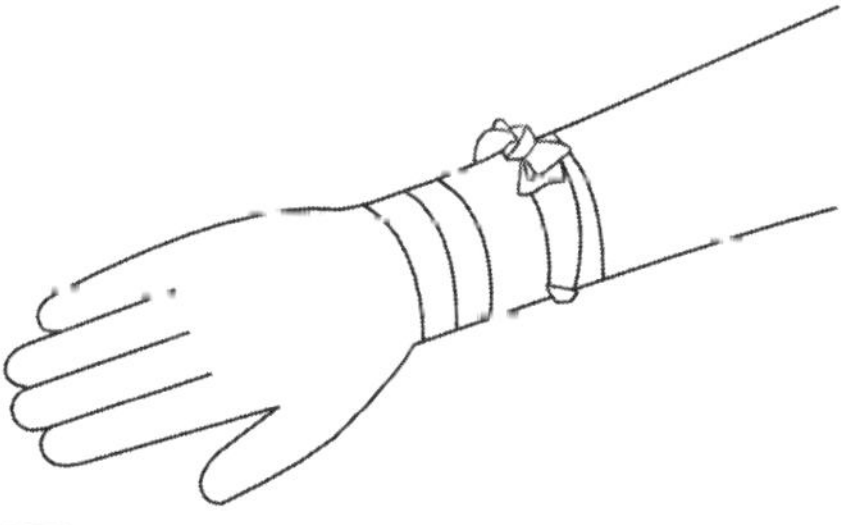

6 結び目が傷口の上に来ないように注意して、
本結び(P12参照)で結んで完成です。

シーツをロープ代わりにする結び方

ロープが使いたくても手元にない。こんなときは、シーツを結んでつなげれば、ロープ代わりに使うことができます。

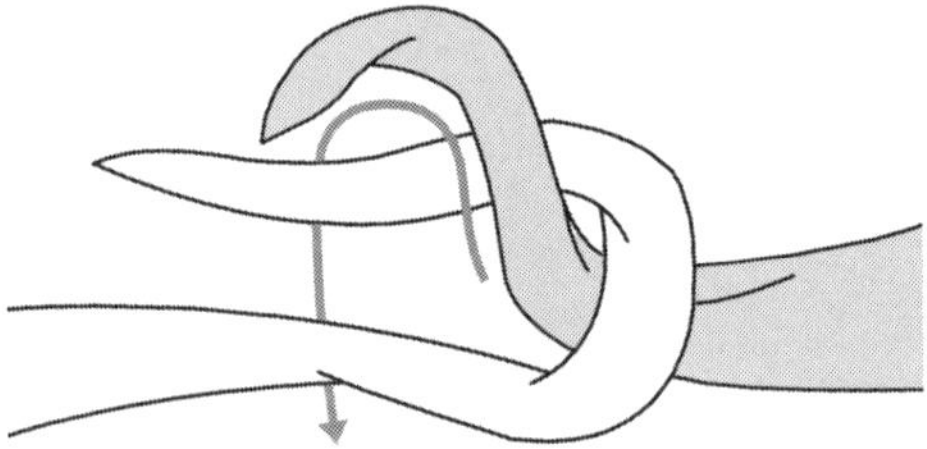

1 片方のシーツを折り曲げ、もう片方のシーツの端を図のようにくぐらせます。

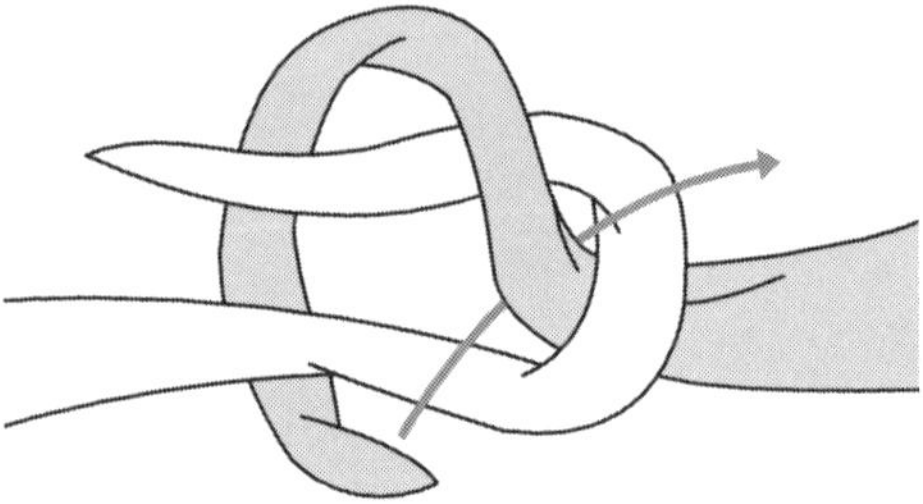

2 折り曲げてできた輪の部分と、くぐらせた部分の間に先端を通します。

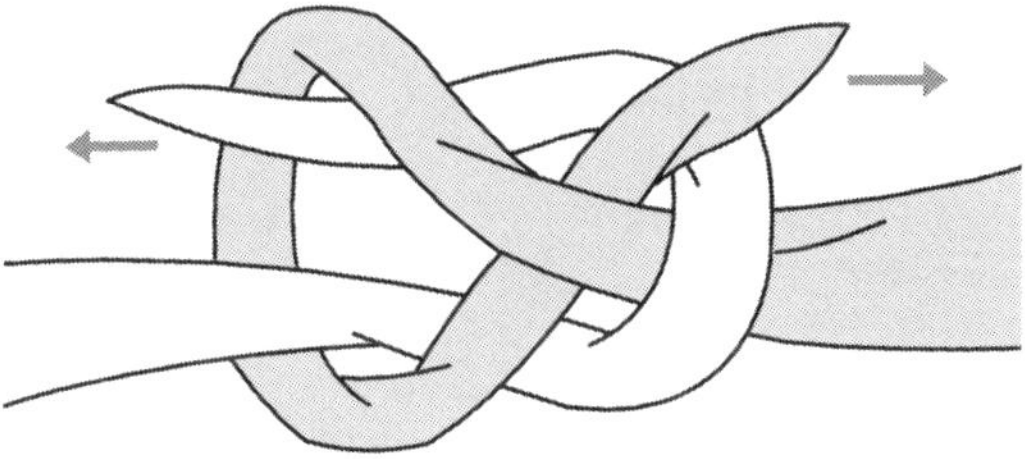

4 シーツの両端を引いて、
結び目を引き締めます。

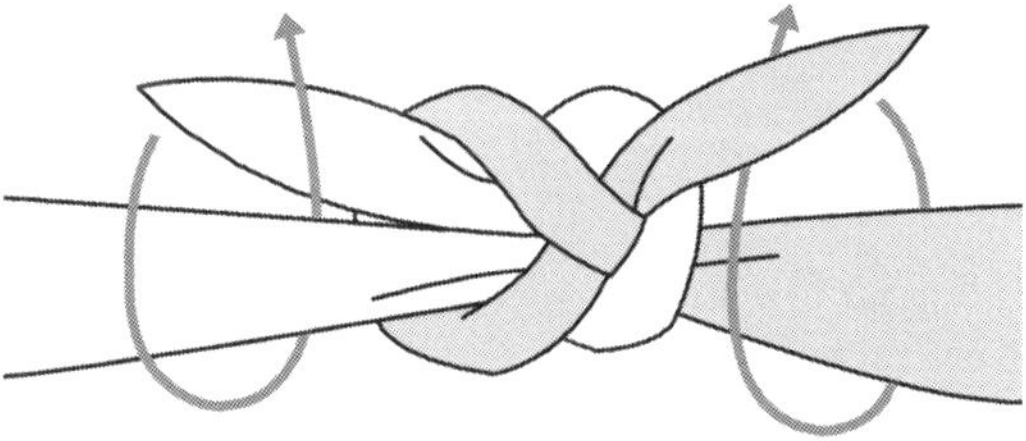

5 両端をシーツの元の部分に1回結びます。
ここを結ぶことで、
最初の結び目がほどけないようにします。

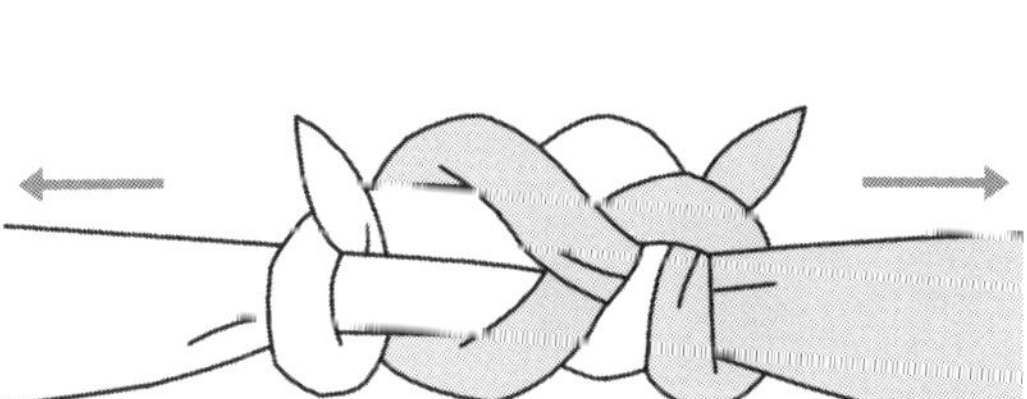

6 端を引いて結び目を引き締めて、完成です。

救助用のカラビナにロープを結ぶ方法

あらかじめ輪を作ってからカラビナを通すと素早く結べます。
一刻を争うときにも焦らずこの手順で結びましょう。

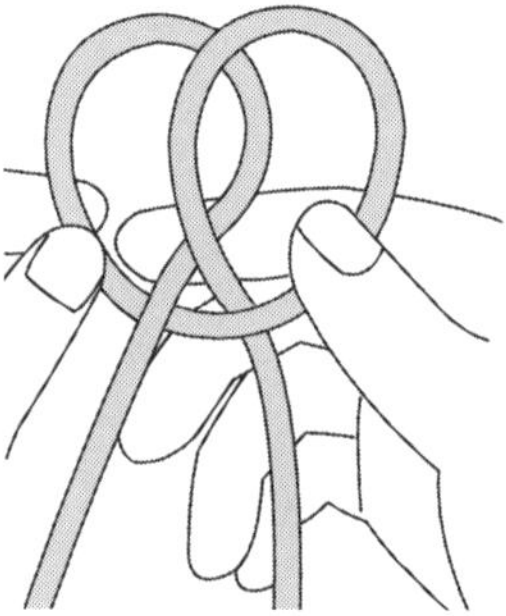

1

図のように輪を
２つ作り重ねます。

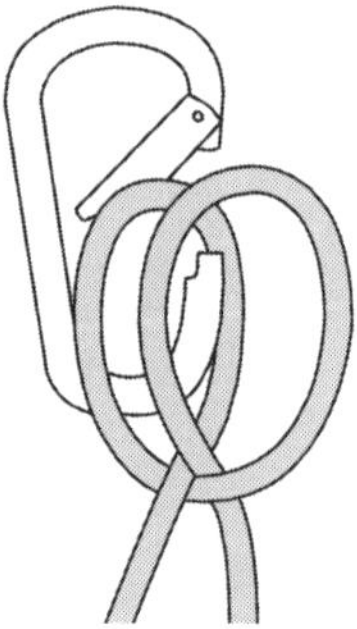

2

カラビナを開けて、
輪に通します。

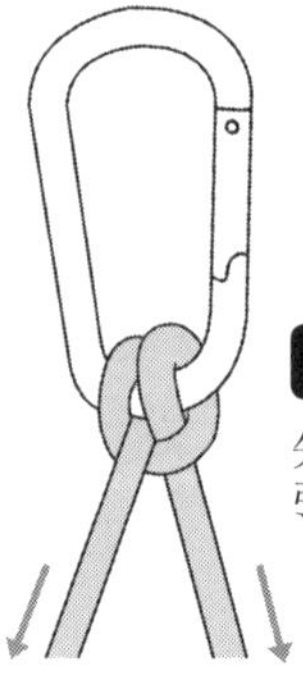

3

矢印の方向に
引っ張って締めます。

キーワード索引

結び方名称索引

取材協力

畠山 潤子（はたけやま じゅんこ）
オールアバウト　ガーデニング担当ガイド。
ガーデニングライターとして活動するとともに、「花と緑の街づくり」に協力、講習会の講師も務める。また、オレンジページ、女性セブンといった情報誌をはじめ、住宅メーカーWEBページ、各種機関誌、会報誌、新聞などでも執筆・監修を行う。グリーンアドバイザー、日本ハンギングバスケット協会ハンギングバスケットマスター、花育アドバイザーの資格を持つ。

関岡 弘美（せきおか ひろみ）
料理研究家。日本ソムリエ協会認定ワインエキスパート取得。
料理雑誌の編集に携わった後、渡仏。パリ・コルドンブルー本校にてグランディプロム（料理・製菓）取得。料理首席、製菓次席で卒業。パリにて二つ星レストランなどで研修ののち帰国。雑誌、広告、書籍のレシピ提案を行っている。

HAIR MAKE MIO
（ヘア・メイク　ミオ）
東京都練馬区にある美容室。常に髪の健康を考えたヘアスタイルの提案を行うとともに、自らも子どもがいる立場で子どものヘア・アレンジも提案している。

山田 悦子（やまだ えつこ）
「京都　和文化研究所　むす美」アートディレクター。
京都のふろしきメーカー山田繊維株式会社が運営しているふろしき専門店「京都　和文化研究所　むす美」にて、ふろしき販売を行うほか、ふろしきの講習会なども行う。ふろしきの現代的な使い方などの提案も多彩で、毎日使えて、どんなものでも包めるふろしきスタイリングが人気。

参考文献

『新版　すぐ使えるロープとひも結び百科』（監修・冨田光紀／主婦の友社）
『ひもとロープ　結びのきほんBOOK』（小暮幹雄／NHK出版）
『初めてのふろしきレッスン』（監修・山田悦子／小学館）
『和の暮らしが楽しい！　おうち歳時記』（監修・中西利恵／成美堂出版）
『Rope Work Bookロープワークマスター講座』（BE-PAL　2011年7月号別冊付録／小学館）

主要参考ホームページ

オールアバウト　ガーデニング
http://allabout.co.jp/gm/gp/402/library/
オールアバウト　靴
http://allabout.co.jp/gm/gp/751/library/
Grain de Beaute スカーフバリエーション
http://www.jona.or.jp/~gbhp/scarf/scarf.html

STAFF

本文イラスト……………………竹口睦郁
本文デザイン・DTP…………podo
編集協力………………………CO2（松浦祐子　江本充伸　豊島由美）

青春新書
PLAYBOOKS

人生を自由自在に活動《プレイ》する

人生の活動源として

いま要求される新しい気運は、最も現実的な生々しい時代に吐息する大衆の活力と活動源である。

文明はすべてを合理化し、自主的精神はますます衰退に瀕し、自由は奪われようとしている今日、プレイブックスに課せられた役割と必要は広く新鮮な願いとなろう。

いわゆる知識人にもとめる書物は数多く窺うまでもない。

本刊行は、在来の観念類型を打破し、謂わば現代生活の機能に即する潤滑油として、逞しい生命を吹込もうとするものである。

われわれの現状は、埃りと騒音に紛れ、雑踏に苛まれ、あくせく追われる仕事に、日々の不安は健全な精神生活を妨げる圧迫感となり、まさに現実はストレス症状を呈している。

プレイブックスは、それらすべてのうっ積を吹きとばし、自由闊達な活動力を培養し、勇気と自信を生みだす最も楽しいシリーズたらんことを、われわれは鋭意貫かんとするものである。

―創始者のことば―　小澤和一

編者紹介

ホームライフ取材班

「暮らしをもっと楽しく！　もっと便利に！」をモットーに、日々取材を重ねているエキスパート集団。取材の対象は、料理、そうじ、片づけ、防犯など多岐にわたる。その取材力、情報網の広さには定評があり、インターネットではわからない、独自に集めたテクニックや話題を発信し続けている。

見《み》てすぐできる！
「結《むす》び方《かた》・しばり方《かた》」の
早引《はやび》き便利帳《べんりちょう》

青春新書 PLAYBOOKS

2012年2月5日　第1刷
2012年6月25日　第10刷

編　者　ホームライフ取材班《しゅざいはん》

発行者　小澤源太郎

責任編集　株式会社プライム涌光
電話　編集部　03(3203)2850

発行所　東京都新宿区若松町12番1号 〒162-0056　株式会社青春出版社
電話　営業部　03(3207)1916　振替番号　00190-7-98602

印刷・中央精版印刷　製本・フォーネット社

ISBN978-4-413-01943-9